막막한 영어 수업의 감을 잡아주는
초등 영어 수업 한 권으로 끝내기!

초등 영어 수업
100시간의 기적
학습지

지미샘 지음 | Matthaw Chu 감수

막막한 영어 수업의 감을 잡아주는
초등 영어 수업 한 권으로 끝내기!

초등 영어 수업 100시간의 기적 학습지

제1판 제1쇄 인쇄 2021년 10월 08일
제1판 제1쇄 발행 2021년 10월 18일

지은이 지미샘 **펴낸이** 조헌성 **펴낸곳** (주)미래와경영
ISBN 978-89-6287-222-4 03370 값 25,000원
출판등록 2000년 03월 24일 제25100-2006-000040호
주소 (08590) 서울특별시 금천구 가산디지털1로 84, 에이스하이엔드타워 8차 1106호
전화번호 02) 837-1107 **팩스번호** 02) 837-1108
홈페이지 www.fmbook.com **이메일** fmbook@naver.com

※ 이 책에 실린 모든 내용, 디자인, 이미지, 편집구성의 저작권은 지은이와 (주)미래와경영에 있습니다.
※ 이 책은 대한민국 저작권법에 따라 보호되는 저작물이므로 무단전제와 복제, 전송, 판매를 할 수가 없습니다.
※ 책 내용의 일부 또는 전부를 이용하려면 반드시 지은이와 (주)미래와경영의 서면동의를 받아야 합니다.

Copyrights ⓒ2021 by Miraewagyungyoung Co. Ltd.
(08590) #1106, ACE HighEnd Tower8, 84, Gasan digital 1-ro, Geumcheon-gu, Seoul, Korea.
All rights reserved. The First Published by Miraewagyungyoung Co. Ltd., in 2021. Printed in Seoul, Korea.

■ 좋은 책은 독자와 함께합니다.
책으로 펴내고 싶은 소중한 경험이나 지식, 아이디어를 이메일 fmbook@naver.com으로 보내주세요.
(주)미래와경영은 언제나 여러분께 열려 있습니다.

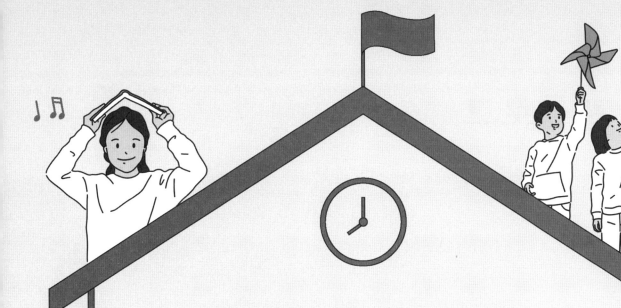

막막한 영어 수업의 감을 잡아주는
초등 영어 수업 한 권으로 끝내기!

초등 영어 수업 100시간의 기적 학습지

지미샘 지음 | Matthaw Chu 감수

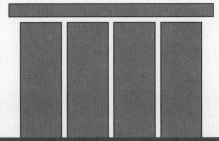

"아이들이 영어를 잘했으면 좋겠다."

말문을 터지게 하는 영어 가르치기 실용 학습지

프롤로그

학생들이 영어 때문에 자존감이 떨어지지 않았으면 좋겠습니다

저의 어린 시절, 친구들과 함께 동네 아파트 앞에서 팽이 오래 돌리기 시합을 하고 있었습니다. 한 친구가 '원, 투, 쓰리, 포' 하더니 '일레븐, 트웰브, 썰틴…' 하면서 계속 시간을 재는데, 난생 처음 듣는 말에 충격이 컸습니다. 당시에는 그 말이 영어라는 것조차도 몰랐습니다. 무슨 말인지 전혀 모르는데 친구들은 서로 알아듣고 있다는 것이 어린 저에게는 당혹스럽게 느껴지고, 뭔지 모르는 소외감마저 들도록 만들었습니다.

어릴 적 경험 때문인지는 모르겠지만 영어 수업 시간에 학생들의 얼굴을 자세히 살피게 됩니다. 뭐가 뭔지 몰라서 막막해 하는 학생, 무표정한 얼굴로 멍하니 앉아 있는 학생, 너무 쉬운 내용을 한다며 지루해하는 학생까지 한 교실 안에 너무나 다양한 수준의 학생들이 있습니다. 영어만큼 수준 차이가 심하게 나는 과목이 또 있을까요. 아무튼 제 눈길은 영어 학원에는 다녀본 적도 없고 오직 학교 수업이 전부인 학생들, 자포자기한 듯이 무기력하게 앉아 있는 학생들에게로 향했습니다.

학생들이 영어 때문에 기죽고 위축되는 것을 보는 것이 정말 속상하고 안타까웠습니다. 체육 시간, 쉬는 시간에는 활기차던 학생들이 영어 시간이 되면 주눅이 들고, 뭔지 모르게 입을 닫는 것을 보면서 영어가 무엇이기에 학생들의 자존감에까지 영향을 주는 것일까 무거운 마음으로 교실 문을 나설 때가 많았습니다.

결론적으로 '영어'라는 과목이 단순한 하나의 교과목 이상이라는 생각이 들었습니다. 국어나 수학, 사회, 과학 등 다른 과목은 100% 한국말로 하니 알아들을 수 있지만, 영어 수업은 영어라는 다른 나라 말로 수업을 하니 학생들에게 더욱 막막하게 다가옵니다. 그런데 문제는 영어를 알아듣고, 발음하고, 읽고 쓸 수 있는 능력을 가지고 있느냐 않느냐가 학생들의 자존감에까지 영향을 미친다는 것입니다. 특히 초등학교 시기에는 더욱더 그런 것 같습니다.

'저도 영어 잘하고 싶어요.'
'잘하고 싶은데 어떻게 해야 할지 모르겠어요.'

줄어든 용수철이 더 길게 뻗고자 하는 힘이 강하게 응축되어 있듯이 학생들의 표정은 굳어있을지 몰라도 가슴 깊은 곳에는 잘해 보고 싶은 강한 열망이 있다는 것을 느낄 수 있었습니다. '잘하고 싶은 욕구.' 저는 이런 열망이 모든 학생 마음속에 자리 잡고 있다고 생각합니다. 그리고 그것이 정말 영어 수업의 불씨를 살릴 수 있는 희망이 되어주었습니다.

학생들이 영어 때문에 위축되지 않고, 당당하고 자신 있게 영어 문장을 말하며, 밝게 웃으면서 영어 대사를 외치는 모습을 보고 싶었습니다. 그리고 영어가 절대 어려운 것이 아니며, 한글을 공부하듯 하나씩 하나씩 이해할 수 있도록 알려주고 반복해서 연습하면 누구나 잘할 수 있다는 믿음이 마음 깊은 곳에 강하게 자리를 잡을 수 있습니다.

이런 현실에서 자동으로 드는 고민이 '어떻게 하면 학생들이 영어를 잘할 수 있을까?' 하는 것입니다. 수년간 많은 시행착오를 거치면서 저의 결론은 기본에 충실하자는 것이 전부였습니다. 천천히 하나씩 하나씩 쪼개서 가르치고, 금방 잊어버리니 계속 반복해서 연습하며, 한 명 한 명 잘하는지 확인하는 기본 원리를 적용한 것이 바로 'PART 02 누구나 바로 써먹을 수 있는 강력한 영어 수업 엔진'입니다. 교과서라는 틀에 얽매이지 않고, 때론 암기식으로 집중적으로 외우기도 하며, 학생들에게 계속 미션을 줍니다. 그리고 움직이고, 말하고, 읽고, 쓰게 하면서 제한된 수업시간 안에서 어떻게 하면 구조적으로 학생들이 영어를 잘할 수 있을까 고민한 결과물입니다.

학년과 관계없이 꼭 알고 넘어가야 할 내용이 있는데, 그것이 'PART 03 먼저 가르치면 좋은 수업 아이디어'입니다. 5학년이라도 3~4학년에 나오는 내용을 제대로 모르고, 6학년이라도 5학년 내용을 모르는 경우가 많아서 기회가 된다면 어느 학년을 맡게 되든 이것만큼은 복습 차원에서 4년 동안 반복적으로 가르쳤으면 좋겠다는 생각으로 따로 묶어서 분류하게 되었습니다.

또한 교과서 단원 주제별로 수업자료를 정리한 것이 'PART 04 바로 써먹는 주제별 수업 아이디어'입니다. 학생들에게 핵심 표현을 어떤 방식으로 가르치고, 어떤 활동을 통해 익숙하도록 익히고, 즐겁게 써먹어 볼 것인지 학습지만 보아도 감을 잡을 수 있을 것입니다. 한 단원에 6차시 분량을 모두 순서대로 정리했으므로 흐름을 보면서 전체적인 감을 잡고, 수업 아이디어를 얻을 수 있으면 좋겠습니다. 처음 영어 수업을 하는 선생님, 혹은 활동적이면서도 보다 효과적인 수업으로 바꿔보고 싶은 선생님들께 조금이나마 도움이 되었으면 좋겠습니다.

아울러 선생님들께서 간단하게 수업에 적용하실 수 있도록 '나만의 수업 재구성', '영어 수업 바로 적용하기' 코너도 각 주제 끝에 만들어 두었습니다. 이것은 늘 잘 읽었던 책 내용을 정작 수업에 어떻게 적용해야 할지 막막해 했던 저의 독서 경험에서 비롯된 것입니다.

끝으로 여러 선생님께서 만드신 자료를 찾아보고 활용하면서 한글 원본 파일이 있으면 좋겠다는 생각을 많이 했습니다. 선생님만의 스타일이 다르므로 획일화된 인쇄물로는 활용도가 떨어집니다. 그래서 선생님 자신의 입맛에 맞게 수정, 보완하고 쓰실 수 있도록 하면 좋겠다는 생각에 이 책에 제시된 '학습지'를 제 블로그(blog.naver.com/forourmother)에 한글파일로 다운받으실 수 있도록 해두었습니다.

긴 시간은 아니지만 이해하고 익숙해지고 써먹는 과정을 알차게 거치다 보면 어느새 반 전체 학생들 입에서 술술 영어가 터져 나오면서 학생들 스스로도 자신감이 샘솟고, 그 학생들을 보고 있는 선생님도 놀라서 전율을 느끼는 순간이 옵니다. 그 순간을 많은 선생님들과 함께 만끽했으면 좋겠습니다.

유준호(지미샘)

CONTENTS

PART 04   ● **바로 써먹는 주제별 수업 아이디어**

PART 01

왜 영어를
싫어하는가?

학생들이 영어를 싫어하는 근본적인 이유

학기 초 첫 영어 수업시간에 학생들에게 꼭 물어보는 질문이 있습니다.

☑ 영어를 좋아하는 사람 손들어 볼래요?

☑ 영어가 싫은 이유가 뭐예요?

☑ 그럼 영어를 잘해 보고 싶은 생각은 있나요?

처음에는 설문지로 조사했지만 요즘은 바로 손을 들어보도록 합니다. 몇 년이 지나도 크게 변화가 없기 때문이지요. 우리 반은 3~4명을 제외하고 대부분 영어를 싫어한다고 손을 들었습니다. 물론 대한민국의 모든 학생이 영어를 싫어하는 것은 아닐 것입니다. 언어 감각이 있거나 이미 영어에 흥미를 갖고 잘하는 학생 등을 제외하면 그렇다는 것입니다. (제가 사교육 혜택을 제대로 받지 못하는 학생이 많은 학교에서 근무한 편이라 이런 경향이 더 심할 수도 있습니다.)

영어가 싫은 이유에는 여러 가지 대답이 나오지만 압축해 보면 "어려워요."라는 대답이 가장 많습니다. "외울 것이 너무 많아요."라는 대답도 많은데, 정말 모순입니다. 영어 수업 시간에 노래도 부르면서 즐겁게 잘하던데 왜 영어를 싫어하게 된 것일까요?

초등학교 영어 교육과정 목표에는 '영어 학습에 대한 흥미와 자신감을 기른다.'라고 되어 있습니다. 3학년 영어 수업을 보면 해맑은 표정에 자신감이 넘칩니다. 그런데 4~6학년으로 올라갈수록 학생들 표정이 달라집니다. 물론 사춘기가 시작되면서 그런다고 할 수 있겠지만, 고학년으로 올라갈수록 영어에 대한 흥미는 점점 더 떨어지고, 목소리가 작아집니다.

'영어로 기초적인 의사소통을 할 수 있다.'는 목표는 어떨까요? 몇 년 전 6학년 1학기 첫 영어 수업시간이었습니다. 학생들과 처음 만나서 "How are you?"라고 물었습니다. 대답은 "It's Tuesday."였습니다. 그때의 충격을 잊을 수가 없습니다. 그래서 다시 반 전체 학생 한 명 한 명에게 일일이 물어보았습니다. 한마디라도 대답하는 학생은 4~5명에 불과했습니다. 대부분 목소리가 너무 작고, 뭐라고 대답해야 할지 몰라 당황해하는 표정이 역력했습니다.

영어가 어려울 수밖에 없는 구조적인 문제

'아~ 어디서부터 잘못된 것일까?', '내가 뭘 어떻게 해야 할까?' 그때부터 고민이 시작되었습니다. 그래서 영어가 어려운 이유를 나름대로 분석해 보니 실제 교과서에서 제시하는 내용이 어렵기도 하지만 우리가 벗어나기 힘든 구조적인 문제가 있었습니다.

교과서를 보면 한 단원을 6차시에 걸쳐서 배우고, 한 단원 안에 2가지 의사소통 기능을 배웁니다. 배우는 과정은 듣기, 말하기, 읽기, 쓰기 순입니다. 예를 들어 6학년 수업에서는 빈도 묻고 답하기와 충고하기의 2가지 의사소통 기능을 6차시에 걸쳐서 '듣기, 말하기, 읽기, 쓰기'를 해야 합니다. 산술적으로 단순하게 계산해서 2가지 기능을 4가지 방법으로 공부하니 총 8개의 활동을 해야 하는 셈입니다.

1. 빈도 묻고 답하기
How often do you wash your hands? Twice a day.

2. 충고하기
You should wash your hands more often.

먼저 학생 입장에서 질문이 너무 깁니다. 'How often?'에서 'How'는 들어본 것 같은데 'often'은 뭐지? 'twice'는 뭐고? 가수 이름인가? 대답도 너무 깁니다. 'should'는 뭐지? 'more often'은 뭐고? 이게 뭔지도 모르겠는데 일단 긴 영상을 보면서 대화를 듣습니다. 그리고 이해하기도 쉽지 않은데 2차시부터 이 긴 문장을 입으로 말해야 합니다. 3차시에는 이 문장을 영어로 써야 합니다. 아뿔싸, 그런데 주말입니다. 현재 주당 3시간 영어 수업이니 4차시부터는 다음 주에 해야 합니다. 주말에 푹 쉬고 월요일 영어 수업을 하면 머리가 하얘집니다.

4차시에는 어마어마한 영어 지문이 기다리고 있습니다. 이렇게 복잡한 것을 어떻게 읽으란 말인가? 뭐가 뭔지 도통 모르겠다는 표정입니다. 그리고 6차시에는 배운 내용을 정리하고 복습합니다. 교육과정상 2주 만에 한 단원 진도를 끝내야 합니다. 이제 조금 뭔가 알 것 같기도 하고 익숙해질 것 같은데 다음 단원으로 넘어갑니다. 다시 주말이라 신나게 놀고 월요일에 등교합니다. 오늘부터 날짜를 묻고 답하는 새로운 단원을 시작합니다. 이 단원도 의사소통 기능 2가지를 배워야 합니다. 그런데 지난 시간에는 뭘 배웠더라?

그나마 영어 학원에 다니는 학생들은 괜찮습니다. 하지만 사교육을 받지 않는 학생들은 가정에서 영어를 접할 기회가 거의 없습니다. 영어는 오직 학교에서 일주일에 3시간 배우는 것이 전부입니다. 그렇게 배웠다고 해서 영어를 사용할 일은 거의 없습니다.

6차시 동안 열심히 배우고 익숙해질 만하면 다음 단원으로 넘어갑니다. 그리고 몇 주 지나면 기억에서 완전히 사라집니다. 학생들은 시간이 흐를수록 교육과정상 더 많은 영어를 배웠지만 머릿속에 남는 것은 거의 없습니다. 영어로 말할 수 있는 것은 더더욱 없습니다. 하지만 교육과정은 이미 학생들이 지난 학년, 지난 단원 내용은 다 알고 있다는 것을 전제로 더 높은 수준과 추가된 내용을 제시합니다. 따라서 학생들의 실제 영어 실력과 영어 교육과정상의 괴리가 시간이 흐를수록 커지게 되는 것입니다. 이쯤 되면 학생들이 영어를 어렵게 느끼는 것이 당연할지도 모르겠습니다.

우리나라가 EFL(English as a Foreign Language) 환경이라서 아무리 영어를 배워도 학교 밖으로만 나가면 영어를 쓸 일이 없기 때문에 실력이 늘 수 없는 불행한 환경에 있습니다. 그 출발이 바로 초등학교에서부터 시작되고 있는 것입니다.

결론적으로 학생들이 영어를 어려워하는 이유는 첫째, 6차시 동안 2가지 표현을 익히는 것이 적은 분량은 아니라는 점. 둘째, 이 2가지 의사소통 기능을 기계적으로 '듣기, 말하기, 읽기, 쓰기'라는 4가지 틀에 맞춰서 가르치다 보니 어느 한 가지 기능도 제대로 하지 못한다는 점. 셋째, 그래도 선생님들의 노력으로 열심히 가르쳐서 익숙해질 만하면 다시 다음 단원으로 넘어가고 지난 단원은 다 잊어버리는 과정을 반복한다는 점입니다. 마지막으로 이 과정이 반복되면서 영어 교육과정상 달성해야 할 목표와 학생들의 실제 영어 실력 간에 차이가 점점 벌어지면서 흥미와 자신감이 떨어지게 된다는 것입니다.

알지만
쉽게 말하지 않는 고민

고민 01. 초등학교와 중학교 영어 사이의 간극

초등 6학년을 가르치다 보니 앞으로 중학교에 가서 어떻게 영어를 공부하게 될지 궁금해졌습니다. 그래서 중학교 1학년 영어 교과서의 1단원이 어떻게 되어 있는지 살펴보았습니다. 책 구성은 '듣기, 말하기, 읽기, 쓰기, 복습'까지 문법이 조금 추가된 것 이외에는 초등학교와 크게 차이가 없지만 학습 수준은 현격히 높아집니다. 특히 읽기 지문의 문장 수는 상상을 초월하고 듣기나 말하기, 쓰기에도 영어 문장이 많이 나와 기본적으로 읽기가 안 되면 공부하기가 쉽지 않아 보였습니다. 이 정도 중학 영어를 무리 없이 학습하려면 초등학생 때 읽기가 집중적으로 이루어져야 하지만 현실은 그렇지 못합니다. 그러니 영포자(?)가 늘어나는 소리가 들리는 것입니다. 이런 현실에서 살아남기 위해서는 영어 학원에 등록해 다녀야 하고, 그냥 학교 수업만으로 영어 수업을 따라가기는 쉽지 않아 보입니다.

고민 02. 사교육 없이 공교육만으로 영어를 잘할 수 있을까?

요즘 영어 학원비가 못해도 한 달에 20~30만 원으로 일 년이면 적지 않은 약 300여 만 원, 자녀가 둘이라면 600여 만 원이 넘는데, 수학은 또 어떻게 할 것인지 사교육비로 인한 문제는 어제 오늘 이야기가 아닙니다.

학원이라도 다니는 학생들은 그래도 걱정이 없습니다. 문제는 학원에 전혀 다니지 않는 학생들입니다. 실제 학원에 다니는 학생들을 보면 확실히 다릅니다. 발음부터 탁월하고 확실히 잘합니다. 물론 학원마다 달라서 문법 위주인 경우 문법 지식은 많은데 정작 말은 유창하지 못한 학생이 있는가 하면, 말하기 위주인 경우 유창하게 말을 잘하지만 교과서 영어는 너무 쉬워 흥미가 없는지 딴짓을 하곤 합니다.

만약 영어 선생님 한 명이 한 반에 20명씩 한 달 기준 20만 원을 계산해서 4개 반을 가르친다면 80명씩 한 달에 1,600만 원의 사교육비 절감 효과를 내고 있다고 생각할 수 있습니다. 1년이면 약 2억 원 정도 사교육비를 절감할 수 있지요. 영어를 가르치는 선생님이 학원에 다니지 못하는 학생들에게 유일한 영어 공급원인 상황에서 학부모 입장이라면 어떻게 해 주길 바랄까 생각해보았습니다. 학부모가 원하는 것은 간단합니다. 자녀를 학원에 보내지 않고도 학교 영어 수업만으로도 충분히 실력을 키울 수 있도록 해 주길 바라는 것입니다.

고민 03. 10년 넘게 공부해도 말 한마디 못하는 영어 교육

초등학교 3학년부터 중학교 3년, 고등학교 3년 총 10년 동안 영어를 공부했는데, 말 한마디 못하는 경우가 허다합니다. 초등학생 때는 생활 회화 스타일로 공부하고, 중·고등학생 때는 지문을 읽고 문제 푸는 방식으로 공부하며, 대학 가서는 취업 준비용으로 토익, 토플을 공부하고, 취업해서는 승진 시험으로 공부합니다. 그래서 영어 점수는 높아도 막상 영어로 말해보라고 하면 한마디 말도 제대로 하지 못합니다.

문제는 우리나라 영어 교육이 쉽게 바뀌지 않는다는 것입니다. 수능이 절대평가로 바뀌면서 경쟁이 줄어들었다고 하지만 달라진 것은 없습니다. 학생들이 영어를 잘 읽고, 쓰지는 못해도 말은 잘했으면 좋겠습니다. 외국인 앞에서 쫄지 않고 영어를 못한다고 기죽지 않으면서 당당하며, 느리더라도 또박또박 자신의 생각을 말로 표현할 수 있었으면 하는 바람입니다.

고민 04. 솔직하게 인정해야 할 영어 습득 원리

저는 영어를 중학교 때 처음 배우면서 학원에 다녔고, 문법을 집중적으로 공부했습니다. 영어 지문을 읽고 해석하며 문제 푸는 식으로 중·고등학교를 보냈습니다. 그리고 대학 때는 말 한마디 못했기에 영어 공부를 다시 시작해야 했습니다. 물론 문법 지식이 있어서 유리한 점이 있었지만, 이를 말하기에 활용하는 것 또한 쉽지 않았습니다.

영어는 하나의 언어로서 인풋(input)을 넣어 아웃풋(output)을 꺼내는 것입니다. 영어의 이러한 습득 원리는 솔직히 공교육에서 적용하기 어렵습니다. 아무리 언어가 인풋을 넣으면 아웃풋이 나오는 것이라고 하지만, 초등학교에서 수업시수는 3학년 68시간, 4학년 68시간, 5학년 102시간, 6학년 102시간 등 모두 합쳐 총 340시간뿐입니다.

공교육 모델은 절대로 언어 습득의 대전제인 인풋을 통해 아웃풋을 꺼내는 방식을 따를 수 없습니다. 결국 습득(acquisition)이 아닌 학습(learning)으로 영어를 배우는 것입니다. 이것이 학교 영어 수업의 대전제입니다. 제한된 시간과 많은 학습량, 그리 높지 않은 영어에 대한 학생들의 흥미라는 불리한 조건에서 학습을 시켜야 하는 것입니다.

초등 영어 교육,
희망은 학생 속에 있다

희망 01. '영어를 잘하고 싶다'는 마음은 누구나 있다

첫 영어 수업시간에 물어보는 마지막 질문은 "그럼 영어를 잘해 보고 싶은 생각은 있나요?"입니다. 물론 손을 드는 학생은 많지 않습니다. 비록 손은 들지 않았지만 분명히 느낄 수 있었습니다. '나도 영어 잘하고 싶은데 어려워서 엄두가 안나요.' 하는 목소리를…. 여기에 영어 교육의 근본적인 희망이 있습니다. 영어를 잘하고 싶지만 외울 것도 많고, 뭐가 뭔지도 모르겠고, 그러니 그냥 관심을 끊는 게 더 낫겠다 생각이 들어서 그렇게 하고 있을 뿐입니다. 학생들의 밑바탕에는 잘하고 싶다는 마음이 분명히 있습니다. 하지만 어떻게 해야 할지 길을 모르는 것일 뿐입니다. 선생님이 그 길을 알려주어야 합니다.

희망 02. 모국어를 마스터한 학생들의 높은 이해력

종종 학생들에게 "미국 사람들은 영어로 말을 잘하는데, 그들이 똑똑해서 잘하는 것일까요? 여러분은 모두 한국어를 잘하지 않나요? 태어나면서부터 한국어를 듣고 말하면서 자연스럽게 흡수되어 잘하는 것 아닌가요? 유치원에서 한국어 문법을 배워 본 적이 있나요?"라고 물어봅니다. 우리가 한국어를 흡수해서 자연스럽게 말하는 것처럼 미국 사람들도 그런 방식으로 영어를 잘하는 것일 뿐이라는 점을 설명해 줄 필요가 있습니다.

영어는 궁극적으로 인풋을 넣어서 아웃풋을 내는 방식으로 습득할 수밖에 없습니다. 영어가 어느 정도 궤도에 오르면 그때부터는 계속 표현을 익히고 사용하면서 능력을 길러야 합니다. 중요한 것은 학생들이 한 가지 언어를 이미 마스터했다는 것입니다.

요즘 한글을 쓰고 읽는 것을 모르는 학생은 일부 있어도 한국말을 못하는 경우는 거의 없을 것입니다. 학생들은 어린 나이에 일찍 한국말을 마스터하고, 이를 통해 수학, 과학, 사회, 예체능 등의 수업을 듣고 이해합니다. 한마디로 이해력이 3~5살의 어린 아이들과는 차원이 다릅니다. 비록 노암 촘스키[Noam Chomsky]가 말하는 언어습득장치(LAD)는 없지만, 언어를 '학습'할 수 있는 완벽한 준비가 되어 있습니다. 미국의 3~4살짜리 아이가 이해하고 말하는 것을 우리나라 3~6학년 학생들의 이해력으로 얼마든지 잘 이해하고 말할 수 있는 것 아니겠습니까. 영어는 절대 어렵지 않습니다. 쉽게 이해할 수 있도록 설명하면 누구나 다 잘할 수 있다는 믿음을 가지고 노력하면 됩니다.

희망 03. 하고 싶은 대로 만들 수 있는 영어 수업

또 하나의 희망은 초등 영어에는 시험이 없다는 것입니다. 즉, 수행평가를 제외하면 특별히 점수를 매기고 평가할 시험이 없습니다. 시험이 없다는 것은 교육과정 운영이 전적으로 선생님에게 달려 있고, 재량권을 온전하게 쓸 수 있다는 것을 의미합니다.

교과서에 나와 있는 표현을 꼭 가르쳐야 하는 것도 아니고, 없는 표현이라고 해서 못 가르칠 것도 없습니다. 점수로 순위를 매겨야 하는 부담감이 없기 때문에 얼마든지 자유롭게 교육과정을 재구성하고 원하는 대로 수업을 만들 수 있습니다. 중학교, 고등학교는 초등학교와는 다릅니다. 대입 입시를 결정하는 수능과 내신이 있고, 학생들이 점수에 목을 매기 때문에 원하는 교육을 하기 쉽지 않습니다. 이에 비해 초등학교에서는 제대로 된 영어 교육을 할 수 있습니다. 교육과정에서 제시하는 목표인 의사소통 기능만 제대로 길러줄 수 있다면 어떤 방식의 수업도 가능합니다.

영어 선생님의 역량 역시 중요합니다. 영어를 잘하고 못하고의 문제가 아니라 그래도 학창 시절 나름 공부하였고, 회화는 어떨지 몰라도 문법이나 단어는 충분히 잘 알고 있지 않은가요? 이와 같은 배경 지식은 영어 수업을 하는 데 큰 밑거름이 됩니다. 요즘은 영어를 잘하는 선생님이 많아서 더욱 희망적입니다. 열정도 뛰어나고 기발한 아이디어까지 그 수준은 세계 어디에 내놓아도 손색이 없습니다. 선생님들이 만든 자료는 어떠한가요? 유튜브 동영상 콘텐츠, 커뮤니티에 올라와 있는 수없이 많은 학습 자료를 보면 어떻게 영어 수업을 바꾸어 볼 것인가만 고민하면 되겠다는 생각이 듭니다.

PART 02

누구나 바로
써먹을 수 있는 강력한
'영어 수업 엔진'

말문이 터질 수밖에 없게 만드는
3단계 차시 계획 짜기

영어 학습 방법에 다른 특별한 비법이 있는 것은 아닙니다. '학습(學習)'이라는 용어 자체가 가지고 있는 의미, 즉 지극히 상식적인 차원에서 차시를 구성하는 것입니다. '학(學)'은 배운다는 것이고, '습(習)'은 배운 것을 익힌다는 것입니다. 수학도 먼저 공식을 배우고 이를 적용해 문제를 풀면서 공식을 익히며, 미술도 표현기법을 배우고 작품을 만들면서 자연스럽게 기법을 익힙니다.

어떤 학습도 다르지 않고 영어도 마찬가지입니다. 운전이나 장대높이뛰기와 마찬가지로 어떻게 하는 것인지 배우고(학), 몸에 익히면(습) 잘하게 되는 것입니다. 이 원리를 그대로 가져와서 영어 차시 구성에 적용하면 됩니다.

이해하기 ➡ 익숙하기 ➡ 써먹기
단원은 '듣기, 말하기, 읽기, 쓰기, 프로젝트, 복습'과 같은 방식의 영역별 구성 체계보다는 학습이 이루어지는 프로세스에 따라 구성합니다. 아래 표에서 왼쪽이 현재 교과서 구성 방식이라면, 저는 오른쪽 표와 같

교과서 차시 구성

차시	주요 활동
1차시	듣기
2차시	말하기
3차시	읽기, 쓰기
4차시	읽기
5차시	쓰기
6차시	프로젝트, 복습

실제 수업 차시 구성

차시	주요 활동
1차시	이해하기
2차시	이해하기
3차시	익숙하기
4차시	익숙하기
5차시	써먹기
6차시	써먹기

이 '이해하기 ➡ 익숙하기 ➡ 써먹기' 순으로 수업을 진행합니다. 매끄럽게 연결되는 것이 느껴지지 않나요?

4영역에 맞춰서 수업을 해야 한다는 틀에서 벗어나 학생들이 이번 단원에서 배울 핵심 표현을 확실하게 이해하고, 입에서 술술 나오도록 익숙하게 만들고, 핵심 표현을 자유롭게 써먹을 수 있도록 한다는 큰 흐름만 가지고 수업 설계를 하면 훨씬 창의적이고 자유로운 수업이 가능합니다.

그럼 구체적으로 <날짜 묻고 답하기> 단원을 예를 들어서 '이해하기, 익숙하기, 써먹기'가 어떤 흐름으로 연결되는지 살펴보겠습니다.

1. <이해하기> 단계

'날짜 묻고 답하기 When is your birthday?'를 가르칠 때는 1~31까지 서수를 충분히 학생들에게 이해시켜야 합니다. 또 서수에는 th를 붙여서 발음한다는 것과 12개월 달 이름도 영어로 알아야 합니다. May와 ninth을 알았다고 해도 날짜를 어떻게 말하는지, 어떻게 물어보는지도 알아야 하며, 우선 이해시키는 것이 먼저입니다. 핵심 표현을 말하기 위해서 알아야 할 것, 이해해야 할 것을 확실하게 하자는 것입니다.

이해 없이 그냥 따라 하는 식으로는 실력을 키울 수 없습니다. 이해해야 할 것이 많을 때는 일방적인 설명식 수업이 될 때도 있습니다. 하지만 정확한 원리와 개념을 이해하지 못한 채 말하기를 하면 그 순간은 듣고 따라 할지 몰라도 정말 자기가 하고 싶은 말을 자유자재로 하는 것은 불가능할뿐더러 배운 내용도 금세 잊어버립니다.

2. <익숙하기> 단계

날짜를 말하는 방법을 이해했다고 해서 끝이 아닙니다. '내 생일은 10월 23일입니다. 밸런타인데이는 2월 14일입니다. 크리스마스는 12월 25일입니다.' 등처럼 실제 날짜를 묻고 답하는 연습을 충분히 해서 자연스럽게 영어가 나올 때까지 어느 정도 입에 붙어서 익숙해져야 합니다.

'My birthday is on May 10th.'와 같은 한 문장을 입 밖으로 꺼내는 데 한참 걸린다면 아직도 날짜를 말하는 것에 익숙하지 않은 상태입니다. 학생 대부분이 이런 설익은 상태로 3차시까지 수업을 마치고 읽기, 쓰기 수업을 하고서 다음 단원으로 넘어갑니다. 익숙하게 하기 위해서 게임도 해 보지만 충분히 익히지 못합니다.

그래서 저는 일대일 인터뷰를 매 시간마다 하고, 그것도 모자라서 말하기 복습까지 합니다. 6차시 내내 수업 시작할 때마다 서수 1~31까지 읽고, 매 시간마다 12개월 이름을 노래로 부르며, 학생 한 명 한 명에게 생일을 물어보는 인터뷰를 합니다. 날짜를 묻고 답하는 문장을 가지고 듣기 테스트도 5분씩 매 차시마다 합니다. 1~31일까지 서수, 12개월 이름을 영어로 말하는 것이 결코 쉬운 일이 아닙니다. 하지만 이렇게 5차시쯤 되면 학생 전원이 자기 생일을 술술 말합니다. 학생들이 날짜 말하는 것에 익숙해졌다는 것이 눈에 띄게 보일 정도가 됩니다.

3. <써먹기> 단계

다음은 '써먹기' 단계로 넘어가는데, 대략 5~6차시쯤 됩니다. 이때는 단순히 날짜를 묻고 답하는 기계적인 연습에서 벗어나 친구나 부모님을 초대하는 상황을 주고 날짜를 묻고 답하는 표현을 사용합니다. 4차시까지는 선생님 주도로 끌고 왔다면 써먹기 단계에서는 학생들에게 주도권을 완전히 넘깁니다.

처음에는 샘플로 제시한 역할극 대본을 읽고 외우도록 시킵니다. 그리고 학생들은 실감나게 연기하면서 발표합니다. 기본이 되는 샘플은 일단 외우게 하고 검사를 한 후 자기만의 대본을 쓰게 합니다. 자신이 생각하는 상황을 상상하면서 역할극 대본을 써보는 것이지요. 자기가 정말 하고 싶은 말을 자유롭게 해 보는 것이 바로 '써먹기' 단계입니다.

3단계 수업 차시 구성

차시	주요 활동	내용
1차시	이해하기	• 서수 만드는 원리와 12개월 달 이름 알기 • 1~31까지 서수 말할 줄 알기 • 날짜를 묻고 답하는 표현 알기
2차시		
3차시	익숙하기	• 친구의 생일 조사하면서 표현 익히기 • 특별한 날 물어보면서 표현 익히기
4차시		
5차시	써먹기	• 부모님이나 친구 초대하기 상황에서 날짜를 묻고 답하는 말 써먹기 • 자신만의 역할극을 만들어 날짜를 묻고 답하는 말 써서 미션 완수하기
6차시		

이해하기, 익숙하기, 써먹기 비율은 융통성 있게 정한다

1~2차시는 주로 '이해하기' 단계입니다. 단원에 따라 다르지만 '좋아하는 것 묻고 답하기 What's your favorite subject?'와 같은 주제는 1차시면 이해하기 충분합니다. 즉, 2차시부터 바로 익숙하기에 들어가서

단원 분량이 적거나 쉬울 때

차시	주요 활동
1차시	이해하기
2차시	익숙하기
3차시	
4차시	써먹기
5차시	
6차시	

써먹기를 충분히 하면 됩니다. 영어 교과서에서는 좋아하는 과목을 물어보는 활동만 한다면, 교과서에 없더라도 좋아하는 음식, 노래, 아이돌, 영화, 스포츠, 음악, 아이스크림 등으로 무한히 확장해서 가르칠 수 있습니다. 내용이 쉬워서 바로 써먹기로 넘어가면 되기 때문이지요.

하지만 '아픈 곳 묻고 답하기'는 내용이 많아 다릅니다. 즉, headache, stomachache 등 아픈 곳을 표현하는 방법부터 처방을 내리는 방법까지 가르쳐야 할 것이 너무 많습니다. 물론 이 모든 것을 한 시간에 안에 가르칠 수도 있습니다. 하지만 많은 내용을 한 번에 다 가르치지 않는 이유는 의미가 없기 때문입니다. 학생들 눈빛 속에 숨 막혀 하는 것이 느껴져서 더 이상 수업을 할 수 없습니다. 여기서 한 차시 수업의 분량 기준은 바로 '말하기'입니다. 즉, '오늘 배운 내용을 학생들이 말할 수 있는가?'입니다. 그래서 1차시에 아픈 곳을 말하는 법을 가르치고, 2차시에 아픈 곳에 처방하는 말을 가르치는 식으로 나눠서 구성합니다.

기본적인 단원 차시 구성

차시	주요 활동
1차시	이해하기
2차시	
3차시	익숙하기
4차시	
5차시	써먹기
6차시	

무리하게 2가지 기능을 한 단원에 몰아넣은 경우도 있습니다. 예를 들어 '목적지에 가는 방법 묻고 답하기' 단원에서 "How can I get to the library? Take bus number 1 and get off at the library. It's in front of the police station."이라고 하면 'in front of', 즉 '위치를 표현하는 말하기'까지 배우는 것입니다.

2가지 기능을 분리하는 경우

차시	주요 활동
1차시	이해하기 & 익숙하기
2차시	
3차시	이해하기 & 익숙하기
4차시	
5차시	써먹기
6차시	

하지만 일반적으로 길을 알려줄 때 '몇 번 버스 타면 돼요.'라고 하지, '내리면 그 건물이 어디에 있습니다.'까지 말하지는 않습니다. 2가지 기능을 한 단원에 넣다 보니 그럴 수밖에 없는 것입니다.

외국인이 길을 물으면 "Take bus number 1 and get off at the library. It's in front of the police station."이라고 대답할 수 있는 성인이 과연 몇 명이나 될까요? "몇 번 버스 타서 어디서 내리세요."만 해도 어려운데, 건물 위치까지 알려주는 말을 6학년 학생에게 하라니…. 그래서 '목적지에 가는 방법 묻고 답하기'와 '위치를 표현하는 말하기'를 아예 따로따로 가르치고 있습니다.

이런 식으로 각 단원마다 학습 분량과 난이도가 다르기 때문에 '이해하기, 익숙하기, 써먹기'라는 큰 흐름으로 수업을 하되, 그 비율은 상황에 따라 얼마든지 융통성 있게 바꿔 가면서 수업을 설계하면 됩니다.

 영어 수업에 바로 적용하기

3단계로 단원 차시별 계획 짜기

앞으로 가르쳐야 할 단원을 3단계에 맞춰 구성했다면 어떤 활동들로 해야 좋을지 생각해 봅니다.

☑ 이 단원의 핵심 표현을 말할 수 있으려면 무엇을 알아야 할지 생각해 본다. ➡ <이해하기> 단계
☑ 핵심 표현을 충분히 연습하려면 어떤 방법으로 하면 좋을지 생각해 본다. ➡ <익숙하기> 단계
☑ 핵심 표현을 써먹어 볼 수 있는 실생활 속의 상황을 생각해 본다. ➡ <써먹기> 단계

예시) When's your birthday?	
1차시 이해하기	서수 1~31
2차시 이해하기	날짜 묻고 답하는 방법
3차시 익숙하기	친구 생일 조사하기(별자리)
4차시 써먹기	특별한 날 조사하기
5차시 써먹기	역할극 하기
6차시 써먹기	초대장 만들기

교과서에 없지만 반드시 가르쳐야 할 '초등 핵심 어법' 3가지

문법이 아닌 말하는 규칙, 어법을 가르치자

초등 교과서를 아무리 뒤져봐도 문법에 대한 설명은 단 한 줄도 없습니다. 중학교 교과과정에 들어가야 비로서 문법을 가르치는 파트가 나오기 시작합니다.

초등 때부터 문법을 가르쳐야 한다는 것에 대해 반대하는 사람이 많을 것입니다. 하지만 천천히 생각해보면 문법이란 어법으로서 어떻게 말을 해야 하는지 영어 문장을 말하는 규칙이나 방법을 아는 것입니다. 말하는 법을 알아야 말을 할 것이 아닌가요? 비단 말하기뿐만 아니라 듣기도 무슨 말인지 이해해야 들을 수 있고, 말하는 것을 그대로 글로 적으면 그게 쓰기입니다. 읽기도 말하는 것을 문자로 옮겨 적은 것을 이해하는 행위입니다. 듣기, 말하기, 읽기, 쓰기는 영어 문장이 만들어지는 규칙을 모르고서는 맹탕입니다. 영어로 말을 하고 싶은데 어떻게 해야 하는지 원리를 알아야 말을 할 수 있지 않겠습니까?

문법이란 용어를 사전에서 찾아보면 '말의 구성 및 운용상의 규칙'이라고 나옵니다. 쉽게 말해 '말하는 규칙'이지요. 하지만 문법에 치우친 교육을 받아와서 그런지 문법하면 일단 답답해지고 어법이 더 와닿습니다.

초등학교 어법 딱 3개면 끝난다

그럼, 초등학교에서 어법을 어떤 수준으로 가르쳐야 할까요? 일단 가르쳐야 할 어법이 무엇인지부터 먼저 설명하고, 어떻게 어법을 가르치면 좋을지 살펴보기로 하겠습니다.

---

1. 완전한 문장(동작동사) ➡ 누가 + 무엇을 했다 + 대상
2. 완전한 문장(be동사) ➡ 누가 + 상태이다/이다 + 어떤
3. 완전한 문장 + 전치사 ➡ 완전한 문장 + 전치사 덩어리

위와 같이 모든 영어 문장은 '누가 무엇을 했다.'와 '누가 어떤 상태이다.' 이렇게 2가지 중 하나입니다. 이 2가지 문장은 가장 기본이 되는 문장 형태이기 때문에 '완전한 문장'이라고 합니다. 이 완전한 문장에 아래와 같이 to부정사, 현재분사, 과거분사, 관계대명사, 전치사구 등을 붙이면 문장이 길어집니다. to부정사, 현재분사, 과거분사, 관계대명사 파트는 중학교 과정이므로 초등학교에서는 완전한 문장 2가지에 '전치사 덩어리 붙이기'까지 딱 3가지 어법만 가르치면 됩니다.

1. I made a sandwitch. ← 완전한 문장
2. I made a sandwitch + with your help. ← 완전한 문장 + 전치사 덩어리
3. I made a sandwitch + to eat on Monday. ← 완전한 문장 + to부정사
4. I made a sandwitch + that I decided to give to you. ← 완전한 문장 + 관계대명사

사과를 보고 "사과가 빨갛다.", 친구를 보고 "키가 크다."라고 하는 등 자신이 한 일을 학생들이 세 단어 정도로 간단히 말해보자는 것입니다. 즉, 'It's red. It's cute. 민기 is tall. I made a robot.' 등과 같은 문장을 말할 수 있을 정도로 가르치자는 것입니다. 물론 지금도 가르치고 있긴 하지만 어법과 관련된 내용을 단원 초반에 좀 더 짚어줍니다.

학교에서는 매 단원별 주제에 집중해서 가르치다 보니 학생들이 기본적인 영어 어법에 대한 이해가 부족합니다. 그래서 사교육을 받지 않는 6학년 학생들 가운데 '사과가 빨갛다.'라는 말을 할 수 있는 학생이 거의 없었습니다. '사과가 빨간 상태이다.'라고 어떻게 말을 해야 하는지 모르기 때문입니다. 물론 4학년 때 'It's red.'를 배워서 그 당시에는 말할 수 있었지만 근본 원리인 어법을 짚어주지 않아서 활용하지 못하는 것입니다. 문장은 어렵지 않은데 어떻게 말을 해야 할지 몰라 학생들도 답답해합니다.

어법에 따른 초등학교 교과서 문장 분류

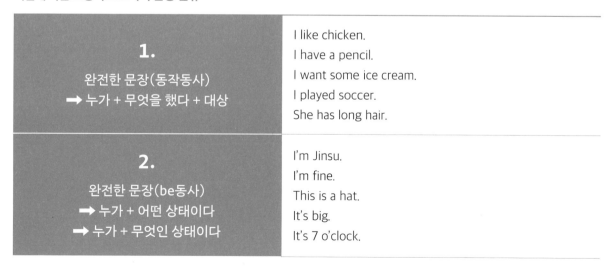

1. 완전한 문장(동작동사) ➡ 누가 + 무엇을 했다 + 대상	I like chicken. I have a pencil. I want some ice cream. I played soccer. She has long hair.
2. 완전한 문장(be동사) ➡ 누가 + 어떤 상태이다 ➡ 누가 + 무엇인 상태이다	I'm Jinsu. I'm fine. This is a hat. It's big. It's 7 o'clock.

2. 완전한 문장(be동사) ➡ 누가 + 어떤 상태이다 ➡ 누가 + 무엇인 상태이다	I'm watching. It's Monday. It's rainy.
3. 완전한 문장 + 전치사 ➡ 완전한 문장 + 전치사 덩어리	I get up + at seven. I will go to the movies + on the weekend. I ate ramen in the classroom.

어법별로 어떻게 지도하면 좋을지 자세한 방법은 'PART 03~04'에서 자세히 다루기로 하고, 여기서는 '누가 무엇을 했다.'를 예를 들어보겠습니다.

학기 초 영어 수업을 시작하면 오리엔테이션을 하고, 바로 두 번째 시간에는 영어 기본 어순을 가르칩니다. 이 한 시간 수업으로 학생들은 자신도 얼마든지 문장을 만들어 낼 수 있다는 엄청난 경험을 합니다. 그리고 이 선생님은 뭔가 다르고 영어를 한번 해봐야겠다며 마음의 빗장을 조금씩 열기 시작합니다.

완전한 문장은 잘 알다시피 '주어 + 동사 + 목적어'입니다. 하지만 저는 '주어, 목적어, 동사'와 같은 문법 용어는 사용하지 않습니다. 단순히 **'누가?, 무엇을 했는데?, 대상?'**을 칠판에 크게 적습니다. 영어가 어려운 이유는 우리말과 순서가 반대이기 때문입니다. 우리말은 "지미는 사이다를 마셔요."인데, 영어는 "지미는 마셔요 사이다를."과 같은 형태이지요.

이처럼 말의 순서가 정반대이기 때문에 학생들에게 영어가 어려울 수 있으므로 문장을 아래와 같은 방식으로 설명합니다. 예문은 학생들이 이미 알고 있거나 좀 더 자극적인 단어를 골라 관심을 확 끌고, 또 영어 문장을 말하는 것이 어렵다는 고정관념을 깨주려는 의도로 예문을 다양하게 합니다.

선생님 : 여러분! '지미가 탄산수를 마셔요.'를 영어로 해 봅시다.

선생님 : *(칠판을 가리키며 큰소리로)* 누가?

학생들 : *(합창하듯)* 지미가.

선생님 : 영어에는 '은, 는, 이, 가' 이런 말은 안 붙입니다. 그러니까 그냥 '지미!' 하면 돼요.

학생들 : *(처음 알았다는 표정)* ·······.

선생님 : 다시 해 봅시다. 누가?

학생들 : 지미!

선생님 : 무엇을 했는데요?

학생들 : 마셔요.

선생님 : 여러분, '마셔요.'는 영어로 알지요? 그래요. 드링크 오케이?

선생님 : 다시, 무엇을 했는데요?

학생들 : *(합창하듯)* 드링크!

선생님 : 무엇을?

학생들 : *(합창하듯)* 탄산수!

선생님 : 와우 대박. 그럼 이제 다시 읽어볼까요? 지미는 탄산수를 마셔요.

학생들 : 지미 드링크 탄산수.

선생님 : 좋아요. 그럼 이제 '민수는 오줌을 마셔요.'를 영어로 해 볼까요?

이렇게 설명하고 한글 문장 5~6개를 제시하여 학생들에게 직접 영어로 작성하게 하면 모두 정말 잘 만듭니다. '아인슈타인은 한국을 사랑해요.', '안중근이 이토 히로부미를 죽였어요.' 등과 같은 문장도 충분히 만들어 냅니다. 이렇게 1차시를 하고 나면 어법 설명하기가 수월해지고, 또 1년 영어 수업이 수월해집니다. 물론 어법을 알았다고 해서 갑자기 말이 술술 나오는 것은 아니지만, 영어라는 언어에 대한 대략적인 감이 생기고 향후 수업할 때도 이해가 훨씬 쉬워집니다.

초등 영어, 3가지 어법을 충분히 익히고 말하게 하자

초등 영어 수업에서 핵심은 학생들에게 3가지 어법을 최대한 빨리 이해시켜서 4년 동안 그 어법을 이용해 충분히 연습하고 말하는 훈련을 통해 학생들이 자유자재로 영어를 구사할 수 있도록 해 주는 것입니다. 이는 학생들 입에서 단어 3개로 무엇이든지 말할 수 있게 만드는 것입니다. 그리고 5학년 정도 되면 충분히 전치사를 붙여서 말하는 것도 할 수 있어 최대 6단어까지도 가능합니다.

학기 초에는 영어를 거의 하지 못했던 6학년 학생에게 주말에 뭐했냐고 영어로 물었더니 끝없이 주말에 했던 일을 말해서 이제 그만하라고 막을 정도였습니다. 문법적으로 틀리고 어색해도 좋습니다. 몇 단어 안 되지만 자기가 하고 싶은 말은 다 한 것입니다. 영어 학원에 전혀 다니지 않은 학생이 학교 수업만으로 충분히 이렇게 말을 할 수 있었습니다.

After school, I went home and I ate ramen and I watched TV and I went to the PC bang and I played game in the PC bang and I ate 짜파게티 and I went home⋯.

초등학교 교과서를 보면 거의 모든 단원이 이 3가지 어법의 범주 안에 들어갑니다. 물론 몇 개는 분류하기 모호한 것이 있지만 대부분 이 3가지 말하기 원리, 즉 어법만 알면 사실상 단어 뜻만 설명해 주면 됩니다.

어법은 초등학교 교과서 어디에도 나와 있지 않습니다. 그래서 선생님이 일부러 가르치지 않으면 그 어떤 학생도 알 수 없습니다. 학원에 다니지 않는 이상 말입니다.

단원 첫 시간에 핵심 표현을 어법에 따라 가르치기

1. 앞으로 가르쳐야 할 단원에서 사용되는 어법을 아래처럼 판서를 합니다.

아래는 예시로서 학생들에게 설명하라는 것이 절대 아닙니다. 학생들과 대화를 주고받으면서 문장 구조를 확실하게 몸에 익히는 연습을 하는 것입니다.

I	➡	like	➡	chicken.
(누가?)	➡	무엇을 했는데요?	➡	(뭐를요?)

2. 학생들과 여러 가지 문장을 만들어 봅니다. (모르는 단어는 그냥 한국어로 말해도 됩니다.)

아빠 likes 소주.
동생 likes 게임.
I like 축구.

My brother likes 떡볶이.
멍키 likes 바나나.
... ...

3. 학생 한 명 한 명 모두가 문장을 만들 수 있는지 확인합니다.

민수야! '이순신은 거북선을 좋아해요.'를 영어로 하면?
지민아! '나는 라면을 좋아해요.'를 영어로 하면?
슬아야! '엄마는 고스톱을 좋아해요.'를 영어로 하면?

교과서 재구성하고
어법에 따라 가르치는 단원 순서 바꾸기

영어 교과서는 한 단원을 의사소통 기능 2개로 구성하고, 이를 3~4학년과 5~6학년군으로 묶어 제작합니다. 단원은 주로 '출신지 묻고 답하기'나 '인사 나누는 말하기'를 맨 앞에, '방학 때 할 일 묻고 답하기'와 같은 것은 학기 말에 가르치도록 배치합니다. 교과서 집필진들이 나름대로 학사 일정을 고려한 것입니다. 하지만 저는 일 년 동안 가르쳐야 할 총 12개 단원의 순서를 나름대로 학기 초에 다시 정합니다. 이때 앞서 말했던 어법이 기준이 됩니다. 예를 들어 아래와 같이 12개 단원이 있다고 가정해 보겠습니다.

1단원	출신지 묻고 답하기 (Where are you from?)
2단원	목적지에 가는 방법 묻고 답하기 (How can I get to the museum?)
3단원	날짜 묻고 답하기 (When is your birthday?)
4단원	좋아하는 것 묻고 답하기 (My favorite subject is math.)
5단원	과거 일 묻고 답하기 (What did you do during the vacation?)
6단원	음식 주문하기 (I'd like noodles.)
7단원	아픈 곳 묻고 답하기 (I have a headache.)
8단원	위치 묻고 답하기 (I am in the living room.)
9단원	앞으로 할 일 묻고 답하기 (I will go on a trip.)
10단원	어떤 것에 관해 알고 있는지 묻고 답하기 (Do you know anything about Hanok?)
11단원	두 대상을 비교하는 말하기 (I'm stronger than Junho.)
12단원	감정의 이유 묻고 답하기 (Why are you happy?)

'완전한 문장'이 사용된 단원을 가장 먼저 가르치자

5학년 학생들은 학원에 다니지 않고서는 완전한 영어 문장, 말하는 법, 어법에 대한 개념이 전혀 없습니다. 그냥 단원에 나오는 표현을 그때그때 배웠을 뿐이며, 영어를 배운 지 4년이 되는 6학년도 마찬가지입니다. 그래서 저는 처음부터 다시 시작하는 마음으로 우선 '누가 + 무엇을 했다 + 대상' 어법부터 가르칩니다. 12개 단원 중 이에 가장 적합한 것을 고르는데, 7단원 '아픈 곳 묻고 답하기 (I have a headache.)'가 좋습니다. 이 단원을 먼저 가르치면서 '누가 + 무엇을 했다 + 대상'이라는 영어의 가장 기본이 되는 어순에 익숙해지도록 합니다.

시제가 들어간 단원을 학기 초부터 가르치자

다음으로 중요한 단원이 바로 '시제'입니다. 평상시 말할 때 가장 많이 쓰는 것은 과거형, 미래형 문장입니다. 그래서 과거형, 미래형 시제를 배우는 단원을 학기 초부터 가르칩니다. 과거형을 먼저 배우면 일 년 내내 과거형 문장을 계속 복습하면서 반복해 사용하므로 충분히 익숙해질 수 있는 시간을 확보할 수 있습니다. 예를 들어 'I played soccer.'에서 ed를 붙이는 어법을 배워서 played를 자유자재로 말할 수 있으면 이를 12단원의 '감정의 이유 묻고 답하기 (Why are you happy?)'에서 'I played soccer. I won the game. I'm happy.'라는 문장을 말할 수 있고, 자연스럽게 다른 단원에서 복습할 수 있습니다. 또한 10단원의 '어떤 것에 관해 알고 있는지 묻고 답하기 (Do you know anything about Hanok?)'에서도 이미 과거형 made를 배웠기 때문에 'Do you know anything about 세종대왕? 세종대왕 made 한글.'이라는 문장을 말할 수 있습니다.

미래형도 마찬가지입니다. 교육과정상으로는 '과거의 일 묻고 답하기'나 '앞으로 할 일 묻고 답하기'로 시제를 제시하고 있습니다. 하지만 저는 두 단원을 과거의 일 말하는 법인 과거시제와 미래의 일 말하는 법인 미래시제로 생각하고 가르칩니다. 이렇게 하면 영어 문장을 만드는 데 일 년이 편해집니다. 학생들은 과거시제, 미래시제를 배워도 금방 잊어버리지만 이렇게 배워 놓고 일 년 내내 계속 활용하게 되므로 'I played games.'라는 문장이 입에서 술술 나옵니다. 참고로 제가 가르쳤던 6학년 학생 중에 5학년 때 배웠던 과거형을 이용해 문장을 말했던 학생은 거의 없었습니다. 과거를 어떻게 표현하는지도 모르는 경우가 대다수였습니다. 그래서 6학년이지만 5학년 과거시제를 다시 가르쳤습니다.

과거형 시제 ➡ 과거의 일 묻고 답하기 (What did you do during the vacation?)

미래형 시제 ➡ 앞으로 할 일 묻고 답하기 (I will go on a trip.)

완전한 문장을 가르친 후 바로 전치사가 들어간 단원을 가르치자

전치사는 조금 과장해서 말해 영어의 절반을 차지할 정도로 중요한 부분입니다. 그런데 학원에 다니지 않은 학생들 가운데 전치사를 이용해 말하는 학생을 한 명도 보지 못했습니다. 전치사라고 하면 머리 아파하는 선생님도 있을지 모르겠습니다만 절대 그렇지 않습니다. 6학년 학생들에게 'with'를 가르쳤더니 대부분 with를 이용해 자유자재로 문장을 길게 만들어 말하는 것을 보았습니다. '주말에 무엇을 했나요?'라고 물으면 매번 "I went to the PC bang." 하던 학생들이 "I went to the PC bang with my friend."라고 말을 술술 합니다. 학생들이 말할 때 거기에 'with~' 하고 제가 살짝 말해 주면 스스로 알아서 그다음 말을 붙여서 말합니다. 이렇게 몇 차례 반복되면 'with my friend.'가 저절로 나옵니다.

초등학교에서 4가지 전치사 'at, to, in, with'만 문장에 제대로 붙일 줄 알면 성공입니다. 물론 실제로 학생들은 그것을 충분히 해냅니다. 마치 레고 조립하는 것과 같아서 그냥 문장 내뱉고 말을 붙이기만 하면 되기 때문입니다. 4~6학년 정도 모국어 수준이면 얼마든지 가능합니다. 전치사는 그냥 '줄줄이 소시지를 붙이는 것'이라고 설명하면 아주 쉽습니다. 또한 많은 전치사를 가르치지 않아도 괜찮습니다. 분명한 것은 전치사가 무엇이고, 전치사를 사용해 어떻게 말을 길게 만드는지 분명히 알고 중학교에 가야 한다는 점입니다. 그러려면 전치사와 관련된 단원을 통해서 전치사 어법을 반드시 가르쳐야 합니다.

아래와 같이 초등학교에서 사용할 수 있는 전치사 줄줄이 소시지 4가지면 충분합니다.

① I ate ramen + at 7.
② I went to the PC bang + with mom.
③ I saw you + in Busan.
④ I will play soccer + on Monday.

특정한 상황에서 쓰이는 표현을 배우는 단원은 나중에 가르쳐도 된다

12개 단원에서 학생들이 핵심적으로 알아야 할 어법 요소를 포함하고 있는 단원과 특정한 상황에서 쓰이는 표현을 가르치는 단원을 구별하면 좋습니다.

위의 예시 중 3단원 '날짜 묻고 답하기'는 선생님마다 그 기준은 다르겠지만 나중에 천천히 가르쳐도 됩니다. 2단원 '목적지에 가는 방법 묻고 답하기'도 실생활에서 목적지에 가는 방법을 영어로 묻고 답할 기회가 얼마나 있는가를 생각해 보면 사실 외국에 나가지 않는 이상 거의 사용할 일이 없습니다. 또한 6단원 '음식 주문하기'도 특정한 상황에서 하는 표현이므로 나중에 가르칩니다. 물론 학생들이 흥미 있어 하는 내용이므로 앞쪽에 배치할 수도 있습니다.

특정한 상황에서 쓰이는 표현을 배우는 단원

2단원.   목적지에 가는 방법 묻고 답하기 (How can I get to the museum?)

3단원.   날짜 묻고 답하기 (When is your birthday?)

6단원.   음식 주문하기 (I'd like noodles.)

11단원.   두 대상을 비교하는 말하기 (I'm stronger than Junho.)

다시 단원으로 가서 7단원을 통해 동작동사를 가르치고, 4단원을 통해 be동사를 가르칩니다. 이어서 5단원을 통해 과거시제를 가르치고, 9단원으로 미래시제를 가르칩니다. 6단원에서 한 템포 쉬었다가 8단원에서 전치사 in을 가르칩니다. 그리고 나머지 단원들은 하나씩 천천히 가르치면 됩니다.

결론적으로 단원별 핵심 표현은 12개의 단원이 크게 다를 바 없어 보이지만, 어법의 눈으로 보면 학생들에게 핵심적으로 가르쳐야 할 것이 보입니다. 먼저 완전한 문장을 가르쳐 놓으면 이후 여러 단원에서 어법을 쉽게 설명할 수 있습니다. 이미 학생들이 큰 틀을 알고 있기 때문에 쉽게 이해합니다. 또한 과거형, 미래형과 같은 시제를 미리 학기 초부터 가르치면 일 년 내내 학생들과 자유롭게 과거시제 문장, 미래시제 문장으로 대화를 할 수 있게 됩니다. 일 년에 걸쳐 계속 반복해서 사용하게 되므로 잊어버릴 만하면 다시 떠올리기 때문에 더욱 좋습니다. 전치사도 예를 들어 in 하나만 배워 놓으면 앞으로 모든 문장에 in을 붙여서 길게 말할 수 있게 됩니다.

이상의 내용을 정리해 보면 아래와 같은 순서로 단원을 가르칠 수 있습니다.

가르칠 단원 우선순위

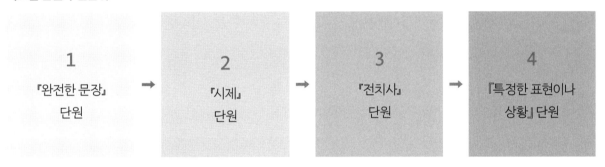

1	2	3	4
『완전한 문장』 단원	『시제』 단원	『전치사』 단원	『특정한 표현이나 상황』단원

영어 수업에 바로 적용하기

가르칠 단원 순서 재구성하기

1. 교과서 목차를 보고, 나름대로 4가지로 분류합니다.

<완전한 문장>을 가르치기 좋은 단원	<시제>를 가르치는 단원	<전치사>가 들어가는 단원	<특정한 표현이나 상황>을 가르치는 단원

2. '1'에서 분류한 것을 바탕으로 학기별로 배치합니다.

1학기	2학기

38

학생들이 느껴야 할 진정한 영어의 재미

놀이가 주는 재미에서 언어 자체가 주는 재미로

영어가 어렵고 싫은 과목인 대부분 학생에게 영어를 가르치려면 선생님으로서 보통 힘든 일이 아닙니다. 그래서 어떻게 하면 싫어하는 영어를 재미있게 가르칠까 하는 고민은 선생님들이 항상 부딪히는 문제입니다. 오죽하면 초등 영어교육과정에 명시된 제 1의 목표가 '영어 학습에 대한 흥미와 자신감을 기른다'로 설정되어 있겠습니까. 저는 여기에서 '재미'라는 말에 주목합니다. '재미'를 어떻게 정의하느냐에 따라 수업 설계가 완전히 달라질 수 있기 때문입니다.

제가 생각하는 '재미'는 영어라는 외국어를 말하면서 느껴지는 것입니다. 학생들은 '우와! 내가 이런 것도 영어로 말할 수 있다니!' 하며 놀라면서 자신이 대견하고 자랑스러워지며 자신감이 저절로 흘러나옵니다. 게임에 이겨서 보상을 받는 재미와 즐거움도 좋지만 보다 본질적인 것은 학생들이 느끼는 희열입니다. 즉, 외국어 자체가 주는 즐거움을 느낄 수 있도록 해야 한다는 것입니다. 이것이야말로 영어에 대한 흥미와 자신감을 동시에 주면서 진정한 영어 실력을 키워줄 수 있다고 확신합니다.

저는 영어에 대한 즐거움을 주기 위해 다음과 같은 방법을 사용하기도 했습니다. 5학년을 담당했을 때 'I am in the living room.' 단원의 in을 집중적으로 가르치면서 앞면에는 한글, 뒷면에는 영어를 적은 학습지를 만들었습니다. (in으로 여러 가지 위치 말하기, 학습지 6-4 참조)

학습지 앞면

1. 이것은 경복궁이다. 2. 경복궁은 서울에 있다. 3. 경복궁은 유명하다. (famous)	1. 이것은 불국사이다. 2. 불국사는 경주에 있다. 3. 불국사는 아름답다. (beautiful)
1. 이것은 한라산이다. 2. 한라산은 제주에 있다. 3. 한라산은 높다. (high)	1. 이것은 해운대이다. 2. 해운대는 부산에 있다. 3. 해운대는 환상적이다. (fantastic)

1. This is Gyeongbokgung. 2. Gyeongbokgung is in Seoul. 3. Gyeongbokgung is famous.	1. This is Bulguksa. 2. Bulguksa is in Gyeongju. 3. Bulguksa is beautiful.
1. This is Hallasan. 2. Hallasan is in Jeju. 3. Hallasan is high.	1. This is Haeundae. 2. Haeundae is in Busan. 3. Haeundae is fantastic.

먼저 한글 12문장을 영어로 말할 수 있는지 학생 스스로 확인합니다. 영어로 말할 수 있으면 번호에 동그라미 표시를 하고, 뒷장으로 넘겨서 자신이 말한 것이 맞는지 맞춰봅니다. 그리고 12개 문장을 읽으면서 한글만 보고도 영어로 말할 수 있도록 외웁니다. 시간은 대략 5분이면 충분합니다.

학급 학생 모두 외우고 나면 짝과 서로 퀴즈 내기를 합니다. 한 명이 한국어로 "한라산은 제주도에 있어요."라고 말하면, 다른 한 명은 "Hallasan is in Jeju."라고 대답하는 형식입니다. 이렇게 서로 주거니 받거니 하며 퀴즈를 내면서 말하기 연습을 2~3분 정도합니다. 이후 선생님은 12문장을 학생 한 명씩 모두에게 테스트를 합니다. 자신 있는 학생은 앞으로 나와 한 줄로 서서 테스트를 받습니다. 시간이 부족한 경우에는 6개 정도만 골라 퀴즈를 냅니다. 퀴즈를 영어로 말하고 통과하는 순간, 학생들은 기쁨과 환희의 환호성을 지릅니다. 사실 저 역시 전율이 흐를 때가 한두 번이 아닙니다. 버벅거리던 학생들이 술술 영어로 말하는 모습을 보고 있으면 학생들과 똑같이 탄성이 터져 나옵니다. 이처럼 퀴즈 테스트를 통과했다는 자신감과 자신이 12문장을 모두 영어로 말할 수 있다는 사실에 놀라며 학생들은 점점 영어가 재미있어집니다.

이 테스트 통과가 끝나면 바로 다음 과제가 기다리고 있습니다.

● 내가 소개하고 싶은 곳을 하나 골라 영어로 써 보세요. (지명은 한국어로 써도 됨)

<예시> 마이산	This is 마이산.
	마이산 is in 진안.
	마이산 is beautiful.

경복궁, 불국사, 해운대, 한라산을 예문으로 든 것처럼 자신이 소개하고 싶은 다른 곳을 영어 문장으로 써 보도록 한 것입니다. 그러면 학생들은 위와 같이 문장을 뚝딱 만들어 냅니다. 얼마 전에 부모님과 진안에 다녀왔다는 학생은 자신이 좋아했던 마이산을 소개하는 글을 쓰면서 너무나 즐거워했습니다. 친구들 앞에서 모두 돌아가며 발표하면서 학생들은 점점 언어 그 자체가 주는 재미에 빠져들게 됩니다.

영어 수업에서 학생들이 느끼는 재미

영어 수업을 통해 학생들에게 주고자 하는 재미는 아래와 같습니다.

---

① 모르는 것을 알게 되었을 때 느끼는 재미

② 외국인(원어민)과 의사소통하면서 느끼는 재미

③ 한국어 문장을 영어로 말할 수 있다는 것을 알았을 때 느끼는 재미

④ 특정한 미션을 달성했다는 성취감이 주는 재미

⑤ 자신이 생각한 것을 영어로 표현했을 때 느끼는 재미

⑥ 자신의 발음, 억양 등 영어 말하기 실력이 느는 것을 느끼는 재미

---

① 모르는 것을 알게 되었을 때 느끼는 재미는 앞서 설명한 어법을 가르칠 때 주로 나타납니다. 예를 들어 '아! 문장 다음에 이렇게 in만 붙여서 말하면 되는구나! 이거 쉽네!' 하고 무릎을 탁 치면서 느끼는 재미입니다.

② 외국인(원어민)과 의사소통하면서 느끼는 재미는 원어민과 일대일 인터뷰 시간에 자신이 배운 것을 바로 써먹었을 때 갖는 희열과 같습니다. '이야! 진짜로 이렇게 말하니까 통하네! 신기하다.' 이렇게 말이죠.

③ 똑같은 의미를 전달하는 데 있어 익숙한 모국어가 아닌 다른 소리와 다른 문자, 이질적인 다른 언어로도 전달할 수 있다는 것 자체가 엄청난 즐거움을 줍니다.

④ 특정한 미션을 달성했다는 성취감이 주는 재미도 영어 수업을 통해 가능합니다. 예를 들어 '아픈 곳 묻고 답하기'를 배우고서 선생님한테 자신이 아프니 집에 갈 수 있도록 영어로 허락을 받아보라는 미션을 줍니다. 그리고 선생님과 마주 앉아 자신이 직접 연기하면서 허락을 받아내야 합니다. 학생이 영어로 표현해 목표하는 것을 달성했을 때 '우와~ 나 해냈어.'라는 성취감이 주는 재미입니다.

⑤ 자신이 생각한 것을 영어로 표현했을 때 느끼는 재미는 주로 역할극이나 글쓰기를 통해서 느낄 수 있습니다. 학생들은 장난스럽게 혼자 웃으며 상상한 내용으로 역할극 하는 것을 좋아합니다. 예를 들어 '과거에 한 일 묻고 답하기' 단원에서 학생들이 아래와 같이 상상하며 스토리를 만들면서 너무나 재미있어 합니다. 영어라는 장벽을 전혀 느껴지지 않고 상상한 것을 영어로 표현해 내는 그 과정 자체가 즐거운 것입니다.

I went to North Korea.

I met Kim Jong-un.

I ate 평양냉면 with Kim Jong-un.

It was fun.

⑥ 자신의 발음, 억양 등 영어 말하기 실력이 느는 것을 느끼는 재미도 있습니다. 학기 초에 비해 확실히 달라진 영어 실력에 기쁨이 파도처럼 밀려오는 것으로, 특히 부진한 학생일수록 더 강력하게 느낍니다. 영어 한마디 못해 겁먹던 학생이 적극적으로 억양을 살려 말하는 것은 물론 영작까지 하는 것을 보고 "영어 실력이 많이 늘었네. 포기하지 않고 매 시간 열심히 하니까 실력이 늘잖아. 처음에는 말 한마디 못했는데 정말 대단해. 진짜 축하해."라고 말하는 경우가 반에 3~4명은 꼭 있습니다. 학생 본인이 자신의 영어 실력이 얼마나 늘었는지 모를 때가 많기 때문에 상기시켜 주기 위해서입니다.

활동 그 자체가 주는 재미

수업 활동이 상황 시연, 시뮬레이션, 역할극 등과 같이 실제 언어 사용 경험과 비슷하면 좋습니다. 예를 들어 6학년에게 'How are you?'라고 물었을 때 말 한마디도 대답하지 못하는 것은 '인사 나누는 경험'을 충분히 갖지 못했기 때문입니다. 4학년 때 'How are you?'를 가지고 여러 게임도 하고 노래도 불렀을 것입니다. 하지만 정말 중요한 '인사 나누는 경험'은 몇 번이나 해 보았을까요? 인사를 나눈다는 것은 상대방을 만나는 상황입니다. 인사를 나누더라도 주사위를 굴려서 'How are you?'를 묻는다든지, 가위바위보를 해 이겨서 'How are you?'라고 하는 것은 실제 쓰이는 상황과 분명히 다릅니다.

저는 학생들에게 복도에서 친구를 만나 인사하는 상황, 계단을 올라가다가 선생님을 만나서 인사하는 상황, 학교 입구에서 원어민을 만나서 인사하는 상황에서 말해 보게 합니다. 실제로 복도에서 친구와 인사를 해 보고, 계단에서 선생님과 인사를 해 보고, 교문에서 원어민 선생님과 인사를 해 봅니다. 이렇게 2시간만 하면 학생들은 인사 나누는 것을 잊어버리지 않습니다. 그리고 서로 인사 나누는 장면을 자신이 원하는 장소에서 동영상으로 찍어오라고 합니다. 실제 인사 나누는 상황 그 자체를 최대한 많이 경험하게 해 주는 것이야말로 가장 좋은 활동입니다.

가르칠 표현이 실제 어떤 상황에서 쓰이는지 찾아보기

1. 브레인스토밍Brainstorming을 통해 가르칠 표현이 주로 어떤 상황에서 쓰일지 상상해 봅니다. 드라마나 영화 속 한 장면, 실제 생활 속 에피소드 등 다양할수록 좋습니다. 같은 상황이라면 장소나 등장인물, 소품이나 분위기를 바꿀 수도 있습니다.

[예시]

가르칠 표현	쓰이는 상황
빈도를 묻고 답하기 How often do you ~ ?	• 체력이 약한 친구를 보고 일주일에 운동을 몇 번 하는지 물어보기 • 방이 더러운 친구를 보고 일주일에 청소를 몇 번 하는지 물어보기 • 친구가 라면을 좋아한다고 해서 일주일에 몇 번이나 먹는지 물어보기 • 친구가 잠이 안 온다고 하니까 하루에 커피 몇 번이나 마시는지 물어보기

가르칠 표현	쓰이는 상황

2. 브레인스토밍한 상황 중 실제 학생들이 시연해 볼 수 있는 것을 찾아 밑줄을 긋고 수업시간에 시연해 봅시다.

움츠러든 학생을 자신감 넘치게 만드는 최고의 동기 부여 방법

영어 수업의 가장 힘든 점은 학생들이 영어를 두려워하고 자신 없어 한다는 것입니다. 성인처럼 '영어 울렁증'을 이미 초등학생 때부터 가지고 있다고 해도 과언이 아닙니다. 3학년 때까지는 뭐가 뭔지 모르다가 조금 성숙해지면 '영어'라는 말만 들어도 부담스럽고 움츠러듭니다. 이는 수학, 사회나 과학, 도덕 등과 같은 과목과 다릅니다. 수학도 어려워하지만 적어도 마음을 닫고 소극적이지는 않습니다. 고학년으로 올라갈수록 부정적인 감정은 더욱 심해지는데, 영어는 이미 포기했다고 대답하는 학생도 적지 않습니다.

'할 수 있다'는 희망을 불어넣기

영어 수업에서 가장 중요한 부분은 학생들에게 희망을 주는 것입니다. 학생들 마음의 문을 열고, '한 해 선생님과 함께 한번 열심히 해 보자.'라는 생각이 조금이라도 들 수 있도록 동기 부여를 해 주는 것입니다. 핵심은 선생님의 마음가짐입니다. 첫 수업을 시작하기 전까지 한 해 100시간 수업을 위해 나름대로 연구하고 계획도 짜야 합니다. 학생들이 영어 때문에 힘들어 하지 않고 잘할 수 있도록 이끌어 주고, 좀 더 나은 수업을 해 보고 싶은 마음으로 서 있으면, 그 마음은 감출 수 없이 새어 나와 학생들에게 그대로 전달됩니다. 선생님 말 한마디에 힘이 실리고 학생들은 즐거운 마음으로 따라옵니다. 그거면 충분합니다. 학생들은 앞으로 100시간이라는 마라톤을 함께하면서 충분히 동기 부여가 되고 자신감도 생기면서 영어에 대한 생각을 바꾸게 될 것입니다.

칭찬을 입에 달고 살기

수업시간 동안 학생들은 수없이 영어로 말하고, 앞에 나와 역할극을 하고, 발표하고, 영작하고, 듣기 테스트 문제를 풀고 퀴즈를 맞힙니다. 그때마다 반드시 칭찬을 해 줍니다. 칭찬이 거의 입에 붙어서 자동으로 나올 지경입니다. 'Wow, Perfect! Fantastic! Good job! Excellent! Amazing! Great! Good!'과 같은 말을

- 영어를 힘들어 하는 마음 충분히 이해합니다. 선생님도 힘들었어요.

  영어는 머리가 좋아야만 잘할 수 있는 것이 아닙니다. 그럼 미국인은 다 머리가 좋은가요?

  여러분이 한국어를 잘하는 것과 미국인이 영어를 잘하는 것은 똑같은 것입니다.

  (외국인 흉내를 내면서) 한국말 너무 어려워요!

  우리가 영어를 배울 때 어려운 것처럼 외국인도 우리말 배울 때 어려워합니다.

- 선생님이 최선을 다해서 여러분을 도울 테니 수업시간 딱 40분만큼은 열심히 해 봐요.

  숙제도 없고 더 공부하라는 말도 안 할 겁니다.

  공부할 때는 확실히 공부하고, 쉬는 시간에는 확실히 놀면 그게 멋진 사람입니다.

  하지만 수업시간에 열심히 하지 않으면 더 이상 선생님이 도와줄 수 없습니다.

  그때는 자기 책임입니다.

  '나는 영어 못해요! 엄마가 학원 안 보내줘요. 영어는 너무 어려워요.'라고 말하는데

  사실은 자기가 열심히 안 해놓고 핑계를 대는 것입니다. 누구도 원망하고 탓하지 마세요.

  지금은 잘하는 사람과 못하는 사람 차이가 크지 않지만 앞으로 더 크게 벌어질 겁니다.

- 공부 잘하는 최고의 비결은 선생님만 보는 겁니다. 수업시간에는 장난도 선생님하고 치는 겁니다.

  친구가 아무리 건드려도 '안 돼! 난 수업시간에는 선생님만 볼 거야.'라고 말하세요.

  우리는 올 한 해 100시간 동안 영어 공부를 할 겁니다.

  이 시간 동안 열심히 한 사람은 실력이 팍팍 오르고, 선생님이 말하든 말든 대충 하면 전혀 나아지지 않을 겁니다.

  그건 누구 책임? 바로 여러분한테 달려 있습니다.

수없이 내뱉습니다. 그냥 습관적이 아니라 진심으로 칭찬을 합니다. '영어는 어려워서 나는 못해.'라고 생각하던 학생들이 영어로 한 문장 대답하면 그렇게 대견할 수가 없기 때문입니다. 반 전체 친구들 앞에 나가 발표하는 것도 부담스러운데 연기하면서 영어로 대사를 해야 하는 역할극은 어떤가요? 학생들이 나름대로 영작을 해서 역할극을 만들어 오면 비록 문법이 틀리고, s를 붙이고 안 붙이고, 스펠링이 맞고 틀리고를 떠나 영어로 글을 써왔다는 자체가 얼마나 대견스러운가요?

칭찬 받을 모습을 보여야 칭찬을 하는 것이 아니라 말 한마디 내뱉고, 문장 한 줄 써내고, 어색하지만 연기하며 역할을 해낸 것, 그리고 한국어가 아닌 그 어려운 영어로 해낸 것 자체만으로 칭찬이 나옵니다. 이런 칭찬을 받고 자란 학생들은 점점 영어가 재미있어지며, '나도 할 수 있구나.' 하는 생각을 가지기 시작합니다. 실력이 느는 것이 눈에 보이니 자신감이 생기고 눈빛이 달라집니다.

끝없는 동기 부여, 채찍도 필요하다

칭찬이 정말 필요한 학생도 있지만 반대로 채찍이 필요한 경우도 있습니다. 즉, 쓴소리를 들어야 비로소 열심

히 하는 학생들이 있습니다. 나눠준 학습지를 제대로 챙기지 못하고 잃어버리는 학생, 활동 시간을 주어도 연습은커녕 장난치며 노는 학생, 열심히 설명해줬지만 나중에 보면 필기도 안 하고 그냥 모르겠다고 하는 학생 등 다양합니다. 저는 이런 수업 태도를 가진 학생들은 그냥 두지 않는데, 바로 자세 때문입니다. 단어를 모르고 말을 못할 수 있지만 자신이 못한다는 것을 알면 뭔가 노력하려는 자세로 하나라도 적으려고 하고, 선생님께 질문도 하며, 친구에게 도와달라는 등의 태도를 보여야 합니다. 알려고도 하지 않고, 알고 싶어 하지도 않으며, 선생님 설명을 필기하지도 않습니다. 단어의 발음을 모르면 famous를 한글로 '페이머스'처럼 적어 놓으면 될 텐데 학습지도 깨끗합니다. 이런 무기력하고 게으름에 익숙한 학생들에게는 정신 차리도록 크게 혼을 냅니다. 이는 영어 공부 문제만이 아니라 삶의 태도 문제이기도 하기 때문입니다. 그래서 눈물이 찔끔 날 정도로 수차례 혼을 내고 나면 '이 선생님은 절대 용납을 하지 않으시는구나!' 하고 수업 태도가 점점 달라지기 시작합니다.

선생님의 절대적인 도움이 필요한 경우도 있습니다. 무엇을 어떻게 적고 말해야 하는지 모르는 학생들은 수업을 따라가기 어려우니 아예 손을 놔버립니다. 그래서 주로 하위 그룹 학생들에게 집중합니다. 반 전체 학생에게 30개의 문장을 외우라고 했다면, 이 학생들에게는 10개만 외우라고 하는 식으로 난이도와 분량을 조절하면서 발음을 다시 알려주고 제대로 하는지 확인하는 등 스스로 작은 것이라도 할 수 있게끔 합니다. 실제로 수업을 따라가기 힘들 정도로 학습 격차가 벌어지고 뒤쳐진 학생들이기 때문입니다.

하위 그룹 학생들은 이미 영어와는 담을 쌓고 있으므로 '영포자'가 되어 버린 경우라고 말할 수도 있습니다. 영어를 잘하게 만드는 것이 목적이 아니라 끝까지 포기하지 않고 작은 것이라고 능동적으로 찾아서 하려고 노력하고, 성취감을 맛보면서 초등학교 시기에 성실한 삶의 태도를 배울 수 있도록 도와주는 것이 목적입니다.

모두가 100점 맞는 수행평가

초등학교에는 공식적인 중간고사나 기말고사가 없습니다. 하지만 수행평가라고 해서 듣기, 말하기, 읽기, 쓰기 영역별로 간단한 평가를 실시합니다. 평가와 테스트라는 차이가 있긴 하지만 저는 수시로 테스트를 합니다. 듣기 테스트를 매 수업마다 하므로 일 년에 50번 이상 합니다. 적어도 한 시간 수업에 1~2회 말하기 테스트를 하고 원어민과 한 번씩 일대일 스피킹 테스트도 하기 때문에 말하기도 100회 이상을 하는 셈입니다. 영어 쓰기도 단원별로 2회 이상 단순한 글씨 쓰기가 아닌 영작을 하니 연간 20회 이상은 실시합니다. 읽기도 쓰기를 할 때 같이 하므로 마찬가지입니다. 사실 수행평가 같지만 학생들이 잘하는지 못하는지를 구별하기 위한 것이 아니라 더 잘하게 하기 위해 테스트를 하는 것입니다. 반 전체 학생이 테스트에 통과할 때까지 계속 진행합니다. 결국 모두 수행평가가 100점입니다. 마치 비가 올 때까지 기우제를 지내는 것처럼 말입니다. 이렇게 수업시간마다 크고 작은 테스트를 하고, 결국은 통과하면서 성취감을 맛보고 칭찬을 들으면서 학생들의 움츠러든 마음이 점점 활짝 펴집니다. 영어가 해 볼 만하며 나름 재미있는 과목이 되는 것입니다.

시험을 본다고 하면 모두 긴장하고 집중합니다. 통과해야 하는 미션이 주어지므로 놀라운 집중력이 발휘됩니다. 저는 이를 이용할 뿐 시험이 하나의 학습 방법이 되는 것입니다. 그냥 들으라면 잘 듣지 않지만 듣기 테스트라고 하면 무섭게 집중합니다. 역할극도 마찬가지입니다. 역할극을 통해 미션을 달성하면 통과하는 시험이라고 하면 열심히 참여합니다. 시험은 이번 스테이지를 통과하느냐 마느냐 흥미진진한 게임이 됩니다. 통과하는 순간 느끼는 그 짜릿함과 통쾌함 그리고 이어지는 선생님의 칭찬까지 시험이 얼마나 좋은 학습 방법인가요. 원어민과의 스피킹도 지금까지 배우고 익힌 것을 실전 테스트하는 게임입니다. 원어민과 대화에 성공했다면 패스, 못했다면 다시 도전합니다. 즉, 게임과 같이 실력을 확인하기 위해서 보는 것이 아니라 학습 방법으로써 시험을 일상적으로 보는 것입니다. 그냥 '수업 = 평가 = 게임'이라고 보면 됩니다.

수업을 이끌어가는 두 바퀴, 나의 당근과 채찍은 무엇인가?

영어에 소극적이고 자신 없어 하는 경우 '칭찬'이 특별 비법입니다. 활동마다 칭찬하고 격려해 주면 느리지만 학생들이 바뀌어 갑니다. 정말 마음에서 우러나오는 선생님의 칭찬일 때 더 큰 힘을 발휘합니다.

칭찬할 때 중요한 것은 선생님의 기대 수준입니다. '5학년이면 이 정도는 당연히 해야지.' 하고 생각하면 칭찬할 것이 없습니다. 하지만 '영어 한마디 못하던 학생이 이렇게 하다니…' 하고 생각하면 모든 것이 칭찬거리가 됩니다. 선생님의 기대 수준이 어느 정도인지 살펴볼 필요가 있습니다.

또한 '이것만큼은 절대 안 돼!' 하며 도저히 용납할 수 없는 선도 있습니다. 학생들도 '선생님한테는 이건 절대 안 돼!' 하며 인식을 바꾸려고 노력하게 됩니다. 어떤 선이 있는지 명확히 정리할 필요가 있습니다.

☑ 수업시간에 학생들이 대견스러워 감탄하거나 칭찬할 때를 떠올려 보며 선생님의 기대 수준은 어느 정도인지 생각해 봅시다.

☑ 수업시간에 학생들을 혼내거나 야단칠 때를 떠올려 보며 이것만큼은 '절대 안 돼!' 하는 것이 무엇인지 생각해 봅시다.

영어 수준 차이를 극복하는
일대일 인터뷰

영어도 수학만큼 학생들 간 수준 차이가 심합니다. 가정환경이 좋은 경우 어릴 때부터 영어 유치원, 영어 학원에 다니므로 선생님보다 영어를 더 잘하기도 합니다. 학원에 다니지 않고 공부방, 방과후 학교 혹은 학습지 등을 하며 영어 공부하는 경우도 있습니다. 반면 학교에서 주당 2~3시간에 배우는 영어가 전부인 학생들도 있습니다. 영어 학원에 다니지 못한 학생들과의 실력 차이는 고학년으로 갈수록 더욱 심해집니다.

영어를 기준으로 학생들을 분류해 보면, 어릴 때부터 영어를 배워서 상당한 실력을 갖춘 상위 그룹, 학원 수강 없이 영어 수업만으로 따라가고 있는 중간 그룹, 꼭 영어가 아니더라도 학습 자체에 어려움을 느끼고 있는 하위 그룹으로 나눌 수 있습니다. 상위 그룹은 어떤 학원에 다니느냐에 따라 다릅니다. 문법이나 독해 위주 학원에 다니는 학생들은 문제를 잘 풀고 문법 지식도 해박합니다. 하지만 정작 말을 시켜 보면 한 문장도 제대로 말하지 못합니다. 이미 우리 세대가 반복했던 과오를 그대로 밟아오는 것을 보면 참 안타깝습니다. 저는 이런 학생에게 정확히 현실을 알려줍니다. "문법 지식은 풍부하지만 스피킹이 약하니까 그 부분을 선생님과 같이 공부하면 훨씬 더 잘할 수 있을 거야." 하고 조언합니다. 영어를 조금 안다고 잘난 척하는 학생에게는 확실히 본인의 부족함을 느낄 수 있도록 알려주면서 겸손한 자세로 공부해야 한다고 말합니다.

반면, 회화 중심의 학원에 다닌 경우에는 스피킹 실력이 뛰어납니다. 발음부터 확연히 다른데, 간혹 이런 학생 중에 이미 학원에서 배운 내용을 가르치는 학교 수업이 시시하게 느껴 수업 태도가 엉망일 때가 있습니다. 아무리 자신이 아는 내용이더라도 최선을 다해야 한다는 것을 정확히 짚어줘야 합니다. 또한 학원 수업에 질려서 학교 수업시간에는 노는 학생들도 있는데 정해진 그날그날의 목표를 달성했다면 쉬는 시간을 주기도 합니다.

선생님에게 희망은 중간 그룹입니다. 이미 탄탄한 모국어 실력을 갖추고 이해력도 수업을 듣고 따라갈 정도가 되는 학생들은 실력이 몰라보게 달라집니다. 이 그룹은 영어에 대한 갈증이 있으므로 가르쳐 주는 대로 쏙쏙 흡수하고, 실력이 금방 느는 것이 보입니다. 성실함을 무기로 수업시간에 열심히 노력하고, 영어 배우는 것을 정말 재미있어 합니다. 수업시간에 배운 내용을 금방 익혀 하위 그룹 못하는 친구들을 가르쳐 주는 모습을 볼 때면 마음이 찡해집니다. 이런 부류의 학생들은 거의 신경 쓸 일이 없습니다.

문제는 영어에 대한 거부감과 무기력함을 보이는 하위 그룹으로 말소리조차 크게 내지 못하는 경우가 많습니다. 목소리가 너무 작아 가까이에서 집중해 들어야 합니다. 이 그룹은 반 전체 학생을 대상으로 설명하는 방식으로는 거의 수업을 이해하지 못합니다. 간혹 수업 자체에 대해 거부반응을 보이기도 하고, 무기력이 습관화되어 있습니다. 설명해도 뭔가 알려고 하지도 않고, 알고 싶어 하지도 않으며, 가르쳐 주는 내용을 노트에 적을 생각도 하지 않습니다. 그냥 영어는 딴 나라 이야기일 뿐입니다.

잠든 학생 깨우기

저는 하위 그룹뿐만 아니라 반 전체 학생에게 학기 초부터 강력한 압박과 끊임없는 칭찬으로 학습 태도를 만들어가면서 수시로 이런 이야기를 합니다.

영어 첫 수업 중 학생들에게 하는 말

선생님은 영어를 잘한다고 해서 인생이 행복해진다고 생각하지 않습니다. 그냥 영어는 하나의 기능이고, 잘하면 운전이나 요리처럼 한 가지 기술을 더 가지고 있는 것일 뿐입니다.

하지만 영어 수업에 임하는 태도는 여러분의 행복을 결정합니다. 영어 단어를 모를 수 있고, 영어가 싫을 수도 있습니다. 하지만 알려고 노력을 하고 최선을 다해서 그날그날 수업에 임하는 성실함과 정성스러움은 절대 놓쳐서는 안 됩니다.

선생님이 제일 화가 나는 것은 모르는데도 가만히 있는 것입니다. 모르는 것 자체는 괜찮습니다. 하지만 모르면서 받아 적으려고 하지 않고, 무슨 말인지 알려고 해야 되는데 그냥 가만히 멍 때리고 있는 건 정말 잘못입니다. 선생님은 이런 친구들에게는 정말 화를 낼 겁니다.

이것은 인생의 태도 문제입니다. 영어 단어 하나 더 알고 모르고의 문제가 아닙니다. 자신에게 주어진 일에 대한 태도의 문제입니다. 못해도 좋습니다. 그러나 최선을 다해야 합니다. 그리고 많이 발전하든 조금 발전하든 조금이라도 나아지려고 노력해야 합니다. 선생님은 이런 태도를 초등학교 때부터 배워야 한다고 생각합니다.

영어는 성인도 주눅 들게 하는데, 학생이라고 다르겠습니까? '나는 영어를 못해!' 하는 생각으로 위축되면 다른 과목 학습에도 영향을 줍니다. 하위 그룹을 절대 포기하지 않는 이유가 바로 여기에 있습니다. 그들을 잘 가르쳐서 영어를 잘하게 만드는 것이 목표가 아니라 영어로 인해 떨어진 자존감, 자신감을 다시 회복시켜 주는 것입니다. 영어 공부를 하며 조금씩 마음의 문을 열게 만들고, 공부하려는 아주 작은 불씨를 살려내면 무기력한 모습에서 벗어나 스스로 선생님에게 와서 질문도 하게 됩니다. 그렇게 몇 개월이 지나면 마침내 '와! 내가 정말 달라졌네.' 하고 스스로 놀랍니다. 얼굴이 밝아지고, 분위기가 좋아지며, 목소리도 커집니다. 영어를 잘해도 좋고 못해도 좋지만, 영어로 인해 자신감을 잃고 모든 것을 포기해 버리지는 않았으면 좋겠습니다. 영어는 매 시간 학생들에게 성공 경험의 기회를 줄 수 있는 과목으로 단 한마디를 하더라도 '내가 이 말을 영어

로 할 수 있구나!' 하고 성취감을 느낄 수 있는 것입니다.

수준 격차를 극복하는 최선의 방법, 일대일 인터뷰

제가 일대일 인터뷰에 집중하게 된 계기가 있었습니다. 반 전체 학생에게 나름대로 정말 쉽게 설명하고 가르쳤다고 생각했는데, 막상 물어보니 대부분 이해하지 못하고 있었습니다. 대답도 나름 잘하고, 잘 이해하는 눈빛이라 '이 정도는 이제 알겠지.' 하고 생각했지만 한마디 말도 못하는 것을 보고 충격을 받았습니다. 한국어로 배우고, 한국어로 이해하고, 한국어로 적고, 한국어로 대답하는 과학이나 수학 등과 좀 다른 측면이 있었습니다. 영어는 한국어로 설명해도 결과는 영어로 나와야 합니다. 영어 소리와 문자에 대한 기본이 거의 없기 때문에 어떻게 말하고 읽고 쓰는지 이해하기 어렵고 아웃풋도 잘 나오질 않습니다. 영어 자체가 경험해 보지 못한 낯선 세계라 더 어렵습니다. 반 전체 학생에게 "Repeat after me!" 하며 말하기를 연습시키면 그 순간은 학생들이 다 잘하고 있는 것 같지만 그것 또한 절대 그렇지가 않습니다.

지금까지의 수준 격차는 그렇다고 하더라도 이제부터 격차는 더 이상 없어야 합니다. 그래서 자연스럽게 선택한 방법은 일대일 지도 비중을 늘리는 것이었습니다.

예를 들어 수업이 시작되면 교실을 한 바퀴 돌며 한 명 한 명에게 "Where are you from?"이라고 묻습니다. 학생들은 "I'm from Spain.", "I'm from Iran." 등 계속 새로운 나라를 말해야 합니다. 이어서 "What did you do yesterday?"라고 묻습니다. 이때는 2문장으로 "I went home and I watched TV.", "I went to the academy and I learned math." 등과 같이 말해야 합니다. 이런 식으로 학생 한 명 한 명 대답을 합니다. 이렇게 학생들이 대답하는 중간중간에 선생님은 "큰 소리로 말하세요.", "억양 없이 너무 한국말을 하듯 말합니다.", "정말 많이 늘었네요." 하면서 피드백을 줍니다.

새로운 내용을 배울 때는 제대로 이해했는지 일일이 확인합니다. 'I'll go to Seoul.'을 배웠다면 I'll을 제대로 발음하는지 한 바퀴 돌면서 전부 확인합니다. I'll 발음을 가르쳐 주었다고 해서 학생들이 할 수 있다고 생각하면 큰 오산입니다. 앞서 말했듯이 설명 듣는 것과 실제 말할 수 있는 것은 완전히 다른 문제이기 때문입니다. 이렇게 한 바퀴 돌면 2~3분 정도 걸리는데, 한 명 한 명에게 I'll을 소리 내게 합니다. 그리고 확인하고 다시 지도합니다. 영어는 기능(Skill)이기 때문에 실제로 I'll 소리 내는 기능을 할 수 있는지 확인하는 것이 그 다음 차시로 나가는 데 있어 정말 중요합니다. I'll 발음 자체를 못하는데 '나는 서울에 갈 거야.'를 어떻게 영어로 말하겠습니까. 6차시 내내 수업을 받고 있어도 학생들은 I'll에서 헤매다 끝납니다. 구구단이 안 되는데 곱셈을 할 수 없는 것과 같습니다. I'll 발음을 모두 할 수 있다는 것이 확인되면 I'll로 문장을 만들 수 있는지 한 명씩 모두에게 물어봅니다. 교실을 돌아다니면서 "나는 제주도에 갈 겁니다.", " 나는 미국에 갈 겁니다." "나는 게임을 할 겁니다." 등을 학생들이 영어로 말할 수 있는지 확인하고, 모르면 다시 설명해 줍니다.

그리고 수업 중간에는 역할극 관련 과제를 내줍니다. 우선 대본을 외우게 하고 두 명씩 짝을 지어 함께 선생님 앞에 줄을 서서 검사받도록 합니다. 또한 원어민과 교담실 같은 곳에서 일대일 인터뷰를 시켜보기도 하는데, 이는 원어민과 마주 보고 배운 것을 써먹고 확인하는 것입니다.

하이라이트는 수업이 끝나는 시간입니다. 수업이 끝나면 학생들은 자동으로 교실 뒷문 앞에 줄을 섭니다. 오늘 'How often do you exercise?'를 배웠다면 한 명씩 모두에게 물어보고 대답을 해야만 통과하고 쉬는 시간을 가질 수 있습니다. 통과하면 선생님과 하이파이브! 스피킹을 목표로 하는 저는 수업시간에 나눠준 학습지를 그대로 활용하고 'Exit ticket'이라는 쪽지 같은 것을 별도로 나눠주지 않습니다. 이렇게 한 시간 동안 체크를 하다 보면 보통 2번, 많으면 3~4번 할 때도 있습니다. 분명한 것은 이렇게 계속 말을 시키고, 또 확인하고, 안 되면 가르쳐 주고, 또 말하기를 거듭하다 보면 반 전체가 실제 목표를 달성하고 스피킹 실력이 향상되는 것을 알 수 있습니다. 하위 그룹은 비록 속도는 느리지만 드라마틱하게 달라지고, 중위 그룹은 별 신경을 안 써도 충분히 해내며 실력이 가장 많이 상승합니다. 상위 그룹은 원래 잘하기 때문에 실력이 크게 느는 것은 아니지만 못하는 친구들을 도와주려는 모습을 보입니다.

주로 하는 일대일 인터뷰 유형은 다음의 5가지입니다.

> ☑ 수업 도입부에서 예전에 배운 표현을 복습하는 일대일 인터뷰
> ☑ 새로운 내용을 배울 때 제대로 할 수 있는지 확인하는 일대일 인터뷰
> ☑ 과제를 낼 때마다 제대로 했는지 점검 및 피드백하는 일대일 인터뷰
> ☑ 배운 표현을 실제로 써먹어 볼 수 있도록 하는 원어민과 일대일 인터뷰
> ☑ 수업 끝날 때 교실을 나가면서 그날 배운 표현을 최종적으로 확인하는 일대일 인터뷰

하위 그룹을 지도하기 위해 다양한 방법을 시도해 봤지만, 그날그날 수업시간에 열심히 연습하게 하고, 확실히 아는지 확인하며 넘어가는 것이 최선입니다. 즉, 그 시간 내용은 그 시간에 끝내버리는 것입니다. 수업시간에 과제를 내면 상위 그룹과 중간 그룹은 스스로 하고 모르면 알아서 물어보러 오지만, 하위 그룹은 가만히 그냥 있습니다. 그러면 선생님은 돌아다니며 하위 그룹을 확인하면서 전체 대상으로 설명한 것을 다시 알려줍니다. 발음을 모르면 한글로 적어 주면서 다시 한 번 해 보라고 격려합니다. 또 옆 친구에게 평상시 좀 도와주라고 부탁하기도 합니다. 그렇게 몇 개월 하면 적응이 돼서 학습 능력도 향상되고, 모르는 것을 선생님에게 스스로 질문하러 오는 기적을 맛볼 수 있습니다.

일대일 인터뷰는 무서운 힘을 발휘합니다. 교실 한 바퀴 도는 데 3분이면 되므로 일대일 인터뷰를 시작하면 흐트러진 학생들도 긴장하면서 초집중합니다. 1인당 5~10초 남짓 시간이지만 한 칸 한 칸 실력이라는 벽돌을 쌓아갑니다. 그리고 학생들이 얼마나 이해했는지도 정확히 파악할 수 있습니다. 가장 중요한 것은 뒤처지는 학생이 거의 없다는 점입니다. 전원 수업 목표를 100%로 달성할 수 있습니다. 학생들은 한 시간에 20초뿐이라도 제대로 된 개인과외를 받은 셈이고, 지도를 받으면서 선생님의 관심과 사랑을 듬뿍 느낍니다.

영어 수업에 바로 적용하기

'일대일 인터뷰'를 수업 루틴으로 만들기

일대일 인터뷰는 선생님이 학생 한 명 한 명과 묻고 답하는 것입니다. 선생님이 교실을 돌며 할 수도 있고, 학생들이 교실 앞으로 나와 줄을 서서 할 수도 있습니다. 수업 중 5분 정도 일대일 인터뷰를 매 시간 하는 루틴으로 만든다면, 어떤 방법이 좋을지 생각해 봅시다.

[예시]

① 월요일 영어 시간에는 수업 시작 5분 동안 주말에 무엇을 했는지 교실을 돌며 일대일 인터뷰를 합니다. 학생들은 영어로 2문장을 말해야 합니다. "What did you do on the weekend?" 매주 월요일마다 이렇게 물어보기 때문에 익숙해져서 잘 대답합니다.

② 수업이 끝나면 학생들은 자동으로 교실 뒷문 앞에 줄을 서서 오늘 배운 표현으로 일대일 인터뷰를 합니다. 통과하면 하이파이브 하고 쉬는 시간, 못하면 다시 뒤로 가서 줄을 섭니다. 습관이 되면 알아서 줄을 섭니다. 선생님이 일일이 질문하는 대신에 1번이 2번에게 질문하면 이어서 2번이 3번에게 질문하고, 3번이 4번에게 질문하는 식으로 하여 선생님은 옆에서 지켜보기만 하는 방법도 좋습니다.

영어를 잘할 수밖에 없게 만드는 복습 루틴 만들기

초등 4년 동안 영어를 배워도 말 한마디 하지 못하는 이유에는 여러 가지가 있습니다. 그중 가장 큰 이유는 6차시 동안 새로운 표현을 배우고 익숙해질 만하면 다른 단원에 들어가고, 또 새로운 내용을 배우고 익숙해질 만하면 다른 것을 배우기 때문입니다. 결국 간신히 익숙하게 되었는데, 몇 주 뒤에 그마저도 다 잊어버립니다. 일 년 전에 배운 것은 당연히 기억나지 않습니다. 마치 바닷가에 쌓은 모래성이 파도에 씻겨버리는 것과 같습니다.

이런 구조상 영어를 제대로 말할 수 있는 학생을 길러내기가 거의 불가능합니다. 학생 능력이 떨어져서도 아니고, 선생님이 잘못 가르친 것도 아닙니다. 현재 영어 수업 체계로는 그런 결과가 나올 수밖에 없는 것입니다. 수업시간은 게임과 활동을 하며 재미있게 보냈지만, 4년 후 영어 실력이 총체적으로 어느 정도 향상되었는지는 의문입니다. 한 단원 한 단원에 집중하는 것도 좋지만 초등학교 4년 영어를 전체적으로 봐야 합니다.

복습에 수업의 50%를 투자한다

위와 같은 구조적인 문제를 선생님이 바꿀 수는 없습니다. 하지만 수업 체계를 바꾸는 것으로 어느 정도 극복이 가능합니다. 바로 40분 수업의 절반 정도는 '복습', 즉 배운 것을 반복하는 것입니다.

수업시간에 20분이나 복습을 한다고 하면 대부분 놀랄 것입니다. 그럼 수업 진도는 언제 나가는지 이해하지 못합니다. 제가 하고 있는 복습 루틴을 예로 설명해 보겠습니다. 수업을 시작하면서 학생들과 인사를 나누고 영어 노래를 듣습니다. 각 단원의 핵심 표현에 어울리는 재미있는 노래는 유튜브에서 쉽게 찾을 수 있습니다. 검색한 노래를 듣고 일대일 인터뷰를 시작합니다. 교실을 돌면서 학생 한 명 한 명에게 이미 배운 "What did you do yesterday?"와 같은 질문을 하고 학생들의 대답에 피드백을 줍니다. 질문을 수차례 반복했기 때문에 진행 속도가 빠르며, 반복하면 할수록 시간이 짧아지고, 학생들은 유창하게 대답합니다.

일대일 인터뷰가 끝나면 듣기 테스트를 시작하는데, 이 역시 복습입니다. "Open your notebook. Let's take a short test." 하면 학생들은 습관적으로 노트 펴고 들을 준비를 합니다. 보통 5문장 정도를 3번씩 불러주는데, 학생들은 집중해서 잘 듣고 뜻만 한글로 적습니다. 물론 선생님이 말하는 문장은 따로 준비할 필요 없이 지금까지 배운 표현에서 선택합니다. 듣기 테스트를 마치고 채점하면서 처음 불러줬던 영어 문장을 다시 말해줍니다. 그래서 듣기 테스트를 하면 할수록 만점자가 속출합니다. 놀라운 듣기 능력 향상으로 예전에 배운 표현이 장기적 기억으로 전환되는 것입니다.

듣기 테스트가 끝나면 가장 최근에 배운 것, 아직 익숙하지 않은 것을 복습합니다. 영어 문장을 함께 읽거나 영작하기도 하는데, 중요한 것은 바로 전 시간이나 현재 단원에서 익혀야 할 것을 복습하는 것입니다. 아직 장기적 기억으로 저장되지 않은 낯선 표현들, 아직도 입 밖으로 소리 내서 말하는 것이 자연스럽지 못한 것을 충분히 연습합니다. 복습이라고 했지만 이것은 지속적으로 연습시켜 자동화가 될 때까지 반복하는 것을 말합니다.

과거 일 묻고 답하기 단원에서 "I went home and I played games."라고 말할 때는 학습 차원이지만, 월요일마다 주말에 무엇을 했는지 영어로 몇 개월 동안 묻고 답하면 이제 영어가 일상이 되어버립니다. 공부가 아니라 언어로 느껴지는 것입니다. 학교에서는 '학(learning)'만 하고 '습(practice)'은 학생이 알아서 해야 할 개인의 몫이라고 주장한다면 할 말은 없습니다. 하지만 이왕 똑같이 주어진 100시간 동안 사교육 없이 더 효율적으로 실력을 키울 수 있는 방법을 마다할 필요가 없다고 생각합니다.

이렇게 하고 나면 수업시간 절반이 지나갑니다. 이제 남은 20분 동안 새로운 메인 활동을 합니다. 수업 흐름을 표로 나타내면 아래와 같습니다.

복습 루틴이 적용된 수업 구성

구분	순서	주요 활동	시간	
복습 하기	1	인사	20분	40분
	2	노래 / 일대일 인터뷰		
	3	듣기 테스트		
	4	지난 수업 복습		
진도 나가기	5	메인 활동	20분	
	6	체크		

반복되는 수업 루틴은 강력한 힘을 발휘한다

인사 1분, 노래와 일대일 인터뷰 5분, 듣기 테스트 5분, 지난 수업 복습 10분 하면 대략 20분으로 이 패턴이 영어 수업의 기본 루틴입니다. 학생 입장에서도 수업 절반은 이미 익숙한 것을 가지고 공부를 하니 부담이 없습니다. 선생님도 20분은 수업 연구를 할 필요가 없고, 나머지 20분 동안 할 메인 활동만 준비하면 되니 부담이 확 줄어듭니다. 일대일 인터뷰도 학생 수준을 생각하여 'My favorite subject is math.'가 익숙해지고 입에서 막 튀어나오면 또 다른 단원 표현을 묻고 답하는 식으로 이미 배운 질문만 바꾸면서 하면 됩니다. 듣기 테스트도 이미 배운 표현을 다양하게 바꿔 가면서 다시 기억을 상기시켜 주고, 계속 인풋을 줍니다. 선생님은 교과서를 보며 즉석에서 문제를 낼 수 있고, 노래도 단원별로 한 개씩만 정합니다. 정신없이 복습하다 보면 20분이 순식간에 지나가고 수업 부담은 줄어들며, 선생님도 정해진 루틴에 몸을 맡기고 학생들과 흘러가기만 하면 됩니다. 이렇게 쌓인 20분은 엄청난 힘을 발휘합니다. 따라가기 힘든 하위 그룹 학생들도 실력이 몰라보게 향상되고, 중위 그룹은 의기양양하게 대답을 쏟아내며, 상위 그룹에게는 발음이나 억양 등 디테일한 것을 더 깊이 지도할 수 있습니다.

나머지 20분은 메인 활동으로 새로운 내용을 가르치는 데 사용합니다. 수업 계획을 짤 때 20분 분량으로 수업이 어렵다고 판단된다면 그날은 복습하지 않고 바로 메인 활동으로 들어가도 됩니다. 즉, 평상시 기본 패턴으로 수업하다가 새로운 내용이나 시간이 많이 걸리는 활동을 할 때는 과감히 복습을 포기하고 그 활동에 집중합니다. 예를 들어 각 단원 첫 시간은 새로운 표현을 가르치고, 어법을 이해시키는 데 집중해야 합니다. 이 경우 복습을 하지 않고 새로운 표현을 완전히 이해하는 데 포커스를 둡니다.

2시간짜리 라디오 프로그램은 여러 개의 코너로 이루어져 있습니다. 요일별로 운영하는 코너가 다르고, 시간대별로 각각의 코너가 있습니다. 학교 40분 수업도 길어 보이지만, 잘게 쪼개 몇 개의 코너로 나누는 순간 수업이 아주 짧게 느껴집니다. 계속해서 짧게 활동을 전환시키면서 수업을 진행하므로 학생들도 지루해하지 않습니다. 몇 주만 하면 적응이 되어 속도가 빨라져 20분이 채 안 걸려 메인 활동 시간을 더 확보할 수 있습니다. 무엇보다 복습 루틴의 가장 좋은 점은 학생들이 영어를 잘할 수밖에 없게 만들어준다는 것입니다.

수업 안에 복습 루틴 만들기

수업시간 40분을 잘 쪼개서 자신만의 수업 루틴을 만들어 봅시다. 처음 몇 주만 어색할 뿐 익숙해지는 순간 사용하는 에너지가 확 줄어듭니다. 여기에 '복습' 루틴을 넣어 더 강력한 힘을 발휘할 수 있도록 해 봅시다. 영어는 언어이므로 자전거 타는 것과 별반 다르지 않는 '기술(Skill)'일 뿐입니다. 영어를 머리가 좋은 사람만 할 수 있는 것이라면 어떻게 미국인 모두 영어를 잘하겠습니까? 그저 반복하면 익숙해지고 익숙해지면 자동화가 되는 것입니다. 문제는 이 과정을 자신의 수업 속에 녹여내는 것으로 20분까지는 아니라도 단 5~10분의 복습도 좋습니다. 수업 초반에 복습 루틴을 만들어 100차시 동안 운영해 보면 그 효과는 놀라울 것입니다.

[복습 루틴으로 가능한 활동]

- 노래 부르기 (단원별 노래를 반복해서 부르기)
- 일대일 인터뷰 (선생님이 반 전체를 돌아다니면서 인터뷰하기)
- 짝과 묻고 답하기 (선생님이 질문을 주고 짝과 대화하기)
- 퀴즈 맞히기 (선생님 대 반 전체로 하는 묻고 답하기)
- 듣기 테스트 (듣기를 위주로 한 복습하기)
- 지난 시간 내용 반복하기

딱 5분! 듣기 실력 키워 주는 한국어 뜻 적기 테스트

수업시간마다 반복하는 루틴 중 선생님이나 학생들이 가장 쉽게 할 수 있는 것은 '듣기 테스트'입니다. '내가 하고 싶은 일 말하기 I want to play.'를 2주에 걸쳐 6시간 동안 배웠습니다. 하지만 'I want to play.'라는 문장을 다시 들어도 무슨 말인지 알지 못합니다. 영어에는 인토네이션이 있어서 높낮이가 있고, 선생님의 발음과 원어민 발음이 완전히 다르며, 심지어 'I want to'를 'I wanna'라고 발음하기 때문입니다. 이것이 '학습에 의한 영어'가 가진 치명적인 약점입니다. 영어 소리에 대한 인풋 자체가 많지 않기 때문에 처음 듣는 말이 되어버립니다. 이것을 커버하기 가장 좋은 방법이 바로 '듣기 테스트'입니다.

방법은 간단합니다. 선생님이 영어 한 문장씩 들려주고, 학생들은 그 뜻만 한글로 적으면 됩니다. 이는 영어 소리를 듣고, 그 의미를 떠올리는 이미지화 연습을 하는 것입니다. '애플'이라는 소리를 들으면 자동적으로 '사과' 이미지가 떠오르는 것처럼 말입니다.

제가 하고 있는 듣기 테스트 흐름은 아래와 같습니다.

듣기 테스트 흐름

단계	시나리오
1. 공책 펴기	Open your notebook. Let's take a short test.
2. 듣기 문장 불러주기	Number one, I'm from America. ← 1단원에서 배운 표현 복습 Number two, my favorite subject is math. ← 2단원에서 배운 표현 복습 Number three, I went to school. ← 3단원에서 배운 표현 복습 Number four, I went to my grandma's house. ← 3단원에서 배운 표현 확장 Number five, I went to the PC bang and I played games. ← 3단원에서 배운 표현 심화
3. 정답 체크	All right. Take out your colored pencil. Number one, I'm from ~ . (나머지는 학생들이 대답한다.)

3. 정답 체크	Number two, my favorite subject is ~ . (나머지는 학생들이 대답한다.) Number three, I went to ~ . (나머지는 학생들이 대답한다.) Number four, I went to ~ . (나머지는 학생들이 대답한다.) Number five, I went to ~ and I played ~. (나머지는 학생들이 대답한다.)
4. 맞은 개수 확인하기 (피드백)	2개 이상 맞힌 사람 손들어 보세요. 와우~ 잘했어요. You guys are so good. 와우~ 거의 다 2개 이상 맞았네요. 갈수록 잘합니다. 못 맞힌 사람도 괜찮아요. 앞으로 천천히 하면 됩니다.

방법 01. 선생님이 불러주는 영어 문장을 듣고 학생들은 한글로 뜻만 적는다

선생님이 들려준 내용	학생들이 듣고 쓴 내용
1. I'm from America. 2. My favorite subject is math. 3. I went to school. 4. I went to my grandma's house. 5. I went to the PC bang and I played games.	1. 나는 미국 출신이다. 2. 내가 좋아하는 과목은 수학이다. 3. 나는 학교에 갔다. 4. 나는 할머니 댁에 갔다. 5. 나는 PC방에 갔고 게임을 했다.

한글로 뜻만 적으면 되기 때문에 학생들에게 영어에 대한 부담감에서 벗어나게 해 줍니다. 또한 '아! 영어가 어려운 것이 아니네. 나도 100점 맞을 수 있겠어.' 하는 자신감도 생기게 되고, 자신이 영어를 알아들었다는 생각에 자존감도 올라갑니다.

학원에 다녀서 이미 영어를 잘하는 학생들은 영어로 적어도 된다고 말합니다. 학원에 다니지 않았더라도 수업을 충실히 듣고, 국어 실력과 이해력이 뛰어난 학생들은 스스로 알아서 영어로 적습니다. 한글로 뜻을 적는 것이 쉬워졌다면 영어로 적어 보도록 자극할 수도 있습니다.

방법 02. 다섯 문장만 받아 적는다

몇 문장을 받아 적든 정해진 것은 없습니다. 하지만 다른 활동도 많은데 '듣기'에 너무 많은 수업시간을 투자할 수 없습니다. 또한 다섯 문장이 넘어가면 학생들이 다소 지루해합니다. 듣기 테스트는 일종의 복습 루틴으로 다섯 문장 정도를 5분 이내로 빠르게 끝내고 다음으로 넘어가면 됩니다. 조금만 훈련하면 사실 5분도 안 걸립니다.

방법 03. 단어를 모르면 소리만 적는다

듣기 테스트를 수업시간에 루틴으로 5분씩 하기 때문에 매 시간 다양하게 변형합니다. 'I want to go to.'를 배웠다면 하루는 'I want to go to the museum.', 다음 시간에는 'I want to go to my grandma's house.', 그다음에는 'I want to go to my friend's house.' 등으로 합니다. 이럴 경우 그냥 '프렌즈 하우스'로 적어 보도록 하는데, 소리 듣는 연습을 하는 것입니다.

방법 04. 원어민을 적극 활용해 본다

토종 한국인이다 보니 제 영어 발음이 그렇게 좋은 편은 아닙니다. 하지만 학생들이 매일 들어야 하는 것은 저의 목소리지요. 그래서 수업시간에는 최대한 오버를 합니다. 인토네이션(intonation)도 3~4배 더 크게, 발음도 더 또렷하게, 소리도 더 크게 냅니다. 학생들이 조금이라도 더 이해하기 쉽길 바라는 마음이다 보니 습관처럼 저도 모르게 이렇게 되었습니다. 선생님이 100을 오버하면 학생들은 겨우 10을 따라옵니다. 다른 수업도 마찬가지겠지만 제가 생각하는 영어 수업의 원칙 중 하나는 선생님이 먼저 시범을 보인다는 것입니다. '나도 하는데 너희들도 당연히 해야지.' 하는 암묵적인 압박을 주는 것입니다. 이렇게 몇 개월 하다 보면 인토네이션을 기가 막히게 살려서 하는 학생들이 나옵니다. 언어 감각이 있는 학생이 드러나기 시작하는 것입니다. 하지만 원어민의 발음은 확실히 다릅니다. 기회만 된다면 원어민에게 듣기 문제를 내도록 하는 것이 좋습니다.

방법 05. 여러 가지 콘텐츠를 활용해 다양한 인풋을 준다

멀티미디어 기술을 잘 활용하면 다양한 인풋(듣기 문제)을 줄 수 있습니다. 구글 음성번역기를 자주 사용하는데, 번역기 창에 영어를 써 넣으면 그대로 읽어줍니다. 자연스럽게 영어 듣기 문제를 내주는 셈이지요. 이렇게 하다 보면 "선생님이 말해주세요."라는 말이 나옵니다. 선생님 목소리에 익숙해진 학생들이 구글 음성번역기 소리를 캐치하지 못하기 때문입니다. 시간이 좀 걸리긴 하겠지만 다양한 소리 인풋을 준다는 차원에서 선생님 목소리와 구글 음성번역기를 섞어서 시험을 봅니다. 정답을 체크할 때 구글 음성번역기의 한국어를 클릭해 보면 어색한 한국어 문장이 나와서 웃음바다가 되는 것은 덤입니다. 다양하게 영어 문제를 낼 수 있는 방법으로 미드나 영화 속 한 장면을 보여주거나 팝송 한 구절을 듣고 뜻을 적게 할 수도 있습니다.

방법 06. 듣기 테스트 문제 유형을 자유롭게 바꾼다

학생들에게 한글 뜻만 적어 보게 하는 것이 가장 필요한 과제라고 생각하지만, 굳이 그런 시험만 할 필요는 없습니다. ○× 문제, 단답형 문제 등도 얼마든지 가능합니다. 또한 아래처럼 의문문을 만들지 않고 물어보고 싶은 부분에 의문사만 넣어 문제를 낼 수도 있습니다.

- ☑ I played soccer. Question! I played what?
- ☑ I'm from France. Question! I'm from where?
- ☑ She has long hair. Question! She has short hair, yes or no?
- ☑ I went to my grandma's house and I ate 족발. Question! I went where?
- ☑ An elephant is bigger than a lion. Question! An elephant, a lion, who is bigger?

 ## 영어 수업에 바로 적용하기

5분 한국말 뜻 적기 듣기 테스트

선생님 목소리로 듣기 테스트 다섯 문제를 내고 한글로 뜻만 적도록 하는 것인데, 시간이 없다면 2~3 문제도 괜찮습니다. 학생들도 몇 번만 하면 이 패턴에 금방 익숙해집니다. 문제 수는 얼마든지 바꿔도 좋고, 문제 내용도 자유이며, 유형도 학생 수준에 따라 바꿀 수 있습니다. 중요한 것은 학생들이 큰 부담 없이 영어 소리에 익숙하게 하는 것입니다. 영어가 해당 단원에서만 배우고 끝나는 것이 아니라 장기 기억이 되도록 학습하는 것입니다.

단계	시나리오
1. 공책 펴기	
2. 듣기 문장 불러주기	
3. 정답 체크하기	
4. 맞은 개수 확인하기	

복잡한 문장도 쉽게 이해시키는 비법
- 영어와 한국어 어법 비교

초등학교에서 가르쳐야 할 문법(어법)은 크게 '누가 무엇을 했다.'와 '누가 어떤 상태이다.', '완전한 문장 + 전치사 덩어리' 3가지입니다. 이것이 가장 큰 뼈대가 되는 어법이고, 이외에도 단원마다 가르쳐야 할 것이 있습니다. 학생들은 새로운 표현을 배우므로 어떻게 말해야 하는지 그 규칙을 배울 수밖에 없지만 3가지 어법에서 벗어나지 않는다면 굳이 가르칠 필요는 없습니다. 그냥 다시 한 번 3가지 어법을 상기시키고 넘어가는 정도면 충분합니다.

학기 초에 '누가 무엇을 했다.'를 충분히 배웠다면 '가지고 있는 물건 말하기 I have a pencil.' 같은 단원은 다시 '누가 무엇을 했다.'를 복습해서 적용해 보고 지나가면 됩니다. 하지만 분명히 어법, 언어 규칙을 배워야 할 단원도 있는데, 아래와 같은 경우는 다른 단원과 달리 차근차근 가르쳐야 합니다. 충분히 어법을 배우지 못하면 단원에서 배운 표현은 말할 수 있을지 몰라도 금방 잊어버리고, 배우지 않은 다른 표현을 영작해서 활용하는 것은 거의 불가능하기 때문입니다.

☑ 지금 하고 있는 일 말하기 ➡ 뭐뭐 + ing
  ➡ ing 붙여 넣기 규칙 배우기

☑ 할 수 있는 것 말하기 ➡ I can skate.
  ➡ can 집어넣기 규칙 배우기

☑ 물어보는 말하기 ➡ Is this your bag?
  ➡ 주어와 순서 바꾸기 규칙 배우기

☑ 비교하는 말하기 ➡ 뭐뭐 + er
  ➡ er 붙이기 규칙 배우기

☑ 날짜 말하기 ➡ fourteen + th
　　➡ th 붙이기 규칙 배우기
☑ 의무를 나타내는 말하기 ➡ You should wear a helmet.
　　➡ should 집어넣기 규칙 배우기

위와 같이 중요한 어법을 포함한 단원 첫 시간에는 학생들과 한국어 언어 규칙을 살펴봅니다. 예를 들어 "여러분이 한국어로 뭔가를 물어볼 때 어떤 규칙을 사용하는지 알고 있나요?"라고 물어보면, 학생들은 전혀 알지 못한다고 말합니다. 하루에 수없이 물어보는 말을 하면서도 정작 자신이 무슨 규칙을 써서 말을 하고 있는지 의식하지 못하는 것입니다.

우선 일상에서 물어보는 말을 몇 개 칠판에 적어봅니다.

너 밥 먹었니?

언제 시작할 거야?

왜 숙제 안 해 왔어?

동의한다는 뜻입니까?

이렇게 적고서 천천히 학생들과 탐구를 시작합니다. 칠판에 적은 문장의 끝을 자세히 보면 '니, 야, 어, 까'로 끝난다는 것을 알 수 있습니다. 이럴 수가? 무려 끝나는 말이 4개가 되니 영어보다 더 어렵게 느껴집니다. 원어민 선생님이 한국어를 배울 때의 상황을 연기하면서 재연합니다. (외국인이 한국말을 하는 억양으로) "물어보는 말을 할 때는 '니, 야, 어, 까'를 붙여요. 어는 뭐고, 야는 뭐고, 까는 뭐예요? 한국말 너무 어려워요."라고 흉내를 내면 학생들이 웃고 뒤집어집니다. 그때 "우리가 영어 공부를 할 때 규칙을 배우는 것처럼 외국인도 마찬가지로 한국어를 이렇게 배워요."라고 말합니다.

그리고 "선생님이 볼 때 한국어 규칙이 더 어려운 것 같은데, 여러분은 한국어에 '니, 어, 야, 까'를 붙인다는 것을 유치원 다니며 배웠나요?"라고 물어보지만 당연히 배웠을 리 없습니다. "배우지 않았지만 아기 때부터 수천수만 번 듣고, 말한 지 벌써 10년 넘으니 자동으로 입력되어 자연스럽게 나오는 거예요. 그래서 여러분도 미국 가서 수천수만 번 듣고 말하기를 10년 하면 영어를 잘할 수밖에 없는 것이지요. 하지만 당장 미국에 갈 수는 없으니 대신 이렇게 열심히 연습할 수밖에 없는 겁니다."라고 말하면 또 한 번 동기유발이 되고,

왜 수업시간에 열심히 해야 하는지 스스로 납득을 합니다.

다음으로 "여러분은 처음부터 한국말을 잘했을까요? 선생님 아들이 3살인데 '(어린 아가의 말투로) 할미 무고그 죠.' 이렇게 말을 해요. 그럼 다시 말을 고쳐주죠. '할머니가 물고기 장난감 줬어요?'라고 말입니다. 수 없이 틀리고 발음도 이상하고 엉뚱하게 말하지만 하나하나 다시 고쳐줍니다. 여러분도 마찬가지로 틀리면 선 생님이 하나하나 고쳐주는 것이 바로 이런 겁니다. 그럼 영어로 물어보는 말을 어떻게 말해야 하는 것일까요? 어떤 규칙으로 물어보는 말을 하는지 살펴봅시다."라고 말하며 새로 배울 어법을 제시합니다.

또 하나 '비교하는 말하기'를 예로 들어봅니다.

단원 첫 차시에 학생 한 명 한 명에게 가르칠 표현을 한국어로 먼저 질문합니다.

선생님 : OO는 새우깡과 양파링 중 어느 것이 더 맛있나요?

학생 1 : 저는 새우깡이 더 맛있어요.

선생님 : (칠판에 이 문장을 쓰면서) OO는 양파링보다 새우깡이 더 맛있구나.

선생님 : OO는 민수보다 키가 큰가요? 아님 작나요?

학생 2 : 저는 민수보다 더 큰데요.

선생님 : (칠판에 이 문장을 쓰면서) OO는 키가 민수보다 더 크구나.

이렇게 쭉 돌아가며 한국어로 일대일 인터뷰를 합니다. 굳이 이처럼 하는 이유는 학생들에게 선생님이 '비교하는 말하기' 단원에 들어간다는 암묵적인 신호를 주는 것이고, 영어가 아닌 익숙한 한국어를 통해 먼 저 '비교하는 말하기'의 세계로 들어가도록 하는 것입니다.

이제 칠판에 적힌 5~10개의 문장을 보고 학생들과 함께 한국어로 비교하는 말을 할 때 어떤 규칙을 사용 하는지 찾아냅니다. 평소에 무의식적으로 말하기 때문에 실제 규칙을 찾아내는 것은 쉽지 않습니다. 이렇게 자세히 살펴보며 학생들은 뭔가 발견한 기쁨을 느낍니다. "아하! 한국말은 뭐뭐보다에서 '보다'를 쓰고, '더'

양파링<u>보다</u> 새우깡이 <u>더</u> 맛있다.

나는 민수<u>보다</u> 키가 <u>더</u> 크다.

수학<u>보다</u> 과학이 <u>더</u> 재밌다.

한국<u>보다</u> 일본이 <u>더</u> 크다.

진라면 <u>보다</u> 신라면이 <u>더</u> 맵다.

뭐뭐하다. 이렇게 말하는구나!"라고 말합니다.

이제 발견한 한국어 규칙을 가지고 그대로 영어 규칙 설명으로 이어갑니다.

"한국어는 이렇게 '보다'와 '더'를 쓰는데, 과연 영어는 어떻게 말을 할까요? 정말 궁금한데 우리 같이 살펴볼까요? 영어로 '더 뭐뭐 하다.'고 할 때 'er'을 붙여서 말합니다. 그리고 '뭐뭐보다'는 'than'이라고 말하지요."라고 설명하는 순간 학생들은 매우 어려워합니다. 즉, '이게 뭐지?' 하는 표정인데, 좀 어렵지만 천천히 선생님과 연습하다 보면 익숙해진다고 학생들을 안심시킵니다.

I   am   taller   than   you.

다음으로 언어 규칙을 노래로 만들어 쉽게 익히도록 합니다. 아무리 차근차근 원리를 설명해도 처음 보는 규칙이 쉬울 리 없고, 언어 감각이 떨어지는 학생은 어렵게 느낍니다. 언어는 '학습'으로 시작하지만 '습득'으로 갈 수밖에 없는데, 이 난관을 해결하기 위해 쉽게 익히도록 노래로 만들었습니다. 그렇다고 해서 단순 습득만을 위한 노래 부르기는 아닙니다. 배우지 않은 다른 형용사가 나올 때는 어떻게 해야 할지 모르게 되기 때문입니다.

'비교하는 말하기'의 규칙을 알고 나면 heavy보다 더 무거운 것을 'heavier'이라고 쓸 줄은 몰라도 '헤비얼'이라고 말할 수는 있게 됩니다. 우리의 뇌는 '뭐뭐보다니까 tall에 er를 붙여야지. 그럼 taller가 되겠군. 그다음에 뭐뭐보다 than을 붙여야겠네. 좋아. 그럼 taller than you.' 등과 같이 초집중해서 계속 머리로 생각하면서 말하는 방식을 싫어합니다. 너무 힘들기 때문인데, 그냥 'I'm taller than you.' 하고 자동으로 나오는 방식으로 갈 수밖에 없는 것이 뇌가 원하는 것입니다. 그래서 자동화하기 위해 그 중간다리 역할을 바로 노래가 해 주는 것입니다.

단원 첫 시간에 한국어와 영어 어법 비교하며 도입하기

앞으로 배울 단원에서 가르칠 어법을 한국어와 비교하면서 자연스럽게 도입합니다.

첫째, 단원 표현을 그대로 한국어로 물어보기

둘째, 판서한 내용으로 한국어 규칙 찾아보기

셋째, 한국어 규칙에 대응하는 영어 규칙 설명하기

넷째, 영어 규칙을 이용해 여러 문장 영작하기

'할 수 있는 것 말하기'를 예로 들어보겠습니다.

1. 학생들에게 무엇을 할 수 있는지 물어보고 학생들이 대답한 내용을 칠판에 판서하기

선생님 : 민기는 무엇을 할 수 있나요?

민기 : 저는 축구를 할 수 있어요.

선생님 : 서희는 무엇을 할 수 있나요?

서희 : 저는 공기놀이를 할 수 있어요.

선생님 : 우진이는 무엇을 할 수 있나요?

우진 : 저는 구구단을 외울 수 있어요.

나는 축구를 할 수 있어요.

나는 인라인 스케이트를 탈 수 있어요.

나는 공기놀이를 할 수 있어요.

나는 구구단을 외울 수 있어요.

2. 판서한 내용을 보면서 학생들과 한국어 규칙 찾아보기

선생님 : 한국어에서 어떤 능력을 말할 때 어떤 규칙을 사용하는지 찾아볼까요?

학생　　 : '할 수 있다.'라고 말해요.

선생님 : 맞아요. '할 수 있다.'라고 하거나 '~할(ㄹ) 수 있다.' 이렇게 말하지요.

3. 영어에서 '할 수 있다.'에 해당하는 말을 어떻게 표현하는지 설명하기

선생님 : 그럼 한국어로 '무엇을 할 수 있다.'는 말을 영어로는 어떻게 말해야 하는지 살펴볼까
요? 우리말 '무엇을 할 수 있다.'는 영어로는 'can'이라고 합니다. 'I swim.'은 그냥 '나는
수영한다.'인데 'I can swim.'은 '나는 수영할 수 있어.'라는 뜻이지요. 그냥 'can'만 넣
어주면 됩니다. 그런데 위치가 우리말은 문장 끝에 있는데 영어는 가운데에 씁니다.

---

① I + swim.

② I + can + swim.

---

4. 영어 규칙을 이용해 문장 만들어 보기[재미있고 자극적인 것으로]

선생님 : 이제 'can'을 이용해서 문장을 만들어 볼까요? '나는 오줌을 쌀 수 있어.'는 영어로 어
떻게 할까요? 오줌 싸는 것은 'pee'라고 합니다.

학생　　 : I can pee.

선생님 : Good job. 쉽죠. 그럼, '나는 방귀 뀔 수 있어.'는 영어로 어떻게 할까요? 방귀 뀌다는
'fart'라고 합니다.

학생　　 : I can fart.

선생님 : Wonderful! 어때요? 쉽죠. 이제 규칙을 확실히 알겠죠?

학생　　 : (다 같이) 예!

영작 부담을 날려버리는 영어 글쓰기 지도법

한글 글쓰기도 어려운데 잘 모르는 영어로 글을 쓰라니 정말 스트레스 받을 일입니다. 그래서 영어 글쓰기의 핵심은 학생들이 글 쓰는 부담을 느끼지 않도록 쉽게 만들어주는 것입니다.

'날짜 묻고 답하기'에서 초대장 만들기를 예로 들어 글쓰기 단계별로 어떻게 부담을 줄여줄 수 있는지 방법을 살펴보겠습니다. 글을 쓰는 과정은 국어 시간과 크게 다르지 않습니다. 다만 구조화된 예시 글을 구체적으로 제시한다는 것이 조금 다를 뿐입니다. 이미 국어 수업을 통해 많은 글쓰기를 해 온 학생들이기 때문에 글을 쓰는 흐름에는 익숙합니다. 먼저 예시 글을 함께 읽으면서 어떤 글을 써야 할지 감을 잡고 난 후 글을 쓰기 위해 정해야 할 것을 살펴봅니다. 그리고 글을 쓰고 나서 선생님께 확인받고 고쳐 쓰면 됩니다.

어떻게 하면 글쓰기에 대한 부담을 줄일 수 있는지 살펴보겠습니다.

---

1. 예시 글 함께 읽기 ➡ 2. 글쓰기 준비 ➡ 3. 글쓰기 ➡ 4. 첨삭하기 ➡ 5. 고쳐쓰기

무엇을 써야 할지 막막한 학생들에게 구조화된 예시 글 제공하기

5~6학년 정도의 국어 이해력이면 예시 글을 보고 비슷한 패턴으로 충분히 글쓰기를 할 수 있습니다. 물론 3~4학년도 그에 맞는 수준에서 글쓰기를 하면 됩니다. 영어 글쓰기가 주는 재미, 자신이 생각한 것을 글로 옮기는 창작의 재미는 엄청납니다. 동시에 자신이 영어로 3~6줄이 넘는 글을 썼다는 사실에 자신감도 갖게 됩니다. 예를 들어 초대하는 글을 써서 초대장을 만든다고 하면, 우선 초대장 예시 글을 함께 읽으면서 어떤 문장으로 어떤 순서에 따라 써야 하고, 어떤 내용들로 구성되어 있는지 함께 살펴봅니다. 그리고 나서 아래처럼 부분 부분으로 쪼개서 각각 써야 할 요소들을 세부적으로 알려주면 훨씬 쉽게 쓸 수 있습니다. 단순히 초대장 하나를 샘플로 주고 각자 초대하는 글을 써 보라고 하면 어떻게 해야 할지 몰라 힘들어 합니다. 하지만 받

는 사람, 인사, 활동 소개, 약속 잡기, 보내는 사람 등과 같이 세부적으로 적어야 할 사항을 하나하나 제시해 주면 쉽게 해냅니다.

교과서에 제시된 방식

To my friends,
Hi! Can you come to my birthday party?
It's on July 17th.
We will eat some pizza and chicken.
We will play games.
Please come to my house at 11.

Love, Jisu

구조화된 예시 글

1. 받는 사람	To my friends,
2. 인사 & 초대	Hi! Can you come to my birthday party? It's on July 17th.
3. 활동 소개	We will eat some pizza and chicken. We will play games.
4. 약속 잡기	Please come to my house at 11.
5. 보내는 사람	Love, Jisu

1. 받는 사람	
2. 인사 & 초대	
3. 활동 소개	
4. 약속 잡기	
5. 보내는 사람	

　　역할극도 복잡하거나 긴 경우는 아래처럼 구조화해 스크립트를 쉽게 작성할 수 있도록 합니다. 친구에게 전화해서 영화를 보자고 하는 역할극을 할 때 전체를 통으로 빈칸으로 두면 '백지 공포'라는 말처럼 막막합니다. 하지만 '인사, 제안하기, 약속 정하기, 끝인사'처럼 부분적으로 나눠 각각 쓸 수 있도록 하면 훨씬 부담이 줄어듭니다.

순서	대본
1. 시작 인사	제임스 : *(친구에게 전화를 건다.)* 해리 : Hello? 제임스 : Hello. <u>This is 제임스. Can I speak to 해리?</u> 해리 : Hi, 제임스. <u>It's 해리.</u>
2. 제안하기	제임스 : 해리! I'm so bored. <u>Let's go to the movies.</u> 해리 : Sounds good!
3. 약속 정하기	해리 : What movie? 제임스 : *(영화상영표를 보고)* Harry Potter! 해리 : OK! When? 제임스 : How about Saturday 2 p.m.? 해리 : Sorry, I can't. 제임스 : How about Sunday 2 p.m.? 해리 : Okay. <u>Let's meet at 2 at 서울 CGV.</u>
4. 끝인사	제임스 : See you then. Bye. 해리 : Bye. *(전화를 끊는다.)*

글쓰기 전에 미리 정해야 할 것은 한글로 적기

글쓰기는 쓸 내용을 선정하는 과정, 글로 적는 과정으로 나눌 수 있습니다. 이벤트에 초대할 사람, 장소와 시간, 활동 내용 등을 정한 다음에 이를 영어로 한 문장씩 적습니다. 이런 요소들은 먼저 한글로 적은 후 영어로 번역해서 적기도 하고, 바로 영어로 적을 수 있는데 학생 수준에 따라 달라집니다. 바로 영어로 아웃풋을 꺼내기 어려운 학생들에게는 한국어로 한 단계 거쳐 부담을 줄여주는 것이 좋습니다.

No	정할 것	계획한 내용
1	이벤트	생일
2	장소	우리 집
3	날짜	9월 21일
4	시간	오전 10시
5	활동(2가지)	게임 하기
		축구 하기

단어, 표현, 스펠링에 대한 걱정 없이 글쓰기

1. 모르는 단어와 표현은 언제든지 선생님에게 물어보기

학생들이 글쓰기를 어려워하게 만든 주범은 스펠링입니다. 단어를 발음할 줄은 알지만 스펠링을 몰라서 못 쓰는 경우도 많습니다. 아예 단어나 표현 자체를 모르는 경우도 있습니다. 그럴 때 언제든지 선생님께 물어보라고 거듭 이야기해 줍니다. 혹시 선생님도 모르는 표현이 있으면 그건 인터넷에서 찾아서 알려주겠다고 솔직히 말합니다. 사실 학생들이 만든 역할극을 보면 저도 잘 모르는 표현을 써올 때가 많이 있습니다. 단어나 표현도 초등학교 교육과정 수준을 넘어서는 것이 많습니다. 중요한 것은 학생들이 서서히 하나, 둘 선생님을 찾아와 자신이 표현하고 싶은 말을 묻기 시작한다는 점입니다. 단어나 표현을 몰라서 글쓰기를 어려워할 필요는 전혀 없습니다. 얼마든지 선생님이 도와줄 테니 괜찮다고 격려하며 너그럽게 받아 주면 학생들도 마음을 열고 글쓰기에 몰입하기 시작합니다.

2. 한국어 단어는 한국어 그대로 적기

'가족과 강릉에 갔다. 경포대 해수욕장에서 수영을 했다.'라는 글을 쓰고 싶은데 당장 막히는 것이 '강릉', '경포대'라는 우리말입니다. 특히 도시나 사람, 음식 이름 등과 같은 고유명사의 경우가 많습니다. 영어라는 외국의 말을 배우고 있지만 언어의 소재가 되는 삶은 한국에서 이루어지기 때문입니다. 강릉이나 경포대를 '로마자 표기법'에 따라 바꾸어 쓰면 되지만 쉽지 않습니다. 이런 경우 아래처럼 그냥 한국어로 표기하도록 합니다. 이런 단어들만 한글로 쓰도록 해도 영어 글쓰기 부담이 줄어듭니다. (하지만 피자, 스파게티, 컴퓨터 등과 같은 외래어는 반드시 영어로 적도록 합니다.) 학생들이 철자가 어려워서 자신의 생각을 영어로 표현하는 데 부담감을 느끼지 않아야 합니다.

I went to 강릉. I swam in 경포대 beach.

3. 학생 스스로 인터넷 검색해서 찾기

글쓰기 할 때 스마트폰을 가지고 있는 학생들에게는 인터넷 검색을 하도록 허락하면 스스로 인터넷에서 영어 단어를 찾아 문장을 만듭니다. 그러면 선생님은 그 단어가 학생이 의도한 상황에 맞게 쓰였는지, 문법적으로 오류는 없는지 등을 살펴보고 수정해 줍니다. 너무 어려운 단어나 표현은 좀 더 쉽게 고쳐줍니다. 인터넷 영어 사전이나 번역기 등을 이용해서 글을 쓰는 연습은 앞으로 초등 시기부터 시작하는 것이 필요하지 않을까 생각합니다.

학생들 영어 수준 차이에 대처하기

1. 짝(모둠)과 함께 글쓰기

영어 쓰기는 듣기, 말하기, 읽기 다음 단계로 성인에게도 쉽지 않습니다. 문자와 소리를 매치시키는 읽기가 되어야 쓰기도 할 수 있으므로 부담을 줄이기 위해 짝과 같이 하도록 합니다. 예를 들어 역할극 대본을 쓸 때, 혼자서 글을 쓰는 것은 막막할 수 있지만 내용, 제목, 스토리 등을 선정하는 과정에서 친구와 즐겁게 수다 떨면서 이야기를 나누다 보면 글쓰기가 하나의 즐거운 놀이가 됩니다.

한 편의 글을 모둠 친구들과 나눠 쓰는 방법도 자주 사용합니다. 예를 들어 '과거에 한 일 묻고 답하기'에서 일기 쓸 때 모둠 친구 4명이 의논해서 각자 1~2줄씩만 맡아서 한 편을 쓰면 부담이 훨씬 적습니다.

역할	항목	내용
다 함께	1. 제목	Jimmy's Diary
1명	2. 간 곳	Dear diary, Today, I went to Hanam Dinosaur Museum with my family.
1명	3. 본 것	I saw many dinosaurs. T. Rex was so big.
1명	4. 한 것	I watched a 3D dinosaur movie. It was scary.
1명	5. 먹은 것	After the movie, I went to Lotteria. I ate a hamburger and some ice cream.
다 함께	6. 마무리	Today was a wonderful day.

2. 빈칸 채우기와 완전 빈칸 중 선택하기

아무리 부담감을 줄여 주어도 영어를 쓰는 것 자체를 힘들어 하는 학생들도 있습니다. 반면, 영어는 잘 몰라도 상상하고 창작하는 재미에 빠진 학생들은 빈칸을 두려워하지 않습니다. 모르는 단어는 선생님에게 물어보면 모두 가르쳐 준다고 계속 안심을 시켜놓았기 때문입니다. 학원에서 영어를 어느 정도 배운 학생들은 자신이 쓰고 싶은 내용을 자유롭게 쓰고 싶어 합니다. 이렇게 다양한 수준의 학생들이 글을 쓰는 상황이므로 학생 스스로 선택하도록 합니다. 완전 빈칸에 마음껏 자기 생각대로 쓰고 싶은 사람은 그렇게 하고, 내용의 일부만 바꿔서 쓰고 싶은 사람은 그렇게 하라고 말입니다.

글쓰기 첨삭 시 반복해서 지도해야 할 체크 포인트

학생들은 글을 완성하는 대로 선생님에게 와서 확인을 받습니다. 이때 중점을 두는 부분은 아래 5가지입니다. 초등학교에서는 영어로 글을 쓰는 것 자체가 부담스럽거나 낯설지 않게 느끼도록 해 주는 것이 중요합니다. 내용이나 표현은 자유롭게 하되 글쓰기의 가장 기본이 되는 몇 가지 문장 쓰기 규칙 등을 정확하게 체득할 수 있도록 반복해서 지도합니다.

단어와 단어 사이를 전혀 띄지 않고 모두 붙여 쓰기도 하고, 알파벳이 h인지 n인지 t인지 c인지 알아보기 힘들게 쓰는 학생도 많습니다. 마침표는 전혀 찍지 않고, 대문자와 소문자 구별을 전혀 하지 않는 학생도 있습니다. 아래 5가지를 글쓰기 할 때마다 계속해서 강조해서 피드백을 하면, 시간이 지나면 학생들도 문장 쓰기 규칙에 따라 글을 곧잘 씁니다.

그리고 글쓰기를 장난스럽게 하는 학생들이 있습니다. 내용이 비윤리적이면 아예 소재를 바꾸라고 말하는 경우도 있습니다. 하지만 폭력적이거나 짓궂은 내용만 아니라면 말이 안 되는 엉뚱한 내용이라도 적극적으로 써보도록 응원해 줍니다. "우와 이런 내용을 어떻게 생각했어요? That's funny. 대박인데…" 하며 기를 살려주면 더 신이 나서 써옵니다. 글을 첨삭하다 보면 선생님이 생각하지도 못한 기발한 글을 쓰는 학생도 나옵니다. 이것은 국어를 통해 길러진 표현력, 상상력이 충분히 뒷받침되기 때문에 영어로 그대로 전이가 된 것입니다.

글쓰기 첨삭 체크 포인트

☑ 글의 내용이 지나치게 폭력적이거나 비도덕적이지 않은지 체크
☑ 첫 글자는 대문자로 썼는지 체크
☑ 문장 마지막에 마침표를 제대로 찍었는지 체크
☑ 단어와 단어 사이를 적당한 간격으로 띄어 썼는지 체크
☑ 알파벳을 알아볼 수 있도록 바르게 썼는지 체크

예시 글을 구조화해 글쓰기 학습지 만들기

Writing 차시에 제시되어 있는 예시 글 전체를 보고 요소에 따라 각 부분으로 나눠 구조화하여 학습지를 만들어 봅시다. 아래 예시는 교과서에 제시된 우리나라 관광지를 소개하는 안내문 쓰기의 일부를 가지고 구조화해 본 것입니다.

[교과서에 제시된 내용]

Come to Deoksugung

Deoksugung is a beautiful palace in Seoul, Korea. You can visit an art museum in the palace. Take subway line 1 or 2 and get off at City Hall Station. It's near Seoul City Hall.

• Open : Tuesday ~ Sunday
• Time : 09:00 ~ 21:00

[구조화해서 만든 학습지]

1. 제목	Come to Deoksugung
2. 관광지 소개	Deoksugung is a beautiful palace in Seoul, Korea. You can visit an art museum in the palace.
3. 찾아가는 방법	Take subway line 1 or 2 and get off at City Hall Station.
4. 주변 건물	It's near Seoul City Hall.
5. 운영 시간	• Open : Tuesday ~ Sunday • Time : 09:00 ~ 21:00

74

외국인 앞에서 떨지 않게 만들어 주는 원어민 일대일 인터뷰

1명의 원어민 선생님이 학급 수에 따라 2~4개 학교를 요일별로 순회하기도 하지만 대부분 초등학교에 1명씩은 배정되어 있습니다. 구체적으로 원어민을 어떻게 활용해야 하느냐는 선생님마다 다르고, 원어민 스타일마다 다릅니다. 원어민과 수업하는 것은 하나의 콘텐츠입니다. 원어민 자체가 또 다른 세계이고 경험이므로 그들의 눈, 코, 입, 귀, 제스처, 음성, 옷 입는 것까지 새롭습니다.

학생들은 외국에 가지 않아도 앉은 자리에서 다른 나라의 문화를 체험할 수 있습니다. 하지만 사교육을 받지 못하는 학생들은 원어민과의 대화는커녕 만날 기회 자체가 거의 없습니다. 원어민이 수업할 수 있는 시간은 많으면 주당 1시간이며, 학급 수가 많은 학교는 일 년에 한 학기 정도 원어민이 수업에 들어가기도 합니다. 우리나라가 세계화가 되어 외국인 100만 시대라고는 하지만 아직 초등학생들이 외국인을 접할 기회는 그리 많지 않습니다. 사교육을 통해 원어민을 만나는 학생들을 제외한다면 말입니다. 그래서 학생들에게 원어민은 우리와 다른 피부색, 전혀 다른 말을 쓰는 외계인처럼 느껴지는 것입니다. 호기심 반 두려움 반이지요.

반 전체를 놓고 원어민 선생님과 수업하면 학생 입장에서 부담은 적습니다. 하지만 보다 강력한 임팩트를 주기 위해 원어민 선생님과 학생들을 일대일 면대면으로 보게 합니다. 한 학급에 학생이 20명이라면 일주일(주 1회 40분 수업 기준)에 한 명당 2분씩 원어민과의 대화 시간을 제공할 수 있습니다. 2분이면 짧을 것 같지만 원어민 선생님과 2분 동안 대화를 나누다 보면 얼마나 길게 느껴지는지 모릅니다. 2분의 임팩트는 아주 강렬합니다. 한 학생에게 주당 2분씩 원어민과 대화할 수 있는 시간을 줄 수 있으니 얼마나 좋은 기회입니까?

원어민만이 줄 수 있는 두 가지 선물

원어민 인터뷰의 큰 효과 중 하나는 외국인에 대한 두려움을 없앨 수 있다는 것입니다. 학생들은 할 줄 아는 영어도 막상 외국인 앞에만 서면 머리가 하얘집니다. 원어민과 얼굴을 마주하는 것부터 시작입니다. 심장이 터질 것 같이 두근거리고 정신이 없습니다. 교과과정에 '외국인과 대면해도 쫄지 않기'라는 학습요소가 있다면 어떨까요. 사실 영어 공부보다 더 중요한 것이 이것인지도 모르겠습니다.

또 다른 하나는 수업시간에 배운 문장을 직접 외국인에게 써먹고 의사소통을 해 봤다는 '성공 경험'입니다. '영어 한마디도 못했는데 외국인하고 대화를 하다니…' 하며 언어 자체가 주는 본질적인 쾌감, 재미를 느끼게 됩니다. 이 재미야말로 그 어떤 것과 비교할 수 없을 만큼 강렬한 외국어 공부의 동기 부여가 됩니다. 물론 처음에는 많이 긴장하지만 시간이 지나고 횟수가 반복되면서 서서히 오늘은 인터뷰 안 하냐고 물어보는 학생까지 나오는데, 대다수가 인터뷰를 성공하면서 자신감이 생겼기 때문입니다.

원어민이 줄 수 있는 특별한 선물

1. 외국인과 마주하는 것에 대한 두려움을 없애고 편안해지기
2. 수업시간에 배운 내용 써먹기
3. 원어민과 친해지기

원어민 일대일 인터뷰

선생님은 교실에서 수업하고 있고, 원어민은 다른 교실에 대기하고 있으면 학생들이 모둠별로 원어민이 있는 교실로 이동해서 일대일로 인터뷰합니다. 원어민이 가운데 의자에 앉고, 학생 4~6명이 둘러앉는 형태로 질문은 개인별 일대일로 하게 됩니다. 같은 모둠 친구들이 인터뷰하는 모습을 바로 옆에서 보고 있기 때문에 자연스럽게 듣기 연습도 됩니다. 5~10분 정도 인터뷰를 마치고 돌아오면 이어서 다른 모둠이 원어민이 있는 장소로 갑니다. 마땅한 장소가 없으면 교담실에서 의자를 놓고 합니다.

원어민 인터뷰를 할 때면 "오늘 원어민 인터뷰 있습니다. 질문은 'What did you do yesterday?'입니다." 라고 미리 예고하면 학생 스스로 알아서 긴장하면서 열심히 준비합니다. (단원 마지막 시간에 원어민에게 체크리스트를 주고 수행평가의 일환으로 진행해도 좋습니다.) 다만 모둠 이동 시 다소 소란스럽고 수업 일부를 못 듣게 되므로 시간이 많이 걸리는 활동(그리기, 만들기, 글쓰기)으로 수업을 진행합니다. 마땅한 교실을 찾지 못했을 때는 원어민이 직접 교실을 돌아다니면서 학생 한 명 한 명과 묻고 답하기 인터뷰를 진행하기도 합니다.

최종 종착지, 원어민에게 미션 수행하기

자리에 앉아서 원어민과 대화를 나누는 경우도 있지만, 원어민과 짝을 이루어 미션을 수행하는 경우도 있습니다. 예를 들어 '전화로 제안하고 답하기' 같은 경우 원어민에게 전화해서 무언가 제안하는 미션을 반 전체가 합니다. 먼저 앉은 자리에서 짝과 충분히 연습하고, 전체 친구들 앞에서 시연하면서 최종적으로 원어민에게 시도해 보는 것입니다 학생들에게 수행평가 테스트를 한다고 말하고 반 전체 한 명씩 교실 앞으로 나와 원어민에게 전화하고 제안하는 미션을 수행합니다. '어떤 것을 알고 있는지 묻고 답하기', '음식 주문하기' 등 상

황별 미션뿐만 아니라 두 명이서 하는 역할극에서 원어민이 학생의 파트너가 되는 방법도 좋습니다. 학생들은 원어민 선생님과 한국인 영어 선생님을 대하는 태도가 다르기 때문에 이를 잘 이용하면 높은 학습 효과를 거둘 수 있습니다.

영어 수업에 바로 적용하기

원어민을 활용한 미션 수업

앞으로 배울 단원에서 원어민과 학생들이 함께하기 좋은 활동을 골라서 미리 안내하고 원어민과 사전에 계획을 공유합니다. 원어민 일대일 인터뷰를 할 경우 장소 섭외, 인터뷰 당일에 할 적절한 수업 활동 등을 고민해야 합니다. 또한 원어민과 미션을 실행하기 전에 학생들이 충분한 연습 과정을 거쳐서 100% 통과할 수밖에 없게 만드는 것도 선생님의 몫입니다. 원어민과의 만남이 오히려 두려움을 주는 실패 경험이 되지 않도록 해야 합니다.

활동 방법	예시
1. 상황별 미션(역할극)	☞ 원어민에게 허락 요청하기 ☞ 원어민이 의사나 환자가 되어 아픈 곳 묻고 답하기 ☞ 원어민에게 길 안내하기 ☞ 원어민에게 음식 권하거나 주문하기
2. 일대일 인터뷰	☞ 원어민에게 자기소개하기 ☞ 원어민과 어제 있었던 일 묻고 답하기 ☞ 원어민과 주말에 할 일 묻고 답하기 ☞ 원어민이 어떤 것에 대해서 아는지 묻고 답하기 ☞ 원어민의 하루 일과 묻고 답하기

영어의 바다에 빠져들게 만드는
단원별 노래 한 곡 부르기

영어는 어른, 아이 할 것 없이 부담스럽습니다. 듣기 시험을 통해 긴장감을 주었다면 이제 조금 릴렉스한 활동으로 변화를 줍니다. 우선 지루할 겨를이 없도록 활동을 짧게 바꿔주는 차원으로 영어 노래 부르기는 좋은 활동입니다. 신나고 재미있는 노래를 부르면 기분까지 좋아집니다. 역할극은 몸을 움직이는 것을 좋아하는 학생에게, 읽기나 쓰기는 조용히 앉아 문자로 익히는 것을 좋아하는 학생에게, 노래는 청각 중심으로 학습하는 학생에게 효과적이므로 다중지능 차원에서도 바람직합니다. 어떤 활동을 통해 영어를 좋아하게 될지 모르기 때문에 시각, 청각, 촉각 등 다양한 차원에서 접근하는 것이 필요합니다. 특히 영미권 가수들이 부르는 노래는 구글 번역기와는 또 다른 하나의 듣기 인풋이 되어 발음, 연음 등을 자연스럽게 흡수할 수 있어 좋습니다. 여기서 중요한 것은 쉬운 노래를 저절로 따라서 흥얼거리도록 꾸준히 들려주는 것입니다.

방법 01. 쉬는 시간부터 팝송 들려주기
오리엔테이션 시간에 정한 도우미 친구가 미리 즐겨찾기에 추가해 놓은 유튜브 페이지를 클릭만 하면 바로 노래가 나오도록 설정한 다음 영어 수업 시작하기 전 쉬는 시간부터 들려줍니다. 학생들은 노래가 나오면 '이제 영어 수업이 시작되는구나.' 하고 마음의 준비를 합니다. 마치 파블로프의 개처럼 조건반사 반응을 보이는 거지요. 저학년은 유튜브 '슈퍼심플송' 채널에 있는 짧은 영어 노래나 팝송도 좋습니다. 학생들이 좋아하고 선생님이 들려주고 싶은 노래를 선곡해서 매달 한 곡 정도 바꿔가면서 들려주면 선생님도 힘들 것이 없습니다.

방법 02. 수업 도입부에 3분 노래 부르기 복습 루틴 만들기
수업 복습 루틴으로 노래 부르기는 한 단원에 한 곡을 선정하고 그 단원을 배우는 시간마다 그 노래를 부르고 시작하는 것입니다. 'What's your favourite subject?' 단원을 배울 때 같은 제목의 노래를 그 단원 수업 내내 들려주는 방식이지요. 이렇게 단원마다 한 곡씩 배운 노래가 쌓여 가면 일 년이 끝날 때쯤 지금까지 배웠던 노래들만 쭉 불러도 모든 단원 복습이 저절로 됩니다.

방법 03. 노래가 마음에 안 들면 직접 만들기

저는 음악을 좋아하고 기타를 조금 연주할 수 있어서 노래를 직접 만들었습니다. 만드는 것이 힘든 경우 기존 노래 MR에 가사만 바꿔서 만들기도 했습니다. 과학에서 암기할 내용을 랩처럼 노래로 만들어서 부르는 방식과 같습니다. 물론 선생님이 노래를 꼭 만들 필요는 없지만 노래 가사를 바꿔 부르는 것은 과학이나 사회 과목에서도 많이 쓰는 방법이기 때문에 한 번쯤 시도해 봐도 좋습니다.

영어 수업에 바로 적용하기

학습할 단원에서 들려줄 노래 한 곡 고르기

유튜브에 학습할 단원에서 계속 들려줄 노래를 검색해 보고 수업 초반에 함께 불러봅니다. 매 차시를 시작할 때마다 노래를 부르고, 단원이 끝나더라도 가끔씩 부르면 저절로 복습이 됩니다. 또한 도우미를 정해 수업이 시작하기 전 쉬는 시간에 교실에서 미리 노래를 틀어놓도록 해도 좋습니다.

PART 03

먼저 가르치면 좋은
수업 아이디어

먼저 가르치면
좋을 내용

영어 문장은 크게 '누가 무엇을 했다.'와 '누가 어떤 상태이다.'로 나눌 수 있습니다. 이 두 가지 뼈대 문장에 '현재분사, to부정사, 과거분사, 관계대명사' 등 이것저것 붙이면 문장이 길어지는 것이 영어의 핵심 원리입니다. 초등학교 때는 영어의 뼈대인 '누가 무엇을 했다.'와 '누가 어떤 상태이다.'를 귀에 못이 박히도록 4년간 듣고, 말하고, 읽고, 써 보면 됩니다. 이것이 초등 영어의 전부이자 최대 목표입니다. 영어로 '길 묻고 답하기'를 평생 몇 번이나 써먹어 보았는지 생각해 보면 답이 나옵니다.

상황별 영어를 핵심 어법 중심으로 가르쳐야 합니다. 학생들은 핵심 어법에 대한 이해 없이 계속 이런 상황, 저런 상황별 표현만 배워서 이를 익히기는 하지만 쓰지 않으니 곧 잊어버립니다. 원리를 알지 못한 채 새로운 것을 배우지만 누적되지 않습니다. 그래서 영어의 뼈대가 되는 문장 어순을 느낄 수 있는 단원이나 시제, 전치사가 들어 있는 단원을 먼저 지도하면 좋습니다. 이는 나중에 다른 단원에서 얼마든지 써먹을 수 있기 때문입니다. 과거 시제를 먼저 배워놓으면 '감정(상태)의 이유 묻고 답하기'에서 동생이 장난감을 망가뜨려 내가 지금 화가 났다는 말도 자연스럽게 할 수 있습니다. '사람, 장소의 위치 묻고 답하기'에서 in the classroom을 배우면 '빈도 묻고 답하기'에서 '나는 일주일에 3번 학원에서 수학을 배운다.'라는 표현을 자연스럽게 쓸 수 있게 됩니다.

그리고 문법에 대한 편견을 갖지 않아야 합니다. 교과서에 나와 있지 않은 주어, 목적어, 동사 등을 가르쳐 학생들을 더 혼란스럽게 하자는 것은 아닙니다. 교과서에는 없지만 '누가 + 무엇을 했다 + 대상'이라는 영어 문장 어순을 딱 20분 만 가르치고 시작하자는 것입니다. 물론 이것을 안다고 해서 갑자기 영어를 잘하게 되고 말문이 터지는 것은 아니지만 머릿속에 영어에 대한 큰 그림을 그린 상태에서 하나씩 공부해 가자는 것입니다.

어법을 가르친다고 하니 '나 문법에 약한데…', '언제 이런 거 가르치나 진도 나가기도 바쁜데…'라고 생각할 수 있습니다. 하지만 쉽게 얼마든지 할 수 있습니다. 5학년이 되어도 사과를 보면서 'This is an apple.'을 말하지 못하고, 6학년이 되어도 'I'm sad.'를 말하지 못하는 학생들이 많습니다. 6학년에게는 미래시제 'I will go to Seoul.'을 가르쳐야 하는데, 'I went to Seoul.'과 같이 어떻게 과거시제로 표현해야 하는지 모르는 경우가 많습니다. 그래서 6학년이라도 3~4학년 때 충분히 익히고 자연스럽게 말할 수 있을 정도가 되어 있어야 할 어법을 다시 처음부터 가르치고, 5학년에서 배워야 할 과거시제도 다시 가르칩니다.

그럼, 몇 학년을 지도하든 초등학교에서 반복해서 반드시 가르쳐야 할 핵심 어법을 살펴보겠습니다.

01 '누가 무엇을 했다.'로 말하기 ➡ 영어 문장 어순
02 '누가 어떤 상태이다.'로 말하기 ➡ 영어 문장 어순
03 전치사 덩어리 붙여 말하기 ➡ 영어 문장 어순
04 과거에 한 일 묻고 답하기 ➡ 과거시제
05 미래에 할 일 묻고 답하기 ➡ 미래시제
06 사람, 장소의 위치 말하기 ➡ 전치사
07 일과 묻고 답하기 ➡ 전치사, 영어 문장 어순
08 5분 만에 배워서 써먹는 전치사 ➡ 전치사

[누가 무엇을 했다.] 말하기

수업을 시작하는 첫 시간에 '누가 무엇을 했다.'를 알려줍니다. 즉, ① 누가 ② 무엇을 했다. ③ 대상' 순서로서 누구나 알고 있는 문법입니다.

She	➡	hit	➡	me.
(누가?)	➡	(무엇을 했다.)	➡	(그 동작이 미친 대상은?)

초등학교 교육과정에 가장 잘 맞아떨어지는 것은 '일과 묻고 답하기'입니다. 학생들의 하루 일과는 대체로 일정하므로 그 하루 일과를 영어로 말해 보는 것입니다. 여기에 'at 7'처럼 시간을 붙여 말하는데, 우선 '누가 무엇을 했다.'부터 말하는 것에 충분히 익숙해져야 합니다. '누가 무엇을 했다.'가 입에 붙어 익숙해지고 나면 'at 시간' 붙이는 것은 일도 아닙니다.

I get up and then I wash my face and then I eat breakfast and then I go to school and then I study math and then I go to 급식실 and then I eat lunch and then I go to my classroom and then I study music and then I go to the academy and then I study English and then I go to 편의점 and then I eat 라면 and then I go home and then I eat dinner and then I play games and then I wash my face and then I go to bed.

학생들이 위와 같이 자신의 하루 일과를 몇 분 동안 술술 말한다면 믿을 수 있을까요? 학생들은 충분히 해낼 수 있습니다. 문법은 틀려도 괜찮습니다. '누가 무엇을 했다.'라는 영어 문장의 리듬을 온몸으로 느낄 수 있도록 하는 것이 핵심입니다. 주어는 'I'로만 통일하고, 동사도 'go, eat, study, play, watch' 정도로 한정하는데, 이 6개의 단어로 1분 넘게 유창하게 말할 수 있습니다. 모르는 단어가 나오면 'I go to 편의점, I go to 급식실'과 같이 그냥 한국말로 하라고 합니다.

I went to school and then I learned math and then I went to 급식실 and then I ate lunch and then I learned English and then I went to the academy and then I learned science and then I went to PC 방 and then I played 배틀그라운드 and then I went to 편의점 and then I ate 컵라면 and then I went home and then I ate dinner and then I watched TV and then I went to bed.

'과거 일 묻고 답하기' 단원에서 과거시제를 배웠다면 학생들은 위와 같이 말할 수 있습니다. 물론 처음부터 길게 하지 못하지만 학생들이 따라오는 정도를 보며 난이도를 조절하면 됩니다. 처음에는 '한 문장만 말해 보기'부터 시작하고, 충분히 한다면 '두 문장으로 말해 보기'를 하며, 익숙해지면 점점 늘리면 됩니다.

매주 금요일마다 주말에 무엇을 할 건지 일대일 인터뷰를 하면 아래처럼 말할 수 있을 정도로 수준이 올라옵니다.

I will go to the PC방 and then I will play games and then I will go to school and then I will play soccer and then I will meet 지민 and then I will go to the playground and then I will play with my friend and then I will go to my grandma's house and then I will eat chicken and then….

제가 '하루 일과 말하기', '과거 일 묻고 답하기', '계획 묻고 답하기' 3가지를 매 차시마다 일대일 인터뷰하는 이유는 실제 자신의 일상을 대답하는 가장 좋은 소재이기 때문입니다.

어법은 말하는 원리를 아는 것뿐이지 나머지는 모두 연습입니다. 말할 것을 읽는 연습, 말할 것을 적는 연습, 적은 것을 보고 말하는 연습, 남이 말하는 것을 듣는 연습 등과 같이 연습이 90% 이상입니다. 이제는 연습하는 것밖에 없으며, 연습하면서 그 리듬을 몸으로 느끼면 됩니다.

각 단원에 맞게 유창하게 말할 수 있도록 지도하기

'What's your favorite subject?' 단원에 나와 있는 단어나 표현만을 가르치려고 할 필요는 없습니다. 교육과정은 '좋아하는 것을 묻고 답하기'가 아닌가요? 자신이 좋아하는 것을 말할 수 있으면 교육과정상의 목표는 충분히 달성한 것입니다. 아래와 같이 학생들의 일상에 파고들어 정말 자신이 좋아하는 것을 말할 수 있게 봇물을 터뜨리도록 도와주면 됩니다. 각 단원에 맞는 말하기 패턴을 찾아서 충분히 '누가 + 무엇을 했다 + 대상'을 느낄 수 있도록 말하기 지도를 하면 됩니다.

My favorite food is 떡볶이. I love 떡볶이. My favorite bread is 크림빵. I love 크림빵. My favorite 라면 is 짜파게티. I love 짜파게티. My favorite 아이돌 그룹 is BTS. I love BTS. My favorite game is 배틀그라운드. I love 배틀그라운드. My favorite snack is 고래밥. I eat 고래밥 everyday⋯.

3~4학년 교과서에 나오는 '가지고 있는 물건 묻고 답하기'의 경우, 학용품으로만 소재를 한정하고 있지만 자신이 가지고 있는 것을 자유롭게 표현하도록 지도합니다. 단어를 모르면 한국어로 하면 되고, 영어의 기본 어순 '누가 + 무엇을 했다 + 대상' 개념을 20분 정도 앞서 가르치고 6차시 수업을 하면 됩니다.

I have a pencil and I have an eraser and I have a schoolbag and I have a cap and I have a playstation and I have a pencil case and I have a smartphone and I have a bicycle and I have⋯.

유창성을 키워 스피킹에 날개를 달아주는 '패턴 스피킹'

가르칠 단원의 핵심 표현을 잘 살펴보고, 유창하게 말해 볼 수 있는 소재를 찾아서 세 문장 이상을 말해보도록 합니다. 비슷한 패턴을 단어만 바꾸어 가면서 말하는 것이기 때문에 몇 번만 연습하면 술술 잘 말할 수 있게 됩니다. 아래처럼 학생들이 영어 문장을 말하다 보면 나도 영어를 잘할 수 있다는 자신감이 생깁니다.

[예시]

단원	패턴으로 유창하게 말하기
날짜 묻고 답하기	반 친구들의 생일을 소개하는 말하기 민지's birthday is on May 14th. 지우's birthday is on March 26th. 은영's birthday is on December 3rd. 준호's birthday is on June 14th. (중략)

단원	패턴으로 유창하게 말하기

영어 문장 순서 바꾸기 연습

🔊 다음 문장을 영어로 말해봅시다.

예시 – **우리말** 아인슈타인은 → 커피를 → 사랑해요.
– **1단계** (아인슈타인은) → (사랑해요) → (커피를)
– **2단계** (아인슈타인) → (love) → (커피)   ※<은>과 <를>은 빼 버리세요.

※ 3인칭 단수 's'는 추후 지도합니다.

01 나는 → 음악을 → 사랑해요.

1단계 (   ) → (   ) → (   )
2단계 (   ) → (   ) → (   )

02 지인이는 → 민규를 → 사랑해요.

1단계 (   ) → (   ) → (   )
2단계 (   ) → (   ) → (   )

03 안중근은 → 대한민국을 → 사랑해요.

1단계 (   ) → (   ) → (   )
2단계 (   ) → (   ) → (   )

04 왕자님이 → 커피를 → 마셔요.

1단계 (   ) → (   ) → (   )
2단계 (   ) → (   ) → (   )

05 나는 → 축구공을 → 차요.

1단계 (   ) → (   ) → (   )
2단계 (   ) → (   ) → (   )

06 동생이 → 미역국 국물을 → 마셔요.

1단계 (   ) → (   ) → (   )
2단계 (   ) → (   ) → (   )

[누가 어떤 상태이다.] 말하기

'누가 어떤 상태이다.'는 '① 누가 ② 상태이다. ③ 어떤'의 순서를 학생들에게 가르치는 것인데, 문법이라 하기에는 아주 단순합니다. 하지만 이를 명확히 이해하는 학생은 많지 않는데, 'am, are, is'가 무슨 뜻인지 모르면 영작을 할 수 없습니다. 'I'm hungry. I'm happy.' 정도는 듣고 외워서 말할 수 있을지 몰라도 그 외에 자신이 하고 싶은 말은 하지 못합니다. 학생들이 'This is my bag. It's very big.'과 같은 문장들을 자유자재로 말할 수 있어야 합니다.

'누가 어떤 상태이다.'는 생각보다 어렵습니다. 우선 be동사는 우리말로 '무엇이다. 무엇을 한 상태이다. 어디에 있다.'와 같이 뜻이 세 가지이고, 'am, are, is'로 형태도 세 가지입니다. 주어도 'I, You, He, She, It, This, That, We, They'까지 다양하므로 정확한 원리를 알려주고 하나하나 충분히 연습하지 않으면 제대로 활용하지 못합니다.

'나는 어떤 상태이다.'를 자기소개하면서 배우기

1. 어법 원리 이해하기

'I'm a doctor.'와 같은 문장은 3~4학년 때 배우는데, 학생들은 세 단어로 된 짧은 말도 거의 사용하지 못합니다. 그래서 5~6학년을 가르칠 때 이 내용을 가지고 아래처럼 수업을 합니다.

어법 원리 이해하기

한국어(2부분)	영어(3부분)		
나는 + 의사이다.	I (누가?) →	am (상태이다.) →	a doctor. (어떤 상태?)
나는 + 잘생겼다.	I (누가?) →	am (상태이다.) →	handsome. (어떤 상태?)

학생들에게 한국말로 '나는 어떤 상태이다.'로 생각할 수 있도록 아래와 같이 설명합니다. 이 과정이 필요한 이유는 우리말은 '나는 + 춥다.'처럼 2개 파트로 말하지만, 영어는 'I + am + cold.'처럼 3개 파트로 말해야 하기 때문입니다. 물론 'I'm' 하고 줄이면 'I'm + cold.'처럼 두 파트가 됩니다.

☑ 나는 춥다. (지금 히터가 고장 나서 엄청 추운 상태다. 히터 고치면 안 추운 상태가 된다.)

☑ 나는 덥다. (지금 한여름이라서 나는 땀이 뻘뻘 나도록 더운 상태다.)

☑ 나는 키가 크다. (지금은 키가 크지만 나이 먹으면 줄어들 수도 있다.)

☑ 나는 의사다. (나는 지금 직업이 의사인 상태다. 나중에 어떤 이유로 아닐 수도 있다.)

☑ 나는 똑똑하다. (지금은 똑똑하지만 나중에는 교통사고로 인해 안 똑똑할 수도 있다.)

☑ 나는 선생님이다. (나는 지금 선생님인 상태이지만 나중에는 그만둬서 아닐 수도 있다.)

---

2. 다양한 한국어 예문 제시하기

어느 정도 이해하고 나면 이제 다양한 예문을 보여주며 좀 더 심화시켜야 합니다. 어법 설명을 대략 하고 자기소개 6가지의 예문(학습지 2-1 참조)으로 설명하는데, 많으면 더 좋습니다. 하지만 학생들이 어려워한다면 초반에는 예문을 너무 많지 않게 제시하는데, 이때 필요한 몇 가지 원칙이 있습니다.

여러 가지 예문을 제시하는 팁

---

1. 직관적으로 이해할 수 있도록 사진을 넣는다.
2. 타깃으로 하는 표현은 다양하게 변형하여 넣는다.
3. 단순한 예문이 아닌 실제 생활 속에서 유의미한 활동이 되도록 한다.
4. 먼저 한국어 문장을 꼭 제시하고, 다른 곳에 영어 문장을 제시한다.

영어 텍스트만 제시하면 학생들이 읽기가 너무 힘들기 때문에 그림도 함께 제시해서 그림을 통해 직관적으로 뜻을 파악해 영어 문장을 수월하게 유추할 수 있도록 합니다. 또한 '나는 어떤 상태이다.'를 알려주고 싶다면 '나는 키가 크다. 나는 친절하다. 나는 똑똑하다. 나는 예쁘다.'처럼 다양한 예를 들어줍니다. 물론 그 예에는 가급적 학생들이 한번쯤은 들어봤을 단어를 우선 넣습니다. 예를 들어 스마트폰에서 'smart'(똑똑한), 패스트푸드에서 'fast'(빠른) 등을 가져오는 식으로 이미 알고 있는 단어에서 출발해 부담을 최소화할 수 있습니다.

무엇보다 중요한 것은 학생들에게 제공하는 예문이 의미 없는 문장 나열이 되어서는 안 된다는 점입니다. 이 부분은 선생님이 학생들에게 콘텐츠를 제시할 때도 마찬가지입니다. 의미 없이 문법에 맞춰 단어 순서를 정하거나 틀린 곳 찾기처럼 문제 풀기 방식으로 된 책이 시중에 많이 있습니다. 문법을 위한 문법 공부가 아니라 말하기 위한 어법을 가르치기 위해서 핵심 표현이 주로 어떤 말하기 상황에 쓰이는지 고민해야 합니다. '나는 어떤 상태이다.'와 같은 말이 자연스럽게 쓰이는 일상 상황을 생각하면 '자기소개'가 떠오르고, 이 활동을 통해서 자연스럽게 '나는 어떤 상태이다.'를 익히게 하는 것입니다.

또 하나 중요한 점은 한국어 문장을 먼저 제시하는 것입니다. 초등학교 영어 교과서 어디에도 한국어 해석을 찾아볼 수 없습니다. 특히 리딩 지문을 보면 처음부터 끝까지 영어로만 적어 놓아 스스로 공부하려고 해도 할 수가 없습니다. 중고등학교처럼 해석하는 공부 방식을 탈피하기 위해 그랬으리라 생각되지만 '읽기', '말하기'를 위해 한국어 문장이 꼭 필요하다면 어떨까요?

학생들에게 아래 30개의 문장 중에서 몇 개나 영어로 말할 수 있는지 스스로 확인해 보게 합니다. 한국어로서는 유치원 수준도 안 되는 쉬운 문장이지만, 영어로만 제시하면 자신이 무엇을 말하고자 하는지조차 모르고 헤매게 될 것입니다. 따라서 자신이 무슨 말을 할지 한국어로 분명히 이해해야 그다음 영어로 어떻게 표현해야 하는지 고민할 수 있습니다.

학습지 앞면

1. 안녕하세요.
2. 나는 지미예요.
3. 나는 영어 선생님입니다.
4. 나는 정말 친절해요.
5. 나는 요리를 좋아해요.

1. 안녕하세요.
2. 나는 존스예요.
3. 나는 의사입니다.
4. 나는 똑똑해요.
5. 나는 영화를 좋아해요.

1. 안녕하세요.
2. 나는 제이슨이에요.
3. 나는 요리사입니다.
4. 나는 잘생겼어요.
5. 나는 스파게티를 좋아해요.

1. 안녕하세요.
2. 나는 제니퍼예요.
3. 나는 헤어드레서입니다.
4. 나는 키가 커요.
5. 나는 한국 드라마를 좋아해요.

1. 안녕하세요.
2. 나는 앨리스예요.
3. 나는 경찰입니다.
4. 나는 정말 빠릅니다.
5. 나는 축구를 좋아해요.

1. 안녕하세요.
2. 나는 제시예요.
3. 나는 가수입니다.
4. 나는 행복해요.
5. 나는 한국 음악을 좋아해요.

3. 한국어 문장을 영어로 말하기

이제 한국어 문장을 영어로 말하는 것인데, 학생들은 무엇을 영어로 말해야 하는지 목표를 분명하게 이해했습니다. 학생들은 점점 '이것이 영어로 뭐지?' 하면서 궁금해 하고 호기심이 생깁니다. 마치 퀴즈 푸는 기분으로 학습지를 뒤로 넘겨보면서 자신이 생각했던 것보다 어려운 것은 아닌데 왜 미처 알지 못했는지 생각하며 '이렇게 말하면 되는구나.'를 느낍니다. 이때 한국어 문장을 영어로 하나씩 말해주면서 모르는 단어 발음은 한글로 칠판에 적어주기도 하고, 다시 '나는 빠른 상태야.', '나는 키가 큰 상태야.'라며 어법 설명도 합니다.

학습지 뒷면

1. Hello! 2. I'm Jimmy. 3. I'm an English teacher. 4. I'm very kind. 5. I like cooking.	1. Hello! 2. I'm Jones. 3. I'm a doctor. 4. I'm smart. 5. I like movies.	1. Hello! 2. I'm Jason. 3. I'm a chef. 4. I'm handsome. 5. I like spaghetti.
1. Hello! 2. I'm Jennifer. 3. I'm a hairdresser. 4. I'm tall. 5. I like Korean drama.	1. Hello! 2. I'm Alice. 3. I'm a police officer. 4. I'm very fast. 5. I like soccer.	1. Hello! 2. I'm Jessie. 3. I'm a singer. 4. I'm happy. 5. I like Korean music.

4. 문장 모두 외우기

이제 학생들에게 30개 문장을 모두 외우라고 하는데, 어렵지 않고 충분히 할 수 있습니다. 암기식, 주입식이라고 비판할 수 있지만 절대 그렇지 않습니다. 학생들은 영어시간이 아니면 영어를 마주할 수 없으며, 영어 인풋이 전혀 없는 상태에서 느긋하게 수업해서는 영어 잘하기는 요원합니다. 가정에서 엄마가 매일 영어 그림책을 읽어주고, 학교 끝나면 영어 회화 학원에 가서 원어민과 수업하는 상황이 아닙니다. 대부분 영어 수업은 주당 3시간이 끝입니다. 그래서 저는 수업시간 40분만큼은 미치도록 열심히 하자고 수차례 강조하며, 숙제는 전혀 내주지 않습니다. 다만 영어시간 만큼은 아주 강도 높은(intensive) 훈련과 연습, 집중력을 발휘해야 한다고 지도합니다.

한 TV 프로그램에서 중국 학생들이 쉴 새 없이 입으로 중얼중얼하면서 학교가 들썩들썩할 정도로 시끄럽게 소리 내며 공부하는 모습이 정말 인상적이었습니다. 저도 학생들이 이처럼 윙윙거리는 벌떼처럼 영어를 소리 내서 말하라고 합니다. 그래서 30개 문장을 외울 때 절대 머릿속으로만 하지 말고 시끄럽게 소리 내라고 독려합니다. 외우는 동안 누가 들을까 신경 쓰일 수 있어 신나는 댄스 음악도 틀어놓습니다. 이런 과정이 학교 교육만으로도 영어를 잘하기 위해서 꼭 필요합니다. 10년 동안 'I'm tall. I'm fast. I'm a singer.' 등과 같은 말을 수천 번 듣고 말해서 자연스럽게 습득될 수 있는 조건이 아니라면, 이처럼 집중적인 훈련과 연습을 해야 10년의 시간에 견줄 수 있는 수준에 이를 수 있습니다.

이제 학생 한 명 한 명 검사하는데, 30개 전부를 물어볼 수는 없습니다. 그래서 1인당 5개씩 한국어로 물어보면 영어로 말해야 하고, 결국 한 명도 빠짐없이 모두 통과합니다. 시간이 지날수록 학생들은 발음이 좋아지고, 영어 특유의 인토네이션도 부드러워지며, 자신감도 팍팍 올라갑니다.

5. 내가 하고 싶은 말하기

자기소개하는 여러 유형을 익히고 나면 정말 자신을 소개한다면 어떻게 하고 싶은지 쓰기(writing)를 합니다. 학생들은 이미 예문을 30개나 익혔고, 영어로 말할 줄 알기 때문에 5분이 채 안 걸립니다. 그래도 다시 한 번 예문을 제시해주고, 자기소개를 어떤 식으로 해야 하는지 '1번 인사부터 5번 좋아하는 것'까지 구조도 명확히 알려주면 5분도 안 걸려서 끝내버립니다. 학생들은 영작에 대한 두려움이 없으며, 자신이 말하고 싶지만 모르는 단어는 선생님께 물어봅니다.

영작으로 끝나는 것이 아니라 제대로 썼는지 선생님께 확인받고, 당연히 외워서 전원이 발표해야 합니다. 자기소개를 친구들 앞에서 영어로 하다니? 그런데 학생들은 이미 충분히 연습했기 때문에 말하는 것이 어색하지 않고 정말 잘합니다. 친구가 발표할 때 나머지 학생들은 그 내용을 한글로 적도록 하는데, 리스닝도 되고, 들으면서 인풋이 되기 때문입니다.

[예시]

1. 인사	Hello, everyone.
2. 이름	I'm Harry.
3. 직업	I'm a pro gamer.
4. 특징	I'm very smart.
5. 좋아하는 것	I like travelling.

1. 인사	
2. 이름	
3. 직업	
4. 특징	
5. 좋아하는 것	

6. 반복, 반복 또 반복

이것으로 끝나는 것이 아니라 반복 또 반복합니다. 자기소개를 반 전체 학생 모두 돌아가며 하는 데 10분도 안 걸리기 때문에 수업시간마다 계속 반복합니다. 3~4번만 하면 학생들의 부자연스럽던 발음도 훨씬 자연스러워지며, 2~3주 정도 하면 그 속도는 더욱 빨라집니다. 2~3주 계속 반복하다 이제 그만해도 되겠다는 느낌이 들면 한 번씩 생각날 때마다 복습을 합니다.

학생들이 자주 하는 오류에 '난센스' 보여주기

'누가 어떤 상태이다.' 말하기를 연습하다 보면, 학생들이 자주 하는 오류가 있는데 대부분 비슷하게 발생합니다.

오류 01	I'm pizza. (×) ⇒ I like pizza. (O)
오류 02	I'm like pizza. (×) ⇒ I like pizza. (O)

첫 번째 오류는 be동사와 동작동사(like)를 정확하게 구별하지 못하기 때문에 발생합니다. 'I like pizza.'라고 말해야 하는데 'I'm pizza.'로 말합니다. 계속해서 'I'm' 하고 연습했기 때문에 자기도 모르게 이 말이 입에 붙어버린 것입니다. 그래서 일부러 'I'm' 다음에 'I like'를 넣습니다. be동사와 동작동사를 함께 쓰면서 그 차이를 느끼고, 구별해서 쓸 수 있도록 하기 위해서입니다. 학생들이 "I'm pizza."라고 하면 저는 "나는 피자다!"라고 교실이 떠나갈 정도로 소리를 지릅니다. 그럼 학생들이 큰 소리로 웃는데, 바로 이것이 난센스입니다. 말하기 오류를 범했을 때 느껴지는 이 어색함과 말도 안 되는 어처구니없음을 학생들에게 느끼게 해 주는 것입니다. 이런 실수가 있을 때마다 소리를 지르면 1~2주면 오류가 거의 사라집니다. 또한 전치사를 배울 때도 똑같은 상황이 발생하는데, 예를 들어 'I'm in the classroom.' 문장을 학생들은 'I'm classroom.'이라고 잘못 말하는 경우가 많습니다. 그러면 '나는 교실이다.' 하고 크게 소리를 지르면 학생들은 자지러지게 웃으면서 오류를 잘 교정합니다.

두 번째 오류는 'I'm'과 'like'를 동시에 쓰는 것입니다. 말하기 연습을 계속 시키다 보니 어느새 학생들 입에 'I'm'이 붙어버렸습니다. 'I'm, I'm' 하다 보니 동작동사로 말해야 할 상황에서 'I'm like pizza.'라고 말하는 학생들이 종종 있습니다. 그럴 때 '나는 피자 상태이다. 좋아한다.'라고 해석 아닌 해석을 해 줍니다. 'am'과 'like' 둘 중 하나만 써야 하는데 좋아하는 것은 상태가 아니므로 am을 쓰지 말고, like를 쓰라고 구체적으로 설명합니다. 그래도 입에 붙은 말이 잘 안 고쳐지기 때문에 천천히 또박또박 말할 수 있도록 지도합니다.

어법을 실제 말하기 상황에서 집중적으로 익히기

학생들이 영어 4년을 배웠는데 왜 '유재석 is very funny.', '지미샘 is handsome.'과 같은 말을 한마디도 못하는지 안타깝습니다. 영어권 3~4세 아이가 하는 말인데, 4년을 공부해도 못한다면 도대체 영어 과목이 무슨 의미가 있을까 회의도 듭니다. 말 못하는 영어 문장을 해석하느라 땀 흘리지 말고 실제 상황에 간단한 말 한마디 하는 학생들을 길러내는 영어 교육이 되길 바랄 뿐입니다.

수업 흐름을 다시 정리해 보면 아래와 같습니다.

첫째, 어법 원리 이해하기

둘째, 다양한 한국어 예문 제시하기

셋째, 한국어 문장을 영어로 말하기

넷째, 문장 모두 외우기

다섯째, 내가 하고 싶은 말하기

여섯째, 반복, 반복 또 반복

이렇게 수업하면 학습지 한 장으로 3시간 하는 경우가 많습니다. 하지만 그 속에 듣기, 말하기, 읽기, 쓰기가 녹아 들어 있고, 문장도 30~40개가 넘으며, 영작도 하고, 원리도 명확히 이해할 수 있습니다. 중요한 것은 학생들의 실력이 실제 향상되고, 스스로 재미를 느낀다는 점입니다. 물론 학습량이나 난이도는 선생님의 목표와 학생들의 수준에 따라 조절하며 수업하면 됩니다. 다음에 제시하는 학습지는 각각 어법에 따라 어울리는 활동을 골라 익힐 수 있도록 한 것입니다. 활동지만 보아도 어떻게 하면 좋을지 쉽게 이해할 수 있을 것입니다.

'누가 어떤 상태이다.' 말하기 활동

1. 20년 후, TV에 나와 자기소개하기 (학습지 2-1)

20년 후, 자신이 TV에 나왔다고 가정하고 영어로 소개하는 말하기 활동입니다. 'I'm'을 이용해 '누가 어떤 상태이다.'를 연습하기 좋은 소재입니다. 마지막에 'I like~'를 꼭 넣어 '누가 무엇을 했다.'와 구별해 쓸 수 있도록 합니다.

2. 우리 반 친구 소개하기1 (이름 넣어 말하기) (학습지 2-2)

학생들은 반 친구 이름을 모두 알고 있습니다. 그래서 '철수 is handsome. 지수 is tall. 두환 is smart. 슬아 is kind.' 등과 같이 계속 소개를 할 수 있습니다. 이 문장에 'This is 두환.' 또는 '두환 likes games.'까지 추가로 넣으면서 난이도를 높이면 됩니다.

3. 좋아하는 인물(캐릭터) 소개하기 (학습지 2-3)

'is'를 자유자재로 활용할 수 있도록 인물을 소개하는 말하기 활동입니다. 일상생활에서 이 사람은 어떻고, 저 사람은 어떤지 말하는 것처럼 영어로 소개하는 것인데, 대체로 학생들은 연예인, 만화나 게임 캐릭터 등에 관심을 가집니다. 그래서 학생들이 좋아하는 캐릭터 사진을 PPT 안에 한 장씩 넣어 교실에 영상 화면을 띄워 놓고 영어로 프레젠테이션을 하는 것입니다.

인물을 소개할 때도 나름대로 단계가 필요합니다. 대명사 'He나 She'를 넣어 말하기 전에 우선 사람 이름을 넣어 말하는 연습을 충분히 해야 합니다. 사람 이름이 들어가면 왠지 모르게 문장이 쉬워집니다. '세종대왕 is a king.'과 같은 문장이 쉬워 보여도 실제 말할 수 있는 학생은 드물며, 단순한 문장구조지만 이를 충분히 말하는 연습을 해야 합니다. 그래서 어떤 인물이라도 2~3문장으로 설명해 볼 수 있도록 연습을 시킵니다.

4. 우리 반 친구 소개하기2 (대명사를 이용해 말하기) (학습지 2-4)

사람 이름을 넣어 계속 설명하다 보면 불편함이 생깁니다. 굳이 반복할 필요가 없다는 느낌이 들 때, 'He나 She'를 사용해 인물 설명하는 법을 가르쳐 줍니다. 반 친구 소개를 해 보았기 때문에 다시 'He나 She'로 소개하면서 편리함을 느낄 수 있습니다.

5. 내가 좋아하는 대상 소개하기 (학습지 2-5)

'It is~'를 사용해 대상을 설명하는 활동으로서 물건, 동물, 과일, 음식, 게임 등 소개할 대상은 다양합니다. 한 차시는 동물을, 또 한 차시는 음식을, 또 한 차시는 과일을 소개하는 방식으로 활용할 수 있습니다. 수업시간에 쫓기지만 않는다면 이 활동으로 충분히 학생의 실력을 키워줄 수 있습니다.

6. 수수께끼 만들기 (학습지 2-6)

대상 소개하는 활동에 이어 수수께끼 만드는 활동을 합니다. 이미 '대상 소개하는 말하기'를 연습했기 때문에 충분히 자신만의 수수께끼를 영작할 수 있습니다. 친구들이 내는 수수께끼를 얼마나 맞힐 수 있는지 채점도 하고, 쓰기, 말하기, 듣기를 한번에 연습할 수 있습니다.

영어 수업에 바로 적용하기

영어 학습지 만들기

수업을 하다 보면 교과서에 충분한 정보가 나와 있지 않아서 직접 학습지를 만드는 것이 낫겠다는 생각이 들 때가 많습니다. 이럴 때 참고하면 좋을 만한 팁을 바탕으로 직접 학습지로 만들어 보세요.

1. 한국어 해석 파트와 영어 문장을 분리해서 제시한다.
2. 문장을 직관적으로 이해할 수 있도록 어울리는 그림이나 사진을 넣는다.
3. 다양한 예문을 제시한다.
4. 마지막에는 스스로 영작해 볼 수 있는 코너를 넣는다.

20년 후, TV에 나와 자기소개하기

01 '누가 어떤 상태이다.'를 영어로 말하는 법을 배워 봅시다.

한국어(2부분)	영어(3부분)				
나는 + 의사이다.	I (누가?)	→ →	am (상태이다.)	→ →	a doctor. (어떤 상태?)
나는 + 잘생겼다.	I (누가?)	→ →	am (상태이다.)	→ →	handsome. (어떤 상태?)

02 다음을 영어로 말해 봅시다.

1. 안녕하세요.
2. 나는 지미예요.
3. 나는 영어 선생님입니다.
4. 나는 정말 친절해요.
5. 나는 요리를 좋아해요.

1. 안녕하세요.
2. 나는 존스예요.
3. 나는 의사입니다.
4. 나는 똑똑해요.
5. 나는 영화를 좋아해요.

1. 안녕하세요.
2. 나는 제이슨이에요.
3. 나는 요리사입니다.
4. 나는 잘생겼어요.
5. 나는 스파게티를 좋아해요.

1. 안녕하세요.
2. 나는 제니퍼예요.
3. 나는 헤어드레서입니다.
4. 나는 키가 커요.
5. 나는 한국 드라마를 좋아해요.

1. 안녕하세요.
2. 나는 앨리스예요.
3. 나는 경찰입니다.
4. 나는 정말 빠릅니다.
5. 나는 축구를 좋아해요.

1. 안녕하세요.
2. 나는 제시예요.
3. 나는 가수입니다.
4. 나는 행복해요.
5. 나는 한국 음악을 좋아해요.

03 '누가 어떤 상태이다.'를 생각하면서 읽고 뜻을 파악해 봅시다.

1. Hello! 2. I'm Jimmy. 3. I'm an English teacher. 4. I'm very kind. 5. I like cooking.	1. Hello! 2. I'm Jones. 3. I'm a doctor. 4. I'm smart. 5. I like movies.	1. Hello! 2. I'm Jason. 3. I'm a chef. 4. I'm handsome. 5. I like spaghetti.
1. Hello! 2. I'm Jennifer. 3. I'm a hairdresser. 4. I'm tall. 5. I like Korean drama.	1. Hello! 2. I'm Alice. 3. I'm a police officer. 4. I'm very fast. 5. I like soccer.	1. Hello! 2. I'm Jessie. 3. I'm a singer. 4. I'm happy. 5. I like Korean music.

04 20년 후, TV에서 자신을 소개한다고 생각하고 소개말을 적어 봅시다.

[예시]

1. 인사	Hello, everyone.
2. 이름	I'm Harry.
3. 직업	I'm a pro gamer.
4. 특징	I'm very smart.
5. 좋아하는 것	I like travelling.

1. 인사	
2. 이름	
3. 직업	
4. 특징	
5. 좋아하는 것	

우리 반 친구 소개하기 1

01 '누가 어떤 상태이다.'를 이용해 친구를 소개하는 말을 배워 봅시다.

한국어(2부분)	영어(3부분)		
이 사람은 + 김우진입니다.	This (누가?)	→ is (상태이다.)	→ 김우진. (어떤 상태?)
우진이는 + 재미있어요.	우진 (누가?)	→ is (상태이다.)	→ funny. (어떤 상태?)

02 다음 단어를 이용해 우리 반 친구들을 소개해 봅시다.

kind	친절한	handsome	잘생긴	pretty	예쁜
funny	재미있는	fast	빠른	smart	똑똑한
tall	키가 큰	quiet	조용한	strong	힘이 센

No	Name	친구 소개하기	No	Name	친구 소개하기
예시	김우진	*This is* 김우진. 우진 *is funny.*	예시	이예은	*This is* 이예은. 예은 *is smart.*
1			13		
2			14		
3			15		

No	Name	친구 소개하기	No	Name	친구 소개하기
4			16		
5			17		
6			18		
7			19		
8			20		
9			21		
10			22		
11			23		
12			24		

좋아하는 인물(캐릭터) 소개하기

01 '누가 어떤 상태이다.'를 영어로 말하는 법을 배워 봅시다.

한국어(2부분)	영어(3부분)		
이분은 + 우리 선생님입니다.	This → (누가?)	is → (상태이다.)	my teacher. (어떤 상태?)
우리 선생님은 + 친절합니다.	My teacher → (누가?)	is → (상태이다.)	kind. (어떤 상태?)

02 다음을 영어로 말해 봅시다.

1. 이분은 세종대왕입니다.
2. 세종대왕은 왕입니다.
3. 세종대왕은 똑똑합니다.
4. 세종대왕은 한글을 사랑합니다.

1. 이것은 좀비입니다.
2. 좀비는 몬스터입니다.
3. 좀비는 못생겼습니다.
4. 좀비는 밤을 좋아합니다.

1. 이분은 우리 엄마입니다.
2. 우리 엄마는 외계인입니다.
3. 우리 엄마는 친절합니다.
4. 우리 엄마는 치즈버거를 좋아합니다.

1. 이 사람은 우리 형입니다.
2. 우리 형은 버스운전사입니다.
3. 우리 형은 키가 매우 큽니다.
4. 우리 형은 댄스 음악을 좋아합니다.

1. 이 사람은 이순신입니다.
2. 이순신은 군인입니다.
3. 이순신은 용감합니다.
4. 이순신은 거북선을 좋아합니다.

1. 이 아이는 셀리입니다.
2. 셀리는 가장 친한 친구입니다.
3. 셀리는 미국 출신입니다.
4. 셀리는 한국 음식을 좋아합니다.

03 '누가 어떤 상태이다.'를 생각하면서 읽고 뜻을 파악해 봅시다.

1. This is King Sejong. 2. Sejong is a king. 3. Sejong is smart. 4. Sejong loves Hangul.	1. This is a zombie. 2. A zombie is a monster. 3. A zombie is ugly. 4. A zombie likes the night.	1. This is my mom. 2. My mom is an alien. 3. My mom is kind. 4. My mom likes cheeseburgers.
1. This is my brother. 2. My brother is a bus driver. 3. My brother is very tall. 4. My brother likes dance music.	1. This is Lee sun shin. 2. Lee sun shin is a soldier. 3. Lee sun shin is brave. 4. Lee sun shin likes 거북선.	1. This is Sally. 2. Sally is my best friend. 3. Sally is from America. 4. Sally likes Korean food.

04 자신이 소개하고 싶은 인물이나 캐릭터를 골라 글을 써 봅시다.

[예시]

1. 이름	This is 민우.
2. 직업(관계)	민우 is my best friend.
3. 특징	민우 is very funny.
4. 좋아하는 것	민우 likes science.

[내가 소개하고 싶은 인물]

1. 이름	
2. 직업(관계)	
3. 특징	
4. 좋아하는 것	

우리 반 친구 소개하기 2

01 '누가 어떤 상태이다.'를 이용해 친구를 소개하는 말을 배워 봅시다.

한국어(2부분)	영어(3부분)					
이 사람은 + 김우진입니다.	This (누가?)	→ →	is (상태이다.)	→ →	김우진. (어떤 상태?)	
그는 + 재미있어요.	He (누가?)	→ →	is (상태이다.)	→ →	funny. (어떤 상태?)	

02 다음 단어를 이용해 우리 반 친구들을 소개해 봅시다.

kind	친절한	handsome	잘생긴	pretty	예쁜
funny	재미있는	fast	빠른	smart	똑똑한
tall	키가 큰	quiet	조용한	strong	힘이 센

No	Name	친구 소개하기	No	Name	친구 소개하기
예시	김우진	*This is 김우진. He is funny.*	예시	이예은	*This is 이예은. She is smart.*
1			13		
2			14		
3			15		
4			16		
5			17		
6			18		
7			19		
8			20		
9			21		
10			22		
11			23		
12			24		

내가 좋아하는 대상 소개하기

01 '누가 어떤 상태이다.'를 영어로 말하는 법을 배워 봅시다.

한국어(2부분)	영어(3부분)				
그것은 + 노랗다.	It	→	is	→	yellow.
	(누가?)	→	(상태이다.)	→	(어떤 상태?)

02 다음을 영어로 말해 봅시다.

1. 그것은 과일이다. 2. 그것은 빨갛다. 3. 그것은 맛있다. 4. 그것은 사과다.	1. 그것은 과일이다. 2. 그것은 길다. 3. 그것은 노랗다. 4. 그것은 바나나다.	1. 그것은 과일이다. 2. 그것은 크다. 3. 그것은 녹색과 빨간색이다. 4. 그것은 수박이다.

1. 그것은 동물이다. 2. 그것은 크다. 3. 그것은 갈색이다. 4. 그것은 곰이다.	1. 그것은 동물이다. 2. 그것은 키가 매우 크다. 3. 그것은 목이 길다. 4. 그것은 기린이다.	1. 그것은 동물이다. 2. 그것은 매우 크다. 3. 그것은 코가 매우 길다. 4. 그것은 코끼리다.

1. 그것은 음식이다.	1. 그것은 파이다.	1. 그것은 작다.
2. 그것은 맵다.	2. 그것은 검은색이다.	2. 그것은 귀엽다.
3. 그것은 맛있다.	3. 그것은 맛있다.	3. 그것은 동물이다.
4. 그것은 카레다.	4. 그것은 초코파이다.	4. 그것은 내 고양이다.

03 '누가 어떤 상태이다.'를 생각하며 글을 읽고 뜻을 파악해 봅시다.

1. It's a fruit.	1. It's a fruit.	1. It's a fruit.
2. It's red.	2. It's long.	2. It's big.
3. It's delicious.	3. It's yellow.	3. It's green and red.
4. It's an apple.	4. It's a banana.	4. It's a watermelon.
1. It's an animal.	1. It's an animal.	1. It's an animal.
2. It's big.	2. It's very tall.	2. It's very big.
3. It's brown.	3. The neck is long.	3. The nose is very long.
4. It's a bear.	4. It's a giraffe.	4. It's an elephant.
1. It's a food.	1. It's a pie.	1. It's small.
2. It's spicy.	2. It's black.	2. It's cute.
3. It's delicious.	3. It's delicious.	3. It's an animal.
4. It's curry.	4. It's chocopie.	4. It's my cat.

04 자신이 좋아하는 대상을 선택해 소개글을 써 봅시다.

[예시]

1. 특징 A	It's small.
2. 특징 B	It's funny.
3. 이름	It's my smartphone.

[내가 소개하고 싶은 대상]

1. 특징 A	
2. 특징 B	
3. 이름	

수수께끼 만들기

01 '누가 어떤 상태이다.'를 생각하며 대상을 설명하는 수수께끼를 만들어 봅시다.

[예시]

1. 특징 A	It's black.
2. 특징 B	It's delicious.
3. 특징 C	It's Chinese food.
4. 물어보기	What is it?
5. 정답 알려주기	It's 짜장면.

02 소개하고 싶은 대상을 골라 설명하는 글을 써 봅시다.

1. 특징 A	
2. 특징 B	
3. 특징 C	
4. 물어보기	
5. 정답 알려주기	

1. 특징 A	
2. 특징 B	
3. 특징 C	
4. 물어보기	
5. 정답 알려주기	

1. 특징 A	
2. 특징 B	
3. 특징 C	
4. 물어보기	
5. 정답 알려주기	

03 친구와 서로 대상을 소개하는 수수께끼를 내고 맞혀 보세요.

105

전치사 덩어리
붙여서 말하기

초등학교 영어 교육과정상 전치사를 따로 문법적인 지식으로 가르치는 일은 없습니다. 하지만 여러 단원을 통해 'on, under, in, next to, in front of, at' 등의 전치사를 배우게 됩니다. 문제는 전치사를 배울 뿐 그것이 무엇인지, 문장에서 어떻게 활용하는지 그 방법은 거의 가르쳐 주지 않습니다. 과장된 표현일지 몰라도 영어의 50% 이상은 전치사이며, 학년이 높아질수록 다양한 전치사가 사용된 문장을 배우게 되기 때문에 학생들이 어려워하는 것은 당연합니다. 그래서 처음부터 줄줄이 소시지처럼 전치사 덩어리를 문장의 끝에 붙여 말은 만든다는 단순한 원리(어법)를 가르쳐야 합니다. 약 20분의 짧은 시간에 설명해 주고 일 년 동안 전치사 덩어리를 붙여서 말하는 연습을 하다 보면 긴 문장에 대한 두려움도 사라지고, 스피킹도 훨씬 풍부해집니다.

전치사 개념 짚어 주기

'전치사'를 별도의 문법으로 가르치자는 것이 아니라 '사람, 장소의 위치 묻고 답하기', '일과 묻고 답하기', '물건의 위치 묻고 답하기', '건물의 위치 묻고 답하기' 등과 같은 단원에서 자연스럽게 전치사에 대한 설명을 잠깐 끼워 넣으면 된다는 것입니다.

구분	우리말	영어
표현	6시에	at 6
이름	조사(助詞)	전치사(前置詞)
위치	'에'는 6시 뒤에 온다.	'at'은 6시 앞에 온다.

위의 표처럼 '전치사'라는 문법 용어를 설명해 주는데, 한자로 앞(전), 위치할(치), 말(사)를 풀어 쓰면 '앞에

위치하는 말'이라는 뜻으로 우리말과는 전혀 순서가 반대라는 것을 알려줍니다. 즉, 우리말은 '6시에'이지만 영어로는 '에 6시'가 되는 것으로 그 순서가 반대이니 영어가 어려울 수밖에 없다고 설명합니다. 학생들에게 이런 식으로 우리말과 차이를 비교해서 설명하면 더욱 쉽게 이해하게 됩니다.

전치사 덩어리를 문장 뒤에 붙이는 원리 가르치기

전치사의 기본적인 쓰임을 각 단원에서 배우는 것으로 끝내면 학생들은 더 이상 전치사를 활용할 수 없습니다. 하지만 지금까지 배운 전치사로 문장에 연결해 말하는 방법을 약 1시간 정도만 가르치면 일 년 동안 학생들이 말하는 문장 퀄리티가 달라집니다. 물론 그 원리를 안다고 해서 학생들이 그렇게 말하는 것은 아니지만, 전치사 덩어리를 붙여서 말하는 연습을 계속하면 영어가 훨씬 더 확장됩니다. 예를 들어 지난 주말에 한 일을 일기로 쓴다고 가정해 보겠습니다. 이미 'in'은 장소를 나타내고, 'at'은 시간을 말하는 표현을 모두 배웠는데, 여기에 문장에 연결해 쓰는 방법을 가르쳐 주면 그 표현은 더욱 달라집니다. 아래처럼 '제주도 갔다고?, 누구랑 갔는데?, 갈비를 먹었다고?, 어디서 먹었는데?' 하며 친구들과 자유롭게 대화하며 문장을 확장할 수 있습니다.

과거에 한 일 말하기

한국어	영어
나는 제주도에 갔다.	I went to Jeju.
	(나는 무엇을 했다.)
나는 갈비를 먹었다.	I ate 갈비.
	(나는 무엇을 했다.)
나는 잤다.	I went to bed.
	(나는 무엇을 했다.)

과거에 한 일에 전치사 덩어리 붙여서 말하기

한국어	영어
나는 제주도에 갔다. + 가족이랑	(I went to Jeju) + with my family.
	나는 무엇을 했다. + 누구와 함께?
나는 갈비를 먹었다. + 식당에서	(I ate 갈비) + in the restaurant.
	나는 무엇을 했다. + 어디에서?
나는 잤다. + 10시에	(I went to bed) + at 10.
	나는 무엇을 했다. + 몇 시에?

전치사 덩어리 붙여 일기 쓰기

01 <완전한 문장 + 전치사 덩어리>를 이용해 영어로 말하는 법을 배워 봅시다.

한국어	영어
나는 제주도에 갔다. + 가족이랑	(I went to Jeju) + with my family.
	나는 무엇을 했다. + 누구와 함께?
나는 갈비를 먹었다. + 식당에서	(I ate 갈비) + in the restaurant.
	나는 무엇을 했다. + 어디에서?
나는 잤다. + 10시에	(I went to bed) + at 10.
	나는 무엇을 했다. + 몇 시에?

02 다음 내용을 영어로 말해 봅시다.

1. 일기 제목	지미의 일기
2. 간 곳	나는 동물원에 갔다. + 가족과 함께
3. 본 것	나는 사자를 봤다. + 동물원에서
4. 먹은 것	나는 햄버거를 먹었다. + 식당에서
5. 마무리	나는 집에 왔다. + 7시에

1. 일기 제목	지수의 일기
2. 간 곳	나는 놀이터에 갔다. + 남동생과 함께
3. 본 것	나는 친구들을 봤다. + 놀이터에서
4. 먹은 것	나는 컵라면을 먹었다. + 편의점에서
5. 마무리	나는 집에 왔다. + 5시에

03 <완전한 문장 + 전치사 덩어리>를 생각하면서 읽고, 뜻을 파악해 봅시다.

1. 일기 제목	Jimmy's diary
2. 간 곳	(I wen to the zoo) + (with my family).
3. 본 것	(I saw lions) + (in the zoo).
4. 먹은 것	(I ate a hamburger) + (in the restaurant).
5. 마무리	(I came home) + (at 7).

1. 일기 제목	Jisu's diary
2. 간 곳	(I went to the playground) + (with my brother).
3. 본 것	(I saw my friends) + (in the playground).
4. 먹은 것	(I ate 컵라면) + (in the convenience store).
5. 마무리	(I came home) + (at 5).

04 과거에 한 일을 떠올려 전치사 덩어리를 붙이며 영어로 일기를 써 봅시다.

1. 일기 제목	
2. 간 곳	
3. 본 것	
4. 먹은 것	
5. 마무리	

과거에 한 일 묻고 답하기

과거시제를 사용해 말하는 것은 '과거에 한 일 묻고 답하기' 혹은 '지나간 일 묻고 답하기'와 같은 주제로 교과서에 제시되고 있습니다. 주로 방학을 어떻게 보냈는지, 무엇을 했는지 묻는 표현들을 배웁니다. 하지만 이 단원은 과거에 한 일을 단순히 묻고 답하는 차원을 넘어서는 무게감을 가지고 있는데, 과거시제를 처음이자 마지막으로 배울 수 있는 단원이기 때문입니다. 초등학교 때 과거형을 배울 수 있는 기회는 사실 공식적으로 이때뿐입니다.

과거시제는 자주 쓰이지만. 과거형을 배우고 익힐 수 있는 기회가 교육과정상 별로 없습니다. 그래서 학생들이 'ed(드)'를 붙여 과거의 일을 말할 줄 알아야 하고, 몇 가지 자주 쓰는 돌연변이(불규칙하게 변화하는 동사)는 꾸준히 연습해서 입에 익숙할 정도로 가르쳐야 합니다. 그러면 자신이 어제 한 일, 지난 주말에 한 일을 두 문장 정도는 말할 수 있습니다.

과거시제 표현 방법 가르치기

1. 한국어를 통해 과거시제 도입하기

학생들은 '시제'라는 개념 자체가 낯섭니다. 그런데 일상생활에서 아무런 문법적 개념 없이 모국어인 한국어에서는 자유자재로 시제를 바꾸어 쓰고 있습니다. 이렇게 무의식적으로 쓰고 있는 시제의 개념을 정확히 정리해 줄 필요가 있습니다.

선생님 : *(학생들에게)* 여러분, 어제 학교 끝나고 뭘 했나요?

학생1 : 학원에 갔(었)어요.

학생2 : 컵라면 먹었어요.

학생3 : 친구와 놀았어요.

학생4 : 휴대폰 게임했(었)어요.

학생5 : 집에서 잤어요.

   (선생님은 학생들의 대답을 모두 칠판에 차곡차곡 적는다.)

선생님 : 좋아요. 그럼 우리가 한국말로 과거 있었던 일을 말할 때 어떤 규칙을 있는지 찾아볼까요?

학생들 : *(쉽게 찾지 못하며)* 선생님, 잘 모르겠어요.

선생님 : 그럼 힌트를 줄게요. *(학생들이 잘 찾아내지 못하면 '았', '었'에 동그라미를 한다.)*

학생들 : 알겠어요. '았', '었'을 붙여요.

선생님 : 맞아요. 우리말에서는 '놀다 ⇒ 놀았다'에서처럼 '았'이나 '었'을 붙인답니다.

학생들 : *(어색해하면서)* 그런 규칙이 있는 줄은 몰랐어요.

선생님 : 우리도 모르는 사이에 이 규칙을 쓰고 있답니다. 그런데 영어는 어떤 규칙을 사용할까요?

학생들 : ???

선생님 : 오늘은 그 규칙을 배워보겠습니다.

2. 과거형 동사 만드는 규칙 가르치기 (학습지 4-1)

이처럼 학생들에게 학습 동기를 끌어내고서 본격적으로 과거시제를 표현하는 방법을 가르칩니다. 대원칙은 'ed(드)'를 붙이는 것으로 play, watch, love, learn 등과 같은 동사를 예로 보여줍니다. 문제는 불규칙 변화하는 동사인데, 정답이 없으므로 그냥 외우도록 해야 합니다. 교과서는 이런 문법적 설명도 없으므로 결국 선생님이 별도 자료를 만들어 가르쳐야 합니다. 과거시제를 만드는 방법과 과거형 동사를 사용한 문장을 한데 모아 노래로 만들어 불러도 좋습니다. 짧은 노래를 부르는 과정을 통해 복잡해 보이는 내용도 간단히 학생들에게 한 방에 전달할 수 있습니다.

ed 붙이기	돌연변이
play + ed	went
watch + ed	ate
love + ed	saw

이때 학생들이 시제별 차이를 명확히 구별하는지 확인해야 합니다. 학생들은 한국어를 말할 때 한 번도 '과거의 일이니까 과거시제로 말해야겠다.'는 생각을 해 본 적이 없습니다. 하지만 영어는 다르기 때문에 과거의 일은 과거시제로 말해야겠다는 의식적인 판단을 꼭 거쳐야 합니다. 이런 의식적인 자각을 명확히 할 수 있도록 아래처럼 비슷한 문장을 두고 차이를 느껴보게 하는 과정이 필요합니다.

① I play soccer.	① I go to school.
② I played soccer.	② I went to school.
③ I will play soccer.	③ I will go to school.

①번은 나는 평상시 축구를 한다는 뜻으로 지금 할 수도 있고, 안 할 수도 있지만 보통 '나는 축구를 한다.'는 뜻입니다. ②번은 언제인지는 정확히 모르겠지만 과거에 '축구를 했었다.'라는 뜻입니다. ③번은 이제 앞으로 축구를 할 것이라는 뜻입니다. 이처럼 예를 들어 설명하고서 다음에는 다른 예를 보여주고 차이를 말해보도록 합니다. 이 차이를 정확히 말할 수 있을 때, 비로소 과거시제를 정확하게 이해했다고 할 수 있습니다.

이제 'ed'만 강조하면 되는데, 지도하는 방법은 간단합니다. 단어에 'ed'를 붙여서 말하는 연습을 하는데, 이때 'ed'를 따로 떼어 내서 연습하진 않습니다. 다음 시간부터 실제 자신이 과거에 한 일을 말하는 과정에서 자연스럽게 'ed'를 붙이는 연습을 계속하면 됩니다. 그 많은 돌연변이는 매 시간마다 즐겁게 노래를 부르면서 익숙해지게 됩니다. '과거에 한 일 묻고 답하기' 첫 시간을 이렇게 가르친다면 비록 교과서 내용에 충실하지 않았을지는 몰라도 학생들이 과거형에 대해 확실히 이해하고 다음 시간부터 입으로 영어를 내뱉을 단단한 준비가 된 것입니다.

실제 과거에 한 일 묻고 답하기 (학습지 4-2)

1. 주로 사용할 동사로 한정하기

과거에 한 일을 말하려면 많은 동사가 필요하지만 모두 익힐 수는 없습니다. 그래서 학생들의 일상에서 주로 반복되는 일들, 즉 어디를 가고, 무엇을 먹고, 공부하고, 놀고, 보는 것들을 가지고 6가지 동사를 이용해서 다양한 문장을 만듭니다.

① I went to my grandma's house.	④ I learned math.
② I ate 라면.	⑤ I watched drama.
③ I played games.	⑥ I saw my friend.

2. 단순하게 말하는 연습하기

이렇게 과거형 동사를 한정시켜도 어제 한 일을 영어로 말하는 것은 쉽지 않습니다. 영어로 한 문장 말하기 위해서는 다음의 복잡한 단계를 거쳐야 하기 때문입니다. "어제 무엇을 했나요?"라고 질문하면 자연스럽게 '내가 어제 무엇을 했지?' 하고 생각하게 됩니다. 내가 어제 한 일 중에서 무슨 말을 할 것인지 내용을 고르고, 그 문장을 영어로 어떻게 말해야 하는지 생각해 본 후에 말합니다. 어제 무엇을 했는지 영어로 묻고 답하는 것 자체가 학생들에게는 익숙하지 않습니다.

그래서 대다수 학생들은 입조차 열지 못하고 어떻게 말해야 할지 몰라 막막해 합니다. 이런 학생들에게 어떻게 말해야 하는지 구체적인 패턴을 알려줘야 합니다. 어제 수학 학원에 가고, 문구점에서 학용품을 사고, 또 부모님 심부름을 하는 등 다양한 일을 했겠지만 실제 영어로 말하기는 한계가 있습니다. 따라서 너무 복잡하게 생각하지 않고 단순히 1~2가지만 자신이 아는 문장으로 말하는 연습을 시킵니다. 아래처럼 대명사 'I'를 반복하는 이유는 완전한 문장 형태로 말하는 연습을 충분히 하기 위해서입니다.

☞ I went to the academy and I learned math.

☞ I went home and I watched TV.

☞ I met 은지 and we played games.

☞ I stayed at home and I watched youtube.

☞ I went to my grandma's house and I ate 갈비.

☞ I played soccer with my friends.

위의 예시에서 '어디 가서 무엇을 먹었다. 그냥 집에 있으면서 놀았다.'처럼 복잡하게 생각하지 말고 자신이 할 수 있는 표현에서 간단히 말해보자고 안내합니다.

3. 톱니바퀴 반복 연습하기

처음에는 선생님이 학생 한 명씩 일대일 인터뷰를 2번 정도 하고 모두 말할 수 있는지 모니터링을 합니다. 다음에는 학생들끼리 대화를 나누게 하는데, 포크댄스 출 때처럼 학생들을 바깥쪽 원과 안쪽 원 2개의 동심원 모양으로 서게 한 후 마치 톱니바퀴가 맞물려 돌아가듯 짝을 바꾸어 가며 연습하게 합니다. 책상에 앉아 할 경우에는 첫째 줄, 셋째 줄 학생들은 가만히 자리에 앉아 있도록 하고, 둘째 줄, 넷째 줄 학생들이 한 칸씩 옆으로 움직이며 서로 묻고 답하는 방식으로 하면 됩니다. 정해진 시간이 되면 종을 치고 옆자리로 이동해 새로운 친구를 만나 묻고 답하는 형식입니다.

'과거에 한 일 묻고 답하기' 활동
1. 영어 일기 쓰기 (학습지 4-3)
'과거에 한 일 말하기'에 가장 적합한 소재는 일기입니다. 물론 아직 학생들이 영어로 일기 쓸 정도 실력은 아니더라도 간단하게 하루 동안 있었던 일을 일기로 써 보는 것은 좋은 경험이 됩니다.

2. Sentence Bank (학습지 4-4)

매주 월요일 영어 수업시간에는 주말을 어떻게 보냈는지 복습 루틴으로 학생들과 일대일 인터뷰를 합니다. 그러다 보면 자연스럽게 학생들은 "저는 일요일에 교회에 가서 예배를 드렸는데 이건 어떻게 말해야 되나요?, 저는 미용실에 가서 머리를 잘랐는데 이건 어떻게 말해야 돼요?"처럼 질문합니다. 과거시제의 동사가 확장되는 것으로 그때그때 새로운 표현을 학생들과 살펴보고 Sentence Bank에 한 줄씩 적어 넣습니다.

3. 미션 역할극 (학습지 4-5, 6)

과거에 한 일을 묻고 답하는 상황에는 안부를 묻는 경우가 많습니다. 또 어떤 것들이 있을까 고민하다 경찰이 용의자를 조사하는 상황을 생각해 콩트와 같은 느낌으로 미션 역할극을 해 보는 것도 좋습니다.

4. 손가락 역할극 동영상 찍기 (학습지 4-7)

모둠원들이 다 같이 가상인물을 정해 하루 일기를 동영상으로 찍는 활동입니다. 먹은 것, 본 것, 한 것 등 각자 한 파트씩 나눠 글을 쓰고, 종이에 그림을 그리고 오려서 손가락에 붙이고 마치 인형극처럼 만들어 영상을 찍는 것입니다.

나만의 수업 재구성

과정	차시	주요 활동
이해하기 & 익숙하기	1차시	1. 과거형 문장 표현하는 방법 가르치기 2. 과거형 한 방에 끝내는 노래 가르치기
	2차시	1. '과거에 한 일 말하기' 톱니바퀴 연습 2. '과거에 한 일 말하기' 일대일 인터뷰
	3차시	1. Sentence Bank(문장 은행) 안내하기 2. 지나간 일에 대한 느낌 묻고 답하기
써먹기	4차시	1. 영어일기 쓰기 2. 자랑하기 미션 역할극 3. 범인 신문 미션 역할극 4. 손가락 역할극 동영상 찍기
	5차시	
	6차시	

과거형 한 방에 끝내는 노래

> "What did you do? 나는 했었어."
>
> based on Geeks 'Officially missing you'

영어가 정말 어렵다.	하지만 걱정하지 마.	우리에겐	지미샘이 있잖아.
넌 잘할 수 있어.	넌 정말 할 수 있어.	그냥 해 보는 거야.	Let's go.
과거형을 배워 볼까.	잘 들어 봐.	돌연변이 답이 없어.	그냥 외워.
갔어. went	갔어. went	봤어. saw	봤어. saw
했어. did	했어. did	먹었어. ate	먹었어. ate
노답 (노답)	노답 (노답)	돌연변이 답이 없어.	그냥 외워.
부드러운 소리에는	드를 붙여.	play 드	play 드
love 드	love 드	learn 드	learn 드
거칠거칠 소리에는	트를 붙여.	stop 트	stop 트
like 트	like 트	help 트	help 트
그럼 시작할까?	Are you Ready?	one two	three go.

나는 학교 갔어.	I went to school.	나는 요가 배웠어.	I learned Yoga.
나는 친구 만났어.	I met my friend.	나 너를 사랑했어.	I loved you.
나는 빙수 먹었어.	I ate bingsu.	나 여친 있었어.	I had a girl friend.
나는 BTS 봤어.	I saw BTS.	나 그녀 알았어.	I knew her.
나는 축구 했어.	I played soccer.	나 엄마 도왔어.	I helped mom.
나는 컵 만들었어.	I made a cup.	나 아팠어.	I was sick.

넌 할 수 있어.	*You can do it.*	난 할 수 있어.	*I can do it.*

115

실제 과거에 한 일
말하기 연습

01 과거에 한 일을 생각해 보고, 영어로 말해 봅시다.

| Q1. | What did you do + yesterday? |

예시 ☞ I went to the academy and I learned math.

☞ I went home and I watched TV.

☞ I met 은지 and we played games.

🔊 어제 실제 한 일 말하기

➡

| Q2. | What did you do + last weekend? |

예시 ☞ I stayed at home and I watched youtube.

☞ I went to my grandma's house and I ate 갈비.

☞ I played soccer with my friends.

🔊 주말에 실제 한 일 말하기

➡

| Q3. | What did you do + during your vacation? |

예시 ☞ I went to Jeju and I ate 흑돼지.

☞ I went to the museum and I saw dinosaurs.

☞ I played soccer with my friends.

🔊 방학 때 실제 한 일 말하기

➡

영어일기 쓰기

01 어제 있었던 일을 말해 봅시다.

나는 놀이터에 갔(었)다.	I	→	went to	→	the playground.
	(나는)	→	(갔다.)	→	(놀이터로)
(가서) 나는 라면을 먹었다.	I	→	ate	→	ramen.
	(누가?)	→	(먹었다?)	→	(대상?)
(가서) 나는 게임을 했다.	I	→	play<u>ed</u>	→	games.
	(누가?)	→	(했다?)	→	(대상?)
(가서) 나는 영어를 배웠다.	I	→	learn<u>ed</u>	→	English.
	(누가?)	→	(배웠다?)	→	(대상?)
(가서) 나는 TV를 봤다.	I	→	watch<u>ed</u>	→	TV.
	(누가?)	→	(봤다?)	→	(대상?)
(가서) 나는 사자를 봤다.	I	→	saw	→	a lion.
	(누가?)	→	(봤다?)	→	(대상?)

02 어제 있었던 일을 영어로 말해 봅시다.

	What did you do yesterday?
1	나는 놀이터에 갔다. + 그리고 + 나는 축구를 했다.
2	나는 편의점에 갔다. + 그리고 + 나는 컵라면을 먹었다.
3	나는 학원에 갔다. + 그리고 + 나는 수학을 배웠다.
4	나는 할머니 집에 갔다. + 그리고 + 나는 나비를 봤다.
5	나는 (어디 안가고 그냥) 집에 있었다. + 그리고 + 나는 드라마를 봤다.
6	나는 피시방에 갔다 + 그리고 + 나는 게임을 했다.

03 '누가 무엇을 했다.'를 생각하면서 읽고 뜻을 파악해 봅시다.

1	I went to the playground + and + I played soccer.
2	I went to GS25 + and + I ate some cup noodle.
3	I went to the academy + and + I learned English.
4	I went to my grandma's house + and + I saw a butterfly.
5	I stayed at home + and + I watched a drama.
6	I went to the PC bang + and + I played games.

04 어제 한 일을 영어로 써 보고 말해 봅시다.

Jimmy's Diary

1	간 곳	I went to the playground.
2	본 것	I saw 지호 and 예진.
3	먹은 것	I went to GS25 and I ate some snacks.
4	한 것	I played games.

_____'s Diary

1		
2		
3		
4		

118

Sentence Bank

01 새롭게 배운 표현을 적고 익혀 봅시다.

No	Korean	English
예시	나는 머리를 잘랐다.	I cut my hair.

자랑하기 미션 역할극

01 친구를 만나서 주말(방학)에 한 일 자랑하기

1. 안부 묻기	우린 : Hi, Min woo! 민우 : Hi! How are you? 우린 : Good. How about you?
2. 자랑하기	민우 : Fine. How was your weekend? 우린 : It was great. I went to the BTS concert. 민우 : *(깜짝 놀라며)* What? BTS concert? 민우 : How was the concert? 우린 : It was so fun. Watch these photos! 민우 : Wow! Fanstatic!

02 나만의 역할극을 써 보고 발표해 봅시다.

1. 안부 묻기	_____ : Hi, _____. _____ : Hi! How are you? _____ : _____. How about you?
2. 자랑하기	_____ : _____. How was _____? _____ : _____. _____ : *(깜짝 놀라며)* What? _____ _____ : _____. _____ : _____. _____ : _____.

범인 심문
미션 역할극

01 경찰이 되어 용의자를 심문하기

1. 자리 앉기	경찰 : *(의자를 가리키며)* Please, sit here. 용의자 : Thank you!
2. 알리바이 묻기	경찰 : What did you do at 3? 용의자 : I went to the E-mart. 경찰 : What did you do after the E-mart? 용의자 : I went to the McDonald and ate hamburgers.
3. 증거 제시하기	경찰 : *(화를 내면서)* Some people saw you in the jewelry store. 용의자 : *(억울해하며)* No! I didn't go to the jewelry store. 경찰 : *(USB를 보여주면서)* I have CCTV video files. 용의자 : Oh, no!

02 나만의 역할극을 써 보고 발표해 봅시다.

1. 자리 앉기	경찰 : *(의자를 가리키며)* Please, sit here. 용의자 : Thank you!
2. 알리바이 묻기	경찰 : _____. 용의자 : _____. 경찰 : _____. 용의자 : _____.
3. 증거 제시하기	경찰 : *(화를 내면서)* _____. 용의자 : *(억울해하며)* _____. 경찰 : *(____를 보여주면서)* _____. 용의자 : _____.

손가락 역할극 동영상 찍기

01 나의 하루를 일기로 쓴 내용을 살펴보고 어떻게 쓰면 좋을지 알아봅시다.

역할	항목	내용
다 함께	1. 제목	Jimmy's Diary
1명	2. 간 곳	Dear diary, Today, I went to Hanam Dinosaur Museum with my family.
1명	3. 본 것	I saw many dinosaurs. T.Rex was so big.
1명	4. 한 것	I watched a 3D dinosaur movie. It was scary.
1명	5. 먹은 것	After the movie, I went to Lotteria. I ate a hamburger and some ice cream.
다 함께	6. 마무리	Today was a wonderful day.

역할	항목	내용
다 함께	1. 제목	Matthew's Diary
1명	2. 간 곳	Dear diary, Today, I went to Seoul with my family.
1명	3. 본 것	I saw Gyeongbokgung palace. It was beautiful.
1명	4. 한 것	We took many photos. We wore Hanbok.
1명	5. 먹은 것	After Gyeongbokgung palace, we went to a restaurant. We ate some steak.
다 함께	6. 마무리	Today was a happy day.

02 나의 일기를 써 봅시다.

역할	항목	내용
다 함께	1. 제목	
1명	2. 간 곳	
1명	3. 본 것	
1명	4. 한 것	
1명	5. 먹은 것	
다 함께	6. 마무리	

손가락 역할극 동영상 발표

No	Name	I wen to...	I saw...	I did...	I ate...	Star-rating
예시	철민, 희진, 동규, 기오	에버랜드	놀이기구	놀이기구 탔음	돈가스	☆☆☆☆☆
						☆☆☆☆☆
						☆☆☆☆☆
						☆☆☆☆☆
						☆☆☆☆☆
						☆☆☆☆☆
						☆☆☆☆☆
						☆☆☆☆☆
						☆☆☆☆☆
						☆☆☆☆☆
						☆☆☆☆☆
						☆☆☆☆☆
						☆☆☆☆☆

미래에
할 일 묻고 답하기

계획을 말하는 법 이해하기
1. 한국어를 이용해 will 도입하기

학생들도 충분히 이해할 수 있는 수준의 어법이며, 그 출발은 한국어입니다. 이번 단원은 미래의 계획을 물어보는 것이므로 학교 끝나고 무엇을 할지, 주말에 무엇을 할지 물어보기를 합니다. 시간이 허락한다면 모두에게 물어보고, 학생들이 대답한 내용을 칠판에 한국어로 적습니다.

☑ 피시방 갈 거예요.

☑ 학원 갈 거예요.

☑ 집에 갈 거예요.

☑ 잠 잘 거예요.

☑ 친구랑 놀 거예요.

학생들의 대답은 대부분 위와 비슷합니다. 여기서 공통적인 규칙이 무엇인지 물어보면 '~ㄹ 거예요.'라는 말이 뒤에 붙는다는 규칙을 잘 찾아냅니다. 그럼 선생님은 "맞아요! 그런데 여러분은 이런 규칙을 유치원에서 배웠나요?"라고 물어봅니다. 당연히 배운 적 없지요. "우리는 수만 번 말하고 들어서 배우지 않아도 자동으로 그렇게 말하지만 영어는 규칙을 배워야 합니다. 이건 외국인도 마찬가지예요. 외국인이 한국어를 배울 때는 '~ㄹ 거예요.'라는 규칙을 배워 수없이 연습해야 합니다." 이렇게 설명하면 학생들도 흥미를 보입니다. 자기들만 공부하는 것이 아니라는 것을 알아서 일까요? 이제 학생들에게 이렇게 이야기합니다. "그럼 영어에서

'~ㄹ 거예요.'를 어떻게 말할까요? 그것은 바로 'will'입니다. will은 '~할 거야'라는 뜻입니다."

이미 학생들은 'I go'를 알고 있지만 'I will go'와 정확한 차이를 확실히 이해할 필요가 있습니다. 아래 세 개의 문장을 보여주고 그 차이를 이해하는지 꼭 짚고 넘어가야 합니다.

I will go to the PC bang.	I will play soccer.
I go to the PC bang.	I play soccer.
I went to the PC bang.	I played soccer.

2. 노래로 will을 사용한 문장 익히기 (학습지 5-1)

학생들은 will이 무엇인지 대충 알고는 있지만 실제 어떻게 쓰이는지는 잘 모릅니다. 그래서 다양한 예문을 접할 수 있도록 해야 합니다. 예문은 가급적이면 교과서에 있는 내용보다 학생 생활과 관련 있는 것으로 제시합니다. 어법과 관련된 중요한 내용을 한데 모아서 노래로 만들면 좀 더 수월하게 문장을 익힐 수 있습니다.

아무리 'I will, I'll'을 이해한다고 해도 자기 입으로 말해보지 않으면 아무 소용이 없습니다. 충분히 연습을 해야 하는데 문제는 흥미입니다. 학생들은 노래로 배우면서 자연스럽게 여러 예문을 접하게 되므로 한 시간이 금방 지나갑니다.

3. I will 발음 체크

1차시 어법을 배우고 난생 처음 보는 will도 배웠습니다. 하지만 이것을 실제 학생들이 자기 입으로 정확하게 소리 낼 수 있는지 다시 한 번 확인할 필요가 있습니다. 예를 들어 'I will go to school.'이라는 문장을 제대로 소리 내는지 확인해야 합니다. 20명 학생 체크하는 데 2~3분이면 충분합니다. 여기서 1차적으로 학생 모두 100% 정확히 발음하지 않아도 상대방이 알아듣고 소통될 정도면 통과입니다. 의외로 'I'll' 발음이 부정확한 경우가 많이 있는데, 발음에 대해 너무 큰 부담감을 주기보다 'L' 발음을 못하더라도 알아들을 수 있게 소리를 내는 정도로 수정해 줍니다.

학생들은 개인별로 발음 체크를 받아볼 기회가 거의 없기 때문에 원어민에게 한 명씩 자세히 듣고 체크해 달라고 부탁합니다. 선생님이 학생 절반, 원어민이 절반 하면 5분 내로 발음 체크는 끝납니다. 이렇게 한 학기 틈틈이 발음을 체크하고 발음 방법을 알려주면 학생들이 정말 좋아합니다. 학기말 설문조사를 해 보면 가장 좋았던 것이 발음을 알려준 것이라고 한 학생이 많았습니다.

1. 'I'll' 한 음절 한 박자로 소리 내기
2. 혀를 윗니 뒤에 데고 'l' 소리를 내는 연습하기
3. 아퍼스트로피(apostrophe)는 'w'를 생략하고 대신 쓰는 것이라고 알려주기

4. 퀴즈 내기 활동

영상 보기

간단히 발음 체크가 끝나면 이제 문장이 입에 붙도록 연습해야 합니다. 이때 더 강력하게 연습시키고자 하면 '퀴즈 내기'를 합니다. 구체적으로 한국어 문장을 보고 영어로 말해보는 것입니다. 예를 들어 한 친구가 "나는 집에 갈 거야."라고 문제를 내면 짝이 "I will go home."이라고 대답하는 겁니다. (반대로 "I will go home." 하면 한국어로 말할 수도 있습니다.) 이것은 단순 암기식으로 보일 수 있지만, 퀴즈 푸는 것 같아 재미있어 다음과 같이 학습 활동으로 유용합니다.

첫째, 퀴즈 내기를 통해 원리를 알면 응용할 수 있습니다. '나는 학원에 갈 거야.'를 'I will go to the academy.'라고 말할 수 있으면 다른 문장도 얼마든지 응용해서 말할 수 있습니다. '영어적 사고방식'은 초등학교 단계에서는 어렵습니다. 일단 한국어와 영어를 일대일로 매치시켜서 말할 수 있는 상태만 되면 충분합니다.

둘째, 한 가지 학습자료를 가지고 꾸준히 일관성 있게 공부할 수 있습니다. 이 활동은 별도의 학습지를 나눠주는 것이 아니라 첫 시간에 노래 배우면서 썼던 가사를 가지고 퀴즈 내기 활동을 하는 것입니다. (꼭 노래 가사가 아니더라도 선생님이 제공한 자료를 가지고 얼마든지 퀴즈 내기를 할 수 있습니다.) 나눠주는 학습지는 최대한 적게 하고, 한 가지 학습지를 가지고 계속 반복해야 학생들에게 효과적입니다. 예를 들어 첫 시간에 나눠준 활동지 한 가지를 가지고 1차시에 규칙을 배우고, 2차시에 그것을 가지고 퀴즈 내기 게임하고, 3차시에 소리 내어 읽고, 4차시에는 글을 써 보는 방식입니다.

셋째, 승부욕을 자극해 성취감을 맛볼 수 있습니다. 노래 가사에 나와 있는 문장을 전부 영어로 말해야 통과하며 틀리면 다시 처음부터 해야 합니다. 학생들은 모든 문장을 통과했을 때 느끼는 성취감이 상당하고, 영어를 게임처럼 문제 내고 맞히는 방식으로 하므로 재미있어 합니다. 또한 자신이 한국말을 영어로 말할 수 있다는 것에 놀라워합니다. 모두 통과 못하면 집에 못 간다고 약간 협박(?)하면 더욱 열심히 하고, 빨리 끝내면 자유 시간을 주겠다고 하면 더더욱 열심히 합니다. 특히 고학년의 경우 무기력한 친구들이 많은데 이런 방식으로 하면 잘 참여합니다.

퀴즈 내기는 다음과 같은 활동 순서로 진행합니다. 퀴즈 내기가 단순한 학습 활동이라고 생각할 수 있지만, 하나의 활동을 하더라도 잘게 쪼개서 진행하면 학습 효과가 높아집니다. 앞서 강조했듯이 영어는 반복, 또 반복인데 한 가지의 활동을 스텝, 스텝으로 쪼개서 살짝 형태만 바꿔서 하면 훨씬 덜 지루해지게 됩니다. 대상과 위치를 약간만 바꿔도 뭔가 다른 활동을 하는 것 같은 느낌이 듭니다.

퀴즈 맞히기 활동 순서

① 혼자서 공부하기

학습지를 반으로 접어 한글만 보고 스스로 영어로 말할 수 있는지 확인해 보게 합니다. 스스로 묻고 말해 보는 자율학습으로, 이때 선생님은 교실을 돌며 모르는 것을 알려줍니다.

② 짝과 퀴즈 내기

혼자 공부했다면 이제 짝과 함께 서로 묻고 답하기 퀴즈를 풀어봅니다. 이때 조금 재미있게 하고 싶으면, 틀리면 '팔목 때리기' 같은 벌칙을 추가하면 됩니다.

③ 최종 테스트

짝과 연습이 끝났으면, 이제 실전입니다. 우선 잘하는 학생 5명 정도를 교실 앞으로 불러내고, 자기 의자를 가져와 앉아서 퀴즈를 냅니다. 그러면 학생들은 앞으로 나와 차례대로 퀴즈를 맞힙니다. 이때 모두 맞힌 학생은 퀴즈를 낼 수 있게 합니다. 퀴즈를 내는 학생도 공부가 되고, 답하는 학생도 공부가 되는 시스템(?)이지요. 모두 통과한 학생에게는 쉬는 시간을 줍니다.

자기 계획을 실제로 영어로 말해 보기 (학습지 5-2)

1. 자기 계획을 영어로 쓰기 + 일대일 인터뷰

문법과 표현도 익혀 보았으니, 이제 의사소통으로 자신이 말하고 싶은 이야기를 영어로 묻고 답하는 활동을 진행합니다. 표현을 배운 다음부터 바로 실전으로 들어가서 실제 학교 끝나고 할 일, 주말에 할 일을 말하는 연습을 합니다. 자신의 생활을 곰곰이 생각하여 방과 후에, 주말에 주로 뭘 하는지 영어로 써 봅니다. 다 쓰고 나면 시간은 걸리지만 선생님은 돌아다니며 모두에게 묻습니다. "What will you do + after school?" 하면, 학생 한 명씩 대답을 합니다. 이런 인터뷰 3번 정도면 거의 모든 학생이 2문장 이상 유창하게 말하며, 스스로 신기한 듯 뿌듯해합니다. 다만 선생님이 교실을 돌아다니며 말하다 보니 나머지 학생들은 그냥 가만히 기다려야 하는 문제가 있어 다른 친구들이 말하는 내용을 잘 듣도록 하거나 간단한 개인 과제를 줍니다.

2. 신체 동작과 함께 I'll 연습하기

영상 보기

이제 학생들은 자신이 계획한 일을 2문장 정도는 말할 수 있게 되었습니다. 그런데 'I'll'은 정말 입에서 잘 안 나오는데, 발음이 어려워 'I will'로 말하는 경우도 있습니다. 아마도 'L' 발음 때문이 아닐까 싶습니다. 그래서 '죽은 시인의 사회'에서 봤던 신체를 이용한 방법을 응용해 보았습니다. 같은 교실을 쓰는 태권도 코치 자리에 있던 미트(mitt)를 보고 생각난 건데, 발차기를 하면서 'I'll'을 외치는 겁니다. 소극적이고 소리를 잘 내지 않는 학생들, 영어에 대한 두려움이 큰 학생들에게 좀 더 에너지를 발산할 수 있는 기회가 됩니다. 꼭 태권도 발차기가 아니더라도 림보, 뜀뛰기, 공 주고받기 등 다양한 신체활동과 묶어 연습해 보는 것도 좋습니다. 제가 했던 활동은 아래와 같습니다.

- 활동 01. 'I'll'을 외치면서 제자리에서 같은 발로 3번 찹니다.

  You say 'I'll!' and kick it.

  예) I'll(차고), I'll(차고), I'll(차고)

- 활동 02. 이번 주말에 내가 진짜 할 일을 영어로 말하면서 3번 찹니다.

  This time, say what you will really do this weekend.

  예) I'll(차고), play(차고), games(차고)

  ※ 중요한 것은 'I'll'을 한 박자에 외쳐야 하고, 나머지도 각각 한 박자씩 외쳐야 한다는 것입니다.

역할극 (학습지 5-3)

학생들은 이제 주말에 무엇을 할지 아래처럼 두 문장 정도는 말할 수 있게 됩니다. 거의 매일 내일 무엇을 할 것인지 계속 물어보기 때문에 어느 정도 자기 패턴으로 유창하게 말합니다.

☑ 학원에 가서 공부할 것이다.
→ I'll go to the academy and I'll learn math.

☑ 집에서 게임할 것이다.
→ I'll stay at home and I 'll play games.

이제 교육과정상 '계획 묻고 답하기'라는 목표는 달성했습니다. 하지만 더 심화하고 다양한 표현을 실제 상황처럼 몸으로 익힐 수 있는 역할극(Role-play)을 꼭 합니다. 역할극이야말로 영어 수업의 꽃입니다. 역할극 활동으로 교육과정상 '듣기, 말하기, 읽기, 쓰기' 전 영역을 골고루 향상시킬 수 있습니다.

- 역할극 대본을 스스로 써 보며 나름대로 영작을 하게 됩니다. → Writing
- 자신이 쓴 대본을 보면서 읽기를 하게 됩니다. → Reading
- 대본을 외우고 연습하면서 말하기를 하게 됩니다. → Speaking
- 다른 모둠 발표를 보기 때문에 자연스럽게 듣기를 하게 됩니다. → Listening

학생들은 역할극을 처음에는 아주 힘들어 합니다. 교실 앞으로 나오는 것도 쉽지 않은데, 친구들 앞에서 영어로 연기까지 해야 하니 보통 힘든 일이 아닙니다. 하지만 역할극이라는 활동 자체가 재미있고 매력적이기 때문에 학생들은 어느새 빠져듭니다.

역할극은 길면 3차시, 짧게는 1차시, 보통 2차시 정도로 진행하는데, 형태는 선생님이 원하는 대로 융통성 있게 하면 됩니다. 총 6차시 중 1~3차시 정도는 선생님이 주도적으로 수업하고, 4~6차시는 학생들이 일종의 프로젝트 수업처럼 역할극을 진행합니다. 선생님도 편하고 학생들도 만족도가 높은데, 학습이라는 느낌을 주지 않게 자유로운 분위기를 만들어줍니다. 대신 선생님은 교실 구석구석을 돌면서 진행 상황 체크를 해야겠지요.

3차시에 걸친 역할극 프로젝트

1차시	1. 샘플 역할극 대본 읽기 2. 샘플 역할극 대본 짝과 연습하기 3. 역할극 발표하기
2차시	1. 짝과 역할극 시나리오 짜기 2. 역할극 대본 교정해주기 3. 역할극 대본 암기하기 + 동선 연습
3차시	1. 역할극 최종 연습 2. 역할극 발표하기 3. 역할극 듣기평가

1. 먼저 샘플 동영상을 보여줍니다.

역할극을 할 때 먼저 선생님이 샘플 동영상을 만드는데, 어떤 활동이라도 선생님이 시범을 보인다는 원칙에 따른 것입니다. 물론 꼭 동영상을 찍지 않고 대본만 가지고도 설명이 가능하지만, 고학년일수록 선생님이 먼저 시연하면 군말 없이 잘 따릅니다. 학생들이 영상을 보고 어떻게 한다는 감을 잡으면, 이제 짝과 역할극 상황을 정하고 대본을 짭니다.

2. 학생들이 역할극 스토리를 짜고 영작합니다.

역할극은 정해진 스토리를 똑같이 하는 것이 아니라 스스로 상황을 생각해 짭니다. 그러다 보면 학생들이 선생님도 모르는 표현을 제법 물어보는데, 저의 경우 2차 세계대전 당시 트루먼 대통령이 일본에 핵폭탄을 터뜨린 것을 역할극으로 해서 당황한 적이 있습니다.

3. 대본을 교정해 줍니다.

학생들이 쓴 대본에서 글씨 쓰기, 대문자, 소문자, 띄어쓰기 등과 같은 기본적인 것을 체크합니다. 또 주제가 지나치게 선정적이면 이를 바꾸도록 안내합니다. 일일이 틀린 것도 가르쳐 주고 고쳐 주다 보면 1시간이 훌쩍 지나갑니다.

4. 대본이 통과되면 자리에서 일어나 연기 연습을 합니다.

대본이 최종적으로 통과되면 학생들은 주로 자기 자리에 앉아 짝과 마주 보고 대본 연습을 합니다. 하지만 저는 대본 연습을 할 때 일어나도록 해 교실 한 공간에 구역을 정해 그곳에서 연습하게 합니다. 일반적으로 앉아 있으면 소극적이 되므로 자리에서 일어나 동선, 표정, 제스처까지 살려가며 연습하도록 지도합니다. 또 무표정하고 기계적으로 대사를 읽는 것이 아니라 목소리 및 표정 연기를 자연스럽게 하도록 지도하는데, 연기하는 것을 확인하고 잘해야만 통과시켜줍니다. 연습하는 것을 보면 비록 영어는 잘하지 못하지만 연기를 하는 데 있어 영특하고 끼 있는 학생을 발견하는 재미도 쏠쏠합니다.

5. '듣기평가'와 '역할극 발표하기'를 동시에 합니다.

이제 준비한 역할극을 발표할 시간입니다. 학생들도 긴장하며 나름 신경을 많이 씁니다. 특히 몇 차시에 걸쳐 준비하는 과정을 통해 긴장감은 더 커집니다. 역할극 발표하기 전에 다시 한 번 5분 정도 최종연습 시간을 줍니다. 지난 시간에 연습했어도 학생들은 금방 잊어버리기 때문에 기억을 되살리기 위해서입니다.

역할극 하기 전에 평가 관점을 짧게 언급합니다. 첫째, 역할극은 선생님만 듣는 것이 아니라 친구들도 들을 수 있게 해야 하므로 *(Voice를 칠판에 적고)* 연기를 떠나 목소리를 크게 해야 한다고 강조합니다 둘째, 얼마나 정성을 다했는가로 *(Effort를 칠판에 적고)* 잘하고 못하고 문제가 아니라 역할극에 최선의 노력을 했는가가 중요하다고 말합니다. 이처럼 선생님이 생각하는 평가 포인트를 간단히 단어라도 칠판에 적고 시작하면 학생들도 좀 더 지키려고 노력합니다.

역할극 할 때 가장 어려운 부분 중 하나는 역할극을 하는 동안 나머지 학생들이 집중하지 않는다는 것입니다. 그래서 저는 역할극 발표 때면 반드시 듣기 평가지를 나눠줍니다. 친구들이 역할극 발표하는 것을 그냥 멍하게 볼 것이 아니라 핵심 표현을 집중해서 듣고 이를 한글로 적도록 합니다. 역할극에서 주인공이 무엇을 하려고 하는지 잘 듣고 한글로 적게 하는 것입니다. 한글로 적으면 되니 학생들도 부담이 없고, 이를 적지 않으면 수업 끝나고 남아 적고 가야 하므로 소란 피우는 일 없이 집중합니다. 발표가 끝나면 답을 함께 확인하고 체크합니다. 듣기평가 활동지를 작성하지 않은 친구들은 무조건 수업이 끝나고 남아 친구 것을 보고 베끼더라도 꼭 적게 합니다. '이 선생님은 끝까지 쓰게 하는구나!'라는 일관성을 보여줘야 다음 역할극 발표 때도 집중해서 듣습니다.

역할극까지 마무리되면 한 단원이 끝납니다. 입만 움직이고 목소리가 전혀 들리지 않던 학생들이 자신감 있게 영어 대사를 말하는 것을 보면 칭찬이 저절로 나옵니다. 친구들 앞에 서기도 쉽지 않은데 영어로, 그것도 연기까지 한다는 것은 정말 대단한 것입니다. "비록 목소리가 작았더라도, 연기를 잘했든 못 했든 간에 오늘 여러분이 역할극을 해낸 것만으로 정말 훌륭한 겁니다. 이는 여러분이 수업시간에 열심히 했기 때문입니다. 처음에는 영어 한 문장도 제대로 말 못했지만 이제 두 문장, 세 문장 술술 말하고 있습니다. 앞으로 이처럼 수업시간만큼만 열심히 해 봅시다!" 하며 동기 부여를 하면서 단원을 마무리합니다.

나만의 수업 재구성

과정	차시	주요 활동
이해하기	1차시	1. will 어법 가르치기 2. 미래형 한 방에 끝내는 노래 가르치기
익숙하기	2차시	1. 발음 체크 2. 퀴즈 내기
	3차시	1. 자기 계획을 영어로 써 보고 말해 보기 2. 신체 동작과 함께 I'll 연습하기
써먹기	4차시	1. 역할극 대본 읽기 2. 역할극 대본 짝과 연습하기 3. 역할극 발표하기
	5차시	1. 짝과 역할극 시나리오 짜기 2. 역할극 대본 교정해 주기 3. 역할극 대본 암기하기
	6차시	1. 역할극 발표하기 2. 역할극 듣기

미래형 한 방에 끝내는 노래

영상 보기

I will 『나는 할 거야.』	
	based on Wanna one 'Energetic'

(딴 딴 딴) 영어 정말 어렵다.	(딴 딴 딴) 하지만 걱정하지 마.	(딴 딴 딴) 샘이 있잖아.	(딴 딴 딴) 재밌게 해 보자.
(딴 딴 딴) 그냥 즐기는 거야.	(딴 딴 딴) 넌 잘할 수 있어.	(딴 딴 딴) 그냥 해 보는 거야.	(딴 딴 딴) Let's go.
미래형을 배워볼까.	잘 들어봐.	내일 (뭐할 거야?)	주말에 (뭐할 거야?)
학교 끝나고(뭐할 거야?)	이번 방학 때 (뭐할 거야?)	좋아 그럼 그걸	영어로 말해보자.
주어 다음에 Will만 붙여	I (will) I (will)	주어 다음에 Will만 붙여	I (will) I (will)
W I L L 윌~	W I L L 윌~	주어 다음에 Will만 붙여	I will I will
나는 갈 거야.	영어로~	I will go.	
나는 놀 거야.	영어로~	I will play.	
나는 먹을 거야.	영어로~	I will eat.	
나는 잘 거야.	영어로~	I will sleep.	
I will을 줄이면	I'll (아일)이 돼.	아 아 아 (I'll)	아 아 아 (I'll)
혀를 윗니에 붙여.	줄이면(I'll) 줄이면(I'll)	아 아 아 (I'll)	아 아 아 (I'll)
나는 할 거야.	축구! 축구!	I'll play	soccer, soccer.
나는 갈 거야.	서울! 부산!	I'll go to	Seoul, Busan.
나는 배울 거야.	댄스! 댄스!	I'll learn	dance, dance.
나는 놀 거야.	내 친구랑	I'll play	with my friend.
나는 만들 거야.	여자 친구를	I'll make a	girl friend.
나는 배울 거야.	네일 아트를	I'll learn	nail art.
나는 볼 거야.	영화를	I'll watch	a movie.
나는 갈 거야.	할머니 집에	I'll visit	my grandma's house.
나는 공부할 거야.	영어, 수학	I'll study	English, math.
나는 살 거야.	스마트폰	I'll buy	a smartphone.
나는 갈 거야.	BTS 콘서트	I'll go to the	BTS concert.
나는 있을 거야.	우리 집에	I'll stay	at home.

실제 미래에 할 일 말하기 연습

🔊 방과 후에 실제 할 일과 이번 주말에 실제 할 일을 두 문장으로 말해 봅시다.

_____'s Schedule

01 What will you do + after school?

Sample	I'll go to the academy and I'll learn math. I'll go home and I'll play games. I'll go to the playground and I'll play with my friend.

➡ _____ and
➡ _____ .

02 What will you do + this weekend?

Sample	I'll stay at home and I'll watch TV. I'll go to my grandma's house and I'll eat 삼겹살. I'll meet my friend and I'll play soccer.

➡ _____ and
➡ _____ .

미래에 할 일 묻고 답하기 역할극

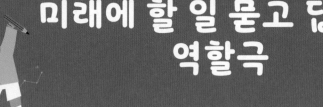

친구	: Hi, Mr. Ann.		왕자	: Hi, my princess.
안중근	: Hi, my friend.		백설공주	: Hello.
친구	: What will you do tomorrow?		왕자	: What will you do tomorrow?
안중근	: I'll kill Ito.		백설공주	: I'll marry Shrek.
친구	: (깜짝 놀라며) **What?**		왕자	: (깜짝 놀라며) **What?**
안중근	: I'll kill Ito.		백설공주	: I'll marry Shrek.
친구	: **When?**		왕자	: **When?**
안중근	: Tomorrow morning.		백설공주	: This Saturday.
친구	: **Where?**		왕자	: **Where?**
안중근	: In Harbin(하얼빈) station.		백설공주	: In the Everland.
친구	: Good luck, my friend.		왕자	: Oh my God!

(B   ) : *(인사)* _____.

(A   ) : *(인사)* _____.

(B   ) : What will you do + _____?

(A   ) : _____.

(B   ) : *(Really?)* What?

(A   ) : _____.

(B   ) : When?

(A   ) : _____.

(B   ) : Where?

(A   ) : _____.

(B   ) : *(반응하기)* _____.

Role-play Presentation

No	Key Sentence	Star-rating
예시	*I'll kill Ito.*	☆☆☆☆☆
		☆☆☆☆☆
		☆☆☆☆☆
		☆☆☆☆☆
		☆☆☆☆☆
		☆☆☆☆☆
		☆☆☆☆☆
		☆☆☆☆☆
		☆☆☆☆☆
		☆☆☆☆☆
		☆☆☆☆☆
		☆☆☆☆☆
		☆☆☆☆☆

사람, 장소의 위치 말하기(전치사 in)

'사람, 장소의 위치 말하기'는 교과서에 나와 있지 않지만 아래처럼 3단계를 거쳐 차근차근 말하는 법을 알려줍니다. 여러 가지 전치사 덩어리를 만들어 보며 <in the 장소>, <in 장소>가 익숙해지도록 연습하는데, 이것만 한 차시가 걸립니다. 'in'의 개념, 의미, 사용 방법을 익히고 나면 전치사 in 덩어리로 위치를 말하는 연습합니다. 여러 사람으로 대상을 바꿔가며 하는데 1차시면 충분합니다.

'I'm in the living room.'처럼 위치를 나타내는 말을 한 문장 통으로 가르치면 학생들은 정확히 이해하지 못합니다. 수업시간에 배운 표현은 말할 수 있지만 그것뿐으로 그 말을 써먹을 수 없습니다. 2시간에 걸쳐 충분히 기본기를 연습하면 다양한 상황이나 예문을 통해 표현에 날개를 달아줍니다. 저는 한라산, 불국사, 경복궁 같은 유명한 장소가 어디에 있는지, 또 역할극을 통해 잃어버린 내 물건이 어디에 있는지, 급하게 선생님이 필요한데 어디에 계시는지 등의 묻는 표현을 가르쳤습니다.

전치사 in을 이용한 위치 말하기 수업의 흐름

① 전치사 in을 이용해 덩어리 만들기 연습 (1차시)
② 전치사 in 덩어리를 이용해 위치 말하기 연습 (2차시)
③ 전치사 in 덩어리를 이용해 다양하게 위치 말하기 연습 (3~6차시)

사람, 장소의 위치를 나타내는 말 가르치기 (학습지 6-1, 2)

1. <in the 장소> 전치사 in 덩어리 만들기 연습

'교실에, 학교에, 집에, 화장실에, 한국에, 인천에 있다.' 등처럼 포괄적으로 속한 위치를 나타내는 말에는 'in'이 제격입니다. 'in'은 'at'과 함께 장소를 나타내는 대표 전치사로 초등학교에서 꼭 익혀야 하며, 학생들이 말할 때 자유롭게 쓸 수 있어야 합니다.

먼저 'in'의 기본 개념을 가르쳐야 합니다. 'in'은 공간 '안에' 있는 것이라고 설명합니다. 그런데 우리말은 굳이 '안에'라고 말하지 않으므로 이 차이점을 꼭 반복해서 설명해야 합니다. 예를 들어 '선생님은 교실에 있다.'라고 할 때 우리말은 '교실에' 있다고 하지만 영어는 '교실 안에' 있다고 표현합니다.

교실에	in the classroom
교실에	교실 안에

한두 개 사례로는 부족하기 때문에 아래처럼 다양한 예문을 들려주고 학생들이 귀납적으로 감을 잡을 수 있도록 도와줘야 합니다.

[한국어]	[영어]	[이미지화]
☑ 아빠는 차에 있어요.	➡ 아빠는 차 안에 있어요.	➡ 차라는 공간 안에 아빠가 있는 모습 상상
☑ 동생이 화장실에 있어요.	➡ 동생이 화장실 안에 있어요.	➡ 동생이 화장실이란 공간 안에 있는 모습 상상
☑ 선생님이 교실에 있어요.	➡ 선생님이 교실 안에 있어요.	➡ 선생님이 교실이란 공간 안에 있는 모습 상상
☑ 나는 학교에 있어요.	➡ 나는 학교 안에 있어요.	➡ 내가 학교라는 공간 안에 있는 모습 상상

위와 같이 다양한 예를 들려주면 'in'의 의미를 정확하게 이해합니다. 결론적으로 'in'은 '어떤 공간 안에 있다.'는 뜻입니다. 우리말로 '어디에'라고 하지만, 영어는 '어디 안에'라고 말한다는 것만 알면 성공입니다. 이를 바탕으로 다양한 전치사 in 덩어리를 만들어 보는 과정을 통해 '아! 영어권 사람들은 어떤 공간 안에 사람이 있다는 뜻으로 말하는구나!' 하고 알게 됩니다.

2. 전치사 in 덩어리로 위치 말하기 연습

두 번째 시간에는 사람이나 장소의 위치 말하는 방법을 가르치는데, 대상은 나를 중심으로 엄마, 아빠, 동생, 친구, 사람 이름, 선생님 등으로 합니다.

☑ 나는 + 있어요. + 학원에	➡ I am + in _____.
☑ 지미는 + 있어요. + 화장실에	➡ Jimmy is + in _____.
☑ 엄마는 + 있어요. + PC방에	➡ My mom is + in _____.

☑ 내 동생(형)은 + 있어요. + 제주도에 ➡ My brother is + in _____.

☑ 우리 아빠는 + 있어요. + 차 안에 ➡ My dad is + in _____.

여기서 학생들에게 '어디에 있다.'라고 할 때 '있다.'라는 말을 어떻게 할 것인가를 꼭 설명해야 합니다. 다시 한 번, 'am, are, is' 이야기를 하지 않을 수 없는데, 'am, are, is'가 '상태이다.'라고 배웠으며, 다른 의미로는 '어디에 있다.'라는 뜻으로 쓰인다는 점을 설명합니다.

I	+ am	+	(in the classroom.)
나는	있어요.		어디 안에

다음에는 <in the 장소>와 <in 장소>의 차이를 설명합니다. 학생들은 눈치채고 어떤 경우에 <in the 장소>, <in 장소>라고 하는지, 또 왜 그러는지 먼저 질문하기도 합니다. 그러면 이 세상에 하나밖에 없는 것은 <in 장소>라고 설명합니다. 예를 들어 인천은 지구상에 한 곳밖에 없으니까 이미 사람들이 다 알고 있지만, 화장실은 이 세상에 수없이 많아 화장실에 있다고 하면 도대체 어느 화장실을 말하는지 알 수가 없으므로 여러분도 알고 선생님도 알고 있는 바로 그 화장실 말하는 것이라는 뜻으로 'the'를 붙인다고 설명하면 잘 이해합니다. 물론 학생들은 'in the 서울' 하는 식으로 이후에도 몇 차례 더 오류가 있지만 금방 수정해 나갑니다.

여러 개가 있는 장소	하나밖에 없는 장소
교실에 in the classroom	인천에 in Incheon

<in the 장소>를 한 차시 가르치고, 별도로 한 시간 동안 위치를 나타내는 말을 가르친다면 진도가 너무 늦다고 생각할 수 있지만 사실 그렇지 않습니다. 한 시간에 많은 것을 가르치려 하면 오히려 학생들이 힘들어하고 혼란스러우므로 한 스텝씩 나아가도 됩니다.

3. <in the 장소> 노래 배우기 (학습지 6-1)

비록 2시간 동안이지만 학생들은 문법적 지식을 많이 배웠습니다. 이제 이 모든 과정을 하나의 노래로 만들어 학생들과 불러봅니다. 다소 복잡한 내용 전부를 노래 한 곡에 담아서 부르려니 이상할 것 같지만 노래 자체가 주는 에너지와 흥으로 충분히 즐길 수 있습니다.

사람, 장소의 위치 말하기 (학습지 6-4)

앞서 '영어의 재미'를 언급하며 설명했던 것과 같이 여러 장소의 위치를 말하는 표현을 해 봅니다. 한국어를 보고 영어로 말하고, 영어 문장을 보고 소리 내어 읽고, 한국어로 해석해 봅니다.

☑ This is Gyeongbokgung. ☑ Gyeongbokgung is in Seoul. ☑ Gyeongbokgung is famous.	☑ This is Bulguksa. ☑ Bulguksa is in Gyeongju. ☑ Bulguksa is beautiful.
☑ This is Hallasan. ☑ Hallasan is in Jeju. ☑ Hallasan is very high.	☑ This is Haeundae. ☑ Haeundae is in Busan. ☑ Haeundae is fantastic.

위와 같이 유명한 장소의 위치를 나타내는 글을 읽어 봤다면 이제 아래처럼 자신이 아는 유명한 장소를 소개해 보도록 합니다. 이미 예시 글을 충분히 배웠기 때문에 학생들은 금방 해냅니다.

	1. This is 수원화성. 2. 수원화성 is in 수원. 3. 수원화성 is wonderful.
	1. 2. 3.

이 밖에도 다양한 활동을 할 수 있는데, 모둠 친구들과 함께 학교 곳곳을 누비고 다니며 동영상을 찍으면 교실에만 갇혀 있는 것보다 훨씬 더 생생하고 실감나는 활동을 할 수 있습니다. 학교 화장실, 도서실, 보건실, 교실, 강당, 운동장, 급식실 등 실제 그 장소에 가서 말을 해 보는 것이 기억에도 잘 남습니다.

<사람, 장소의 위치 말하기> 미션 역할극 (학습지 6-5)

사람이나 장소의 위치 말하는 다양한 상황 속에 그 위치를 묻고 답하는 말을 사용해 미션을 해결해 보는 것입니다. 기본적으로 역할극은 급한 일이 생겨 선생님을 찾는 경우와 물건을 잃어버려 찾는 경우의 두 상황을 제시합니다. 하지만 자신만의 스토리를 생각해 역할극을 새롭게 쓰고 싶어 하는 학생에게도 문을 열어놓습니다. 반면, 단어 바꿔 쓰는 것으로도 벅찬 학생에게 전혀 새로운 이야기를 쓰는 것은 부담스럽기 때문에 최소한의 가이드라인을 제시하고 더 잘할 수 있다면 얼마든지 하도록 허락해 줍니다.

나만의 수업 재구성

과정	차시	주요 활동
이해하기	1차시	1. 전치사 in 덩어리 만드는 법 가르치기 2. 전치사 in 덩어리로 위치 말하는 법 가르치기 3. 전치사 in 한 방에 끝내는 노래 가르치기
	2차시	
익숙하기	3차시	1. 전치사 in으로 여러 가지 위치 말하기 2. 친구들 찾아 불러 모으기 동영상 찍기
	4차시	
써먹기	5차시	<사람, 장소의 위치 말하기> 미션 역할극
	6차시	

in 한 방에 끝내는 노래

영상 보기

In the 장소
based on 씨스타 'Give it to me'

장소가 엄청 많으면	in the 장소	장소가 엄청 많으면	in the 장소
장소를 말할 땐 뭐라고?	in the 장소	장소를 말할 땐 뭐라고?	in the 장소
상자 안에 있니? in the box.	상자 안에 있니? in the box.	방 안에 있니? in the room.	방 안에 있니? in the room.
차 안에 있니? in the car.	차 안에 있니? in the car.	가방 안에 있니? in the bag.	가방 안에 있니? in the bag.
화장실에 있니? in the toilet.	설사하고 있니? in the toilet.	교실에 있니? in the classroom.	놀고만 있니? in the classroom.
피시방에 있니? in the PC bang.	게임하고 있니? in the PC bang.	학원에 있니? in the academy.	공부하고 있니? in the academy.
장소가 하나뿐이면 Everybody say.	in 그냥 장소	장소가 하나뿐이면 Everybody say.	in 그냥 장소
장소를 말할 땐 뭐라고?	in 그냥 장소	장소를 말할 땐 뭐라고?	in 그냥 장소
한국에 있니? in Korea.	미국에 있니? in America.	일본에 있니? in Japan.	중국에 있니? in China.
광주에 있니? in Gwangju.	서울에 있니? in Seoul.	부산에 있니? in Busan.	제주에 있니? in Jeju.
am, are, is 있어요.	am, are, is 있어요.	am, are, is 있어요.	am, are, is 있어요.
나는 있어요. I am	여러 개 있을 땐 are, are	한 개 있을 땐 is is	am, are, is
I am, 여러 개 are	한 개 is 어~어	I am, 여러 개 are	한 개 is 어~어
I am, 여러 개 are	한 개 is 어~어	I am, 여러 개 are	한 개 is 어~어
나는 있어. I am.	화장실에 있어. in the toilet.	나는 있어. I am.	화장실에 있어. in the toilet.
나는 있어. 화장실에 있어.	I am in the toilet.	나는 있어. 화장실에 있어.	I am in the toilet.
친구들은 있어. Friends are.	피시방에 있어. in the PC bang.	친구들은 있어. Friends are.	피시방에 있어. in the PC bang.
친구들은 있어. 피시방에 있어.	Friends are in the PC bang.	친구들은 있어. 피시방에 있어.	Friends are in the PC bang.
누가? 지미 있어요. is	in the jungle.	누가? 지미 있어요. is	in the jungle.
누가? 지미 있어요. is	in the jungle.	누가? 지미 있어요. is	in the jungle.
지미샘 is	in the jungle.	지미샘 is	in the jungle.
지미샘 is	in the jungle.	지미샘 is	in the jungle.

in으로
위치 말하기 연습

01 우리말은 영어로, 영어는 우리말로 바꿔 봅시다.

우리말 → 영어	영어 → 우리말
1. 서울(안)에 ➡ (in Seoul)	in Seoul ➡ (서울(안)에)
2. 상자(안)에 ➡ ( )	in the box ➡ ( )
3. 방(안)에 ➡ ( )	in the room ➡ ( )
4. 차(안)에 ➡ ( )	in the car ➡ ( )
5. 우리집(안)에 ➡ ( )	in my house ➡ ( )
6. 화장실(안)에 ➡ ( )	in the restroom ➡ ( )
7. 학교(안)에 ➡ ( )	in the school ➡ ( )
8. 할머니집(안)에 ➡ ( )	in my grandma's house ➡ ( )
9. 교실(안)에 ➡ ( )	in the classroom ➡ ( )
10. 학원(안)에 ➡ ( )	in the academy ➡ ( )

02 사람들이 있는 곳을 나타내는 문장을 만들어 봅시다.

1. 나는 + 있어요. + 학원에   ➡ I am + in _____.
2. 지미는 + 있어요. + 화장실에   ➡ Jimmy is + in _____.
3. 엄마는 + 있어요. + PC방에   ➡ My mom is + in _____.
4. 내 동생(형)은 + 있어요. + 제주에   ➡ My brother is + in _____.
5. 우리 아빠는 + 있어요. + 차 안에   ➡ My dad is + in _____.

친구들 찾아 불러 모으기 동영상 찍기

01 아래 예시를 참고해 흩어져 있는 친구들을 불러 모으는 짧은 동영상을 찍어 봅시다.

친구들과 함께할 것	함께 모여서 배드민턴 치기			
모둠 친구 이름	서동인	김수진	오영은	박슬아
역할	주인공	친구 1	친구 2	친구 3
숨을 곳		화장실	교실	강당

#1. 시작하기	주인공 : *(혼잣말로)* I will play badminton with my friends.
#2. 친구 찾기 01	주인공 : 수진! 수진! Where are you? 친구 1 : I'm in the library. I'm in the library. 주인공 : Good. Good. There you are.
#3. 친구 찾기 02	주인공 : 영은! 영은! Where are you? 친구 2 : I'm in the toilet. I'm in the toilet. 주인공 : Good. Good. There you are.
#4. 친구 찾기 03	주인공 : 슬아! 슬아! Where are you? 친구 3 : I'm in the gym. I'm in the gym. 주인공 : Good. Good. There you are.
#5. 마무리	*(다 함께)* Let's play together!

친구들과 함께할 것				
모둠 친구 이름				
역할				
숨을 곳				

#1. 시작하기	
#2. 친구 찾기 01	
#3. 친구 찾기 02	
#4. 친구 찾기 03	
#5. 마무리	

in으로 여러 가지 위치 말하기

01 다음 문장을 영어 문장으로 바꾸어 말해 봅시다.

1. 준호가 어디 있어요?
2. 그는 도서관에 있어요. (library)

1. 내 축구공이 어디 있어요?
2. (그것은) 교실에 있어요. (classroom)

1. 석윤이는 어디 있어요?
2. 그는 강당에 있어요. (gym)

1. 너희 선생님은 어디 계셔요?
2. (그는) 화장실에 있어요. (restroom)

1. 이것은 경복궁이다.
2. 경복궁은 서울에 있다.
3. 경복궁은 유명하다. (famous)

Welcome to Korea!

1. 이것은 불국사이다.
2. 불국사는 경주에 있다.
3. 불국사는 아름답다. (beautiful)

1. 이것은 한라산이다.
2. 한라산은 제주에 있다.
3. 한라산은 아주 높다. (high)

1. 이것은 해운대이다.
2. 해운대는 부산에 있다.
3. 해운대는 환상적이다. (fantastic)

144

02 학교에서 위치 말하기 (the를 붙인다.)

Where is Junho? ➡ He's in the library.	Where is my soccer ball? ➡ It's in the classroom.
Where is Sukyun? ➡ He's in the gym.	Where is your teacher? ➡ He(She)'s in the restroom.

03 우리나라에서 위치 말하기 (the를 안 붙인다.)

1. This is Gyeongbokgung. 2. Gyeongbokgung is in Seoul. 3. Gyeongbokgung is famous.	1. This is Bulguksa. 2. Bulguksa is in Gyeongju. 3. Bulguksa is beautiful.
1. This is Hallasan. 2. Hallasan is in Jeju. 3. Hallasan is very high.	1. This is Haeundae. 2. Haeundae is in Busan. 3. Haeundae is fantastic.

04 자신이 소개하고 싶은 곳을 하나 골라 소개글을 써 봅시다.

[예시]

	1. This is 수원화성.
	2. 수원화성 is in 수원.
	3. 수원화성 is wonderful.

[내가 소개하고 싶은 곳]

	1.
	2.
	3.

위치 말하기
미션 역할극

미션
 물건을 잃어버려서 내 물건이 어디 있는지 물어보기

친구 A : *(슬픈 목소리로)* Oh my God, I lost my smartphone.

친구 B : *(우연히 지나가다 듣고)* I saw your smartphone.

친구 A : *(깜짝 놀라서)* Really? Where is my smartphone?

친구 B : *(손으로 가르키며)* Your smartphone is in the restroom.

친구 A : *(슬픈 목소리로)* Oh my God, I lost _____.

친구 B : *(우연히 지나가다 듣고)* I saw _____.

친구 A : *(깜짝 놀라서)* Really? Where is _____?

친구 B : *(손으로 가르키며)* _____ is _____.

미션
 급한 일이 생겨서 선생님이 어디 계신지 물어보기

학생　　 : *(미안한 표정을 지으며)* Excuse me.

선생님 : *(친절하게 웃으면서)* Yes.

학생　　 : *(급하게 찾는 느낌으로)* Where is Jimmy teacher?

선생님 : *(잠시 생각을 하더니)* Jimmy teacher is in the gym.

학생　　 : *(진심으로)* I see. Thank you.

학생　　 : *(미안한 표정을 지으며)* Excuse me.

선생님 : *(친절하게 웃으면서)* Yes.

학생　　 : *(궁금한 표정으로)* Where is _____?

선생님 : *(손으로 가르키며)* _____ is _____.

학생　　 : *(진심으로)* I see. Thank you.

일과 묻고 답하기
(전치사 at)

'일과 묻고 답하기'에서 핵심 요소는 일과와 시간 2가지입니다. 아침에 일어나서 씻고, 밥 먹고, 학교 가고, 학원 가고, 숙제하고, 저녁밥 먹고, 잠자리에 드는 모든 일과를 영어로 말할 수 있어야 합니다. 또한, 이를 8시, 10시, 2시, 5시 반 등과 같이 시간과 함께 표현할 수 있어야 합니다. 우선 기상해서 잠자리에 들 때까지 하루 일과를 나타내는 표현을 먼저 익히고 나서 시간과 연계해 표현을 가르칩니다. 학생들은 자연스럽게 at 전치사 덩어리를 만들어 보고 이를 일과를 나타내는 문장에 붙여 보는 연습을 하게 됩니다.

일과를 나타내는 표현 가르치기 (학습지 7-1)

첫 수업을 시작하면서 학생들이 하루를 어떻게 보내는지 이야기를 나눕니다. 몇 시쯤 일어나는지, 아침밥은 몇 시에 먹는지, 학원에 몇 시에 가는지, 잠은 몇 시에 자는지 등 하루 일과를 물어보면서 이 단원의 내용으로 들어갑니다.

Teacher	Students
나는 일어났어.	I get up.
나는 아침을 먹어.	I have breakfast.
나는 이를 닦아.	Brush my teeth.
나는 얼굴을 씻어.	Wash my face.
나는 학교에 가.	I go to school.
나는 PC방에 가.	I go to the PC bang.

나는 점심을 먹어.	I have lunch.
나는 집에 가.	I go home.
나는 숙제를 해.	I do my homework.
나는 자전거를 타.	I ride a bike.
나는 피아노를 쳐.	I play the piano.
나는 축구를 해.	I play soccer.
나는 게임을 해.	I play games.
나는 TV를 봐.	I watch TV.
나는 책을 읽어.	I read books.
나는 저녁을 먹어.	I have dinner.
나는 잠자러 가.	I go to bed.

위와 같은 학생들의 다양한 일과를 나타내는 표현을 하나씩 익히기는 쉽지 않으므로 노래로 만들어 한 번에 익힐 수 있도록 합니다. 가사가 없는 MR 반주를 틀어놓고 랩을 하듯이 문장을 외쳐보는 것입니다. 선생님이 한국어로 말하는 가사를 학생들이 영어로 받는 형식이므로 문장 하나하나 또렷하게 익혀집니다. 일과를 나타내는 표현을 단시간에 완벽히 가르칠 수는 없지만, 매일 반복해서 학생들이 익숙해질 수 있도록 하면 됩니다.

시간을 나타내는 표현 가르치기 (학습지 7-2)

1차시에 일과를 나타내는 표현을 집중적으로 가르쳤다면 이제 시간을 나타내는 표현을 가르칩니다. 시간을 나타낼 때 사용하는 '전치사 at'에 대해 가르치고, 동시에 꼭 알아야 하는 '1부터 60까지'의 숫자도 다시 복습하는데, 의외로 이를 모르는 학생이 많습니다. 일단 숫자를 다시 복습하고, 여기에 'at'를 붙여 전치사 덩어리 만드는 연습을 충분히 하고 나서 일과를 나타내는 문장에 붙이는 순서로 차근차근 가르치면 됩니다.

at 7	at 7:30
7시에	7시 30분에

I get up	+	at 7:30.
나는 일어나.		7시 반에

나의 하루 일과 랩 가사 만들기 (학습지 7-3)

자신의 하루 일과를 영어로 말해보는 과정인데, 학생마다 스케줄이 다르고, 시간도 다릅니다. 각자 자신의 일과에 따라 표현해 보는 것으로, 1차시에 배우지 않았지만 자신만의 특별한 일과를 가진 경우가 있으므로 이때는 그 일과를 어떻게 말하면 좋을지 가르쳐 주면 됩니다. 랩 가사는 1차시 때 사용했던 것 그대로 하고, 가사를 자신의 것으로 바꾸는 방식으로 짝과 함께 주고받으며 부릅니다.

이웃 직업인 가상 인터뷰 (학습지 7-4)

대부분 아침에 일어나 저녁에 잠자리 드는 일과지만 주변엔 그렇지 않은 사람도 많습니다. 야간에 일해야 하는 간호사, 소방관, 경찰관, 환경미화원 등 여러 이웃이 전혀 다른 일과 속에 함께 살고 있습니다. 이처럼 다양한 직업을 가진 이웃들은 보통 언제 일어나고 잠자리에 드는지 조사해 그 내용을 바탕으로 짝과 함께 가상 인터뷰를 하면서 이분들의 소중함을 느끼는 활동입니다.

나만의 수업 재구성

과정	차시	주요 활동
이해하기	1차시	일과를 한 방에 끝내는 노래 가르치기
	2차시	일과 묻고 답학기 핵심 표현 가르치기
익숙하기 & 써먹기	3차시	나의 하루 일과 랩 가사 만들기
	4차시	
	5차시	이웃 직업인 가상 인터뷰
	6차시	

하루 일과 한 방에 끝내는 노래

My schedule
based on 슈프림팀 'why'

예~예~ *This is my schedule.*　　　　예~예~ *This is my schedule.*
예~예~ *This is my life.*　　　　　　예~예~ *One, two, three, four.*

Teacher	Students
나는 일어났어.	I get up.
나는 아침을 먹어.	I have breakfast.
나는 이를 닦아.	Brush my teeth.
나는 얼굴을 씻어.	Wash my face.
나는 학교에 가.	I go to school.
나는 피시방에 가.	I go to the PC bang.
나는 점심을 먹어.	I have lunch.
나는 집으로 가.	I go home.
나는 숙제를 해.	I do my homework.
나는 자전거를 타.	I ride a bike.
나는 피아노를 쳐.	I play the piano.
나는 축구를 해.	I play soccer.
나는 게임을 해.	I play games.
나는 TV를 봐.	I watch TV.
나는 책을 읽어.	I read books.
나는 저녁을 먹어.	I have dinner.
나는 잠자러 가.	I go to bed.

예~예~ *This is my schedule.*　　　　예~예~ *This is my life.*

일과 묻고 답하기 핵심 표현

01 하루 동안 반복되는 일과를 나타내는 말을 배워 봅시다.

	나는 일어나. I get up.		나는 학원에 가. I go to the academy.
	나는 아침밥을 먹어. I have breakfast.		나는 집에 와. I get home.
	나는 학교에 가. I go to school.		나는 저녁을 먹어. I have dinner.
	나는 점심을 먹어. I have lunch.		나는 잠자리에 들어. I go to bed.

02 시간을 표현하는 방법을 배워 봅시다.

at 7 7시에	at 7:30 7시 30분에

[연습]

우리말	영어	우리말	영어
1시에		2시 10분에	
4시에		3시 20분에	
8시에		5시 30분에	
11시에		9시 40분에	
12시에		10시 50분에	

151

03 전치사 덩어리를 붙여서 일과를 표현하는 방법을 배워 봅시다.

I get up   +   at 7:30.
나는 일어나.   7시 반에

[연습]

우리말		영어
1. 나는 7시에 일어나.	나는 일어나. + 7시에	I get up + at 7.
2. 나는 8시 반에 학교에 가.	나는 학교에 가. + 8시 반에	I go to school + at 8:30.
3. 나는 12시 반에 점심을 먹어.	나는 점심을 먹어. + 12시 반에	I have lunch + at 12:30.
4. 나는 3시에 학원에 가.	나는 학원에 가. + 3시에	I go to the academy + at 3.
5. 나는 4시 10분에 집에 와.	나는 집에 와. + 4시 10분에	I get home + at 4:10.
6. 나는 6시에 저녁을 먹어.	나는 저녁을 먹어. + 6시에	I have dinner + at 6.
7. 나는 7시 30분에 숙제를 해.	나는 숙제를 해. + 7시 30분에	I do my homework + at 7:30.
8. 나는 10시에 잠자리에 들어.	나는 잠자리에 들어. + 10시에	I go to bed + at 10.

04 일과를 묻고 답하는 표현을 배워 봅시다.

1) 일과 물어보기

What time **do you** + **get up?**
무슨 시간에   너는   일어나니?
(직역) 너는 무슨 시간에 일어나니?
(의역) 너는 몇 시에 일어나니?

---

2) 위 표현을 이용해 일과를 묻고 답하는 말을 해 봅시다.

A : **What time do you** get up?

B : **I get up at 7:30.**

나의 하루 일과
랩 가사 만들기

( )'s schedule

예~예 *This is (   )'s schedule.*   예~예 *This is (   )'s schedule.*
예~예 *This is (   )'s schedule.*   예~예 *One, two, three, four.*

NO	Time	Korean	English
예시	*at 3:30*	*나는 학원에 가.*	*I go to the academy.*
1			
2			
3			
4			
5			
6			
7			
8			
9			
10			

이웃 직업인 가상 인터뷰

01 짝과 여러 가지 직업을 가진 이웃들의 일과를 조사해 봅시다.
(예 : 간호사, 소방관, 경찰관, 택시기사, 택배기사, 편의점 점원, 환경미화원 등)

1. 조사한 직업	
2. 조사 일시	
3. 하루 일과	① 일어나는 시간
	② 잠자러 가는 시간
	③ 식사 시간(아침, 점심, 저녁)

02 조사한 내용을 바탕으로 <가상 인터뷰>를 만들어 봅시다.

[예시]

시작하기	진행자 : Welcome to 'Meet the people.' 직업인 : Hello. I'm a nurse.
일과 인터뷰	진행자 : What time do you get up? 직업인 : I get up at 5 p.m. 진행자 : What time do you go to bed? 직업인 : I go to bed at 9 a.m. 진행자 : What time do you have breakfast? 직업인 : I have breakfast at 8 a.m.
마무리	진행자 : Thank you for coming. 직업인 : You're welcome.

교과서에 없지만 쉽고 유용한 전치사 with

초등 교과서에 나오지 않지만 자주 쓰이는 전치사가 많이 있습니다. 그중 'with'는 학생들이 이해하기 쉬우면서도 여러 곳에 활용할 수 있는 유용한 전치사로서, 10분 정도만 가르쳐주면 학생들 표현이 정말 풍부해집니다.

전치사 덩어리 만들기

아래와 같이 '나'를 중심으로 가장 가까운 엄마, 아빠, 가족, 동생, 친구, 선생님 등으로 전치사 덩어리를 만듭니다. 평상시 예문을 만들 때 주어나 목적어 자리에 아래의 8가지 단어를 넣어 만들어 보는 연습을 했다면 어렵지 않게 말할 수 있습니다.

우리말	영어
가족들과 (함께)	with my family
아빠와 (함께)	with my dad
형 / 동생이랑 (함께)	with my brother
친구들이랑 (함께)	with my friend(s)
엄마와 (함께)	with my mom
동생이랑 (함께)	with my sister
선생님이랑 (함께)	with my teacher
은후랑 (함께)	with 은후

전치사 덩어리 붙여서 말하기

전치사 덩어리 만드는 연습을 하고서 이를 문장에 붙여 활용할 수 있도록 지도합니다. 이미 전치사 덩어리를 문장에 붙이는 원리를 학기 초에 배웠기 때문에 쉽게 이해합니다.

I went to Busan.	+	with my family.
나는 부산에 갔어요.		가족들이랑.

with
덩어리 붙이기

01 '누구와 함께'를 나타내는 전치사 with의 뜻을 살펴 봅시다.

	with + my friend
	= 내 친구랑
	= 친구와 함께
	= 친구랑 같이

02 '누구와 함께'를 나타내는 전치사 with를 배워 봅시다.

우리말	영어	우리말	영어
가족들과 (함께)	with my family	엄마와 (함께)	with my mom
아빠와 (함께)	with my dad	동생이랑 (함께)	with my sister
형 / 동생이랑 (함께)	with my brother	선생님이랑 (함께)	with my teacher
친구들이랑 (함께)	with my friend(s)	은후랑 (함께)	with 은후

03 '누구와 함께'를 나타내는 전치사 with 덩어리를 붙여 문장을 만들어 봅시다.

I went to Busan.	+	with my family.
나는 부산에 갔어요.		가족들이랑.

우리말	영어	
1. 친구랑 축구를 했다.	나는 축구를 했다. + 친구랑	
2. 동생이랑 영화를 봤다.	나는 영화를 봤다. + 동생이랑	
3. 가족들과 제주도에 갔다.	나는 제주도에 갔다. + 가족이랑	
4. 민주랑 학원에 갈 거다.	나는 학원에 갈 거다. + 민주랑	
5. 엄마랑 피자를 먹었다.	나는 피자를 먹었다. + 엄마와	

PART 04

바로 써먹는
주제별 수업 아이디어

비교하는
말하기

교과서에는 비교하는 말을 만드는 방법에 대한 설명은 없습니다. 'I'm taller than you.'와 같은 문장으로만 가르치면 자신이 하고 싶은 말을 할 수가 없습니다. 하지만 비교급을 만드는 방법을 확실히 이해하면 'taller, faster, longer, bigger' 등과 같은 단어를 이용해 학생들은 얼마든지 자신이 하고 싶은 말을 할 수 있고, 5~6학년 수준이면 충분히 쉽게 이해합니다.

비교하는 문장 만드는 법 확실하게 가르치기 (학습지 9-1)

첫 시간부터 비교급 문장 만드는 방법을 가르치는데, '민수와 진규 중에 누가 더 키가 큰가요?, 세희와 윤지 중에 누가 더 빠른가요?, 슈퍼맨과 배트맨 중에 누가 더 힘이 셀까요?' 등과 같이 학생들에게 한국어로 질문합니다. 그리고 아래처럼 칠판에 적어 우리말의 비교하는 규칙을 학생들과 찾아봅니다. 학생들이 '뭐뭐보다 더 뭐뭐한'이라는 규칙을 찾아내면, 이 말을 어떻게 영어로 할지 살펴보자고 하면서 자연스럽게 궁금증을 유발시킬 수 있습니다.

☑ 민수가 진규보다 더 키 크다.

☑ 세희가 윤지보다 더 빠르다.

☑ 슈퍼맨이 배트맨보다 더 힘이 세다.

이제 이것을 영어로 어떻게 말하는지 살펴보자고 하면서, "우리말은 '빠르다. ⇒ 더 빠르다.', '크다. ⇒ 더 크다.'처럼 '더'만 붙이면 되고, 영어는 'er'만 붙이면 됩니다. 또 우리말의 '누구보다'는 영어로 'than'이라고 하면 됩니다. 하지만 순서가 반대라서 '진규보다는 ⇒ than 진규', '윤지보다는 ⇒ than 윤지'와 같이 말한답니다." 라고 설명합니다.

비교하는 문장 노래 한 곡으로 끝내기 (학습지 9-2)

이런 원리를 이해해도 결국 표현이 입에 붙어야 하는데, 가장 좋은 방법이 노래를 이용하는 것입니다. 저는 가요 가사를 바꿔 'I'm bigger than you.'라는 노래를 학생들과 불렀습니다. 3분짜리 노래 한 곡을 6차시 6번 부르고 나면 비교하는 문장을 모르는 학생이 거의 없습니다. 이 방법은 취향의 문제이므로 선생님께서 선택하면 되는데, 중요한 것은 비교급이 입에 붙어서 익숙해질 수 있도록 하는 과정이 필요하다는 점입니다.

비교하는 대상 바꿔서 말하기 <퀴즈 내기> (학습지 9-3)

다음으로 비교하는 대상을 바꿔 가며 말하는 연습을 하는 '패턴드릴'를 합니다. 원리는 알지만 하고 싶은 말을 자유자재로 하려면 비교하는 대상을 '바꿔치기' 하며 말하는 연습이 필수입니다. 여러 대상의 사진을 보고 짝과 질문을 주고받는 게임을 합니다.

1차전 5라운드는 선생님이 준비한 사진으로 비교하고, 2차전 5라운드는 학생들이 직접 대상을 그려서 자신만의 문제를 내는 것도 재미있습니다. 물론 여러 가지 사물을 책상에 놓고 직접 비교하는 것이 가장 좋은 방법입니다.

게임 방법

1. 선생님이 TV 화면의 두 대상을 가리키며 'Which is bigger?'라고 학생들에게 질문을 합니다.
2. 학생들은 'The bus is bigger than the apple.'과 같이 대답합니다.
3. 대상을 자유롭게 바꿔 가면서 질문합니다.
4. 선생님과의 활동이 익숙해지면 짝과 게임을 합니다.
5. 가위바위보를 해서 이긴 학생이 먼저 질문합니다. 질문을 말할 수 있으면 50점, 그 질문에 짝이 대답을 할 수 있으면 50점입니다. 이런 식으로 5~10번 정도 시간에 맞춰 퀴즈 내기를 합니다.

실제 상황에서 비교하는 <Funny 올림픽> (학습지 9-4)

이제 실제 상황에서 비교하는 말을 해 봅니다. 학생들을 교실 앞으로 불러서 1라운드는 키를 재고, 2라운드는 팔씨름을 합니다. 3라운드로 교실에서 오리걸음으로 달리기 시합을 할 수도 있습니다. 미니올림픽을 생각하면서 특별한 준비물 없이 할 수 있는 여러 체육활동을 넣어 응용합니다. 학습지를 주고 경기 결과를 비교하는 문장으로 적도록 합니다. (친구 이름은 한글로 적습니다.)

<비교하는 말> 미션 역할극 (학습지 9-5)

비교하는 말하기가 익숙해졌다면 실제 상황에서 사용해 봅니다. 비교하는 말은 주로 구체적인 상황에서 사용하므로 <선생님께 질문하기 미션>, <물건 구입하기 미션>으로 역할극을 진행합니다. 처음에는 정해진 역할극을 외워서 한 모둠씩 나와 발표하고, 나중에는 자신만의 역할극을 만들어 발표합니다. 이때부터는 주도권을 학생들에게 넘기고, 선생님은 모르는 단어나 표현만 알려주면서 역할극에 대한 피드백을 주면 됩니다.

나만의 수업 재구성

과정	차시	주요 활동
이해하기	1차시	1. 비교하는 말하기 방법 가르치기 2. 비교하는 노래하기
익숙하기	2차시	비교하는 말하기 퀴즈 내기
	3차시	비교하는 말하기 'Funny 올림픽'
써먹기	4차시	1. 비교하는 말하기 역할극 리딩 2. 비교하는 말하기 역할극 외워서 발표하기
	5차시	1. 비교하는 말하기 짝과 역할극 시나리오 짜기 2. 비교하는 말하기 역할극 대본 교정해 주기 3. 비교하는 말하기 역할극 대본 암기하기
	6차시	1. 비교하는 말하기 역할극 발표하기 2. 비교하는 말하기 역할극 듣기

비교하는 문장 말하기

Step 01 단어(형용사)에 er 붙이기

tall	더 키가 큰 ( )	small	더 작은 ( )
long	더 긴 ( )	old	더 나이가 많은 ( )
big	더 큰 ( )	heavy	더 무거운 ( )
strong	더 강한 ( )	fast	더 빠른 ( )

Step 02 주어에 따라서 상태동사 빨리 결정하기(am, are, is)

내가 (몸집이) 더 커.	I am bigger.	그(남자)가 (키가) 더 커.	He is taller.
내가 더 강해. (= 내가 힘이 더 세.)		그(남자)가 더 강해. (= 걔가 힘이 더 세.)	
내가 더 빨라.		그녀(여자)가 더 빨라.	
내가 더 똑똑해.		그녀(여자)가 더 똑똑해.	
네가 (몸집이) 더 커.		민수가 (키가) 더 커.	
네가 더 강해. (= 네가 힘이 더 세.)		준하가 더 강해. (= 준하가 힘이 더 세.)	
네가 더 빨라.		현범이가 더 빨라.	

Step 03 than 붙이기

너보다	than ( )	지민이보다	than 지민
나보다	than ( )	슈퍼맨보다	than ( )
중국보다	( ) China	이것보다	than ( )
갤럭시보다	( ) Galaxy	한라산보다	

[문장 만들기 연습하기]

지우는 나보다 빨라.	Jiu is faster + than me.
나는 너보다 키가 커.	I ( ) taller + ( ) you.
베트맨은 슈퍼맨보다 더 강해.	Batman ( ) stronger + ( ) Superman.
지미는 나보다 빨라.	Jimmy ( ) faster + ( ) me.

비교급
한 방에 끝내는 노래

I'm bigger than you.
based on 씨스타 '나 혼자'

	영어 정말 지루하다.		영어 누가 만든 거야.
	하지만 걱정하지 마.		우리에겐 샘이 있잖아.
	절대 포기하지 마.		즐기면서 하는 거야.
	오늘은 비교하는 말 배워보자.	one! two!	three! four!
비교할 땐	er를 붙여	e r	e r
비교할 땐	er를 붙여	e r	e r
비교할 땐	er를 붙여	e r	e r
비교할 땐	er를 붙여	one two	three four
비교할 땐	er를 붙여	big	bigger
비교할 땐	er를 붙여	small	smaller
비교할 땐	er를 붙여	long	longer
비교할 땐	er를 붙여	tall	taller
비교할 땐	er를 붙여	strong	stronger
비교할 땐	er를 붙여	fast	faster
비교할 땐	er를 붙여	old	older
비교할 땐	er를 붙여	high	higher
big bigger	small smaller	long longer	tall taller
big bigger	small smaller	long longer	tall taller
strong stronger	fast faster	old older	high higher
strong stronger	fast faster	old older	high higher

163

bigger smaller	longer taller	bigger smaller	longer taller
bigger smaller	longer taller	bigger smaller	longer taller
stronger faster	older higher	stronger faster	older higher
stronger faster	older higher	stronger faster	older higher
좋아. 이제는	than을 배워보자.	than은 ~보다	우리말과는 반대지.
than은 ~보다	그냥 외워.	than than than than	than than than than
너보다	than you	나보다	than me
너보다	than you	나보다	than me
너보다	than you	나보다	than me
너보다	than you	나보다	than me
taller than you.	taller than you.	taller than you.	taller than you.
bigger than you.	bigger than you.	bigger than you.	bigger than you.
longer than you.	longer than you.	longer than you.	longer than you.
faster than you.	faster than you.	faster than you.	faster than you.
taller than you.	bigger than you.	longer than you.	faster than you.
taller than you.	bigger than you.	longer than you.	stronger than you.
taller than you.	bigger than you.	longer than you.	faster than you.
taller than you.	bigger than you.	longer than you.	stronger than you.

내가 너보다 키가 커.	I'm taller than you.
내가 너보다 빨라.	I'm faster than you.
내가 너보다 강해.	I'm stronger than you.
내가 너보다 커.	I'm bigger than you.
내가 너보다 키가 커.	I'm taller than you.
내가 너보다 빨라.	I'm faster than you.
내가 너보다 강해.	I'm stronger than you.
내가 너보다 커.	I'm bigger than you.

비교하기
퀴즈 내기

01 두 대상을 골라 <비교하는 말>로 묻고 답해 봅시다.

<사용할 단어> bigger, longer, stronger, taller, older, faster

이긴 사람 : Which(Who) is **bigger**?

진 사람 : **A bus** is **bigger** than **a pencil.**

02 비교하고 싶은 대상을 간단히 그리고, <비교하는 말>로 묻고 답해 봅시다.

03 두 가지 대상을 그리고, 비교하는 퀴즈를 내 봅시다.

		A : _____ is _____? B : _____ is _____ than _____.

[게임 점수 기록지]

NO	1회	2회	3회	4회	5회	6회	7회	8회	9회	10회	총점
나											
짝											

Funny 올림픽

Who is taller?

1. _____ is _____ than _____.

2. _____ _____ _____ _____ _____.

3. _____ _____ _____ _____ _____.

4. _____ _____ _____ _____ _____.

5. _____ _____ _____ _____ _____.

Who is stronger?

1. _____ is _____ than _____.

2. _____ _____ _____ _____ _____.

3. _____ _____ _____ _____ _____.

4. _____ _____ _____ _____ _____.

5. _____ _____ _____ _____ _____.

Who is faster?

1. _____ is _____ than _____.

2. _____ _____ _____ _____ _____.

3. _____ _____ _____ _____ _____.

4. _____ _____ _____ _____ _____.

5. _____ _____ _____ _____ _____.

비교하기
미션 역할극

미션

01 꼼꼼히 물건을 비교하고 구입하기

- 상황 : 가게에 들어가서 물건을 사는 상황
- 장소 : 물건을 파는 가게

손님   : (가게 문을 열고 들어가는 시늉을 하면서 등장한다.)

가게주인 : (밝은 목소리로) May I help you?

손님   : I want to buy a new smartphone.

가게주인 : (손으로 가리키며) This is the iphone 9 and this is the Galaxy S21.

손님   : (손으로 가리키며) Which is faster?

가게주인 : The Galaxy S21 is faster than the iphone 9.

손님   : Good! I'll take the Galaxy S21.

미션

02 선생님에게 헷갈리는 것을 질문하기

- 상황 : 학생이 수업시간에 손을 들고 헷갈리는 것을 질문하는 상황
- 장소 : 교실

선생님 : (친절하게 세계지도를 가리키며) This is China and this is America.

학생   : (궁금한 표정으로) Teacher! I have a question.

선생님 : (무엇이든 말해보라는 듯이) What?

학생   : (손으로 가리키며) Which is bigger?

선생님 : China is bigger than America.

학생   : (진심으로) Thank you, teacher.

03 물건을 꼼꼼히 비교하고 구입하기

- 상황 : 가게에 들어가서 물건을 사는 상황
- 장소 : 물건을 파는 가게
- 정할 것 : 내가 살 물건 2가지

손님 　　 : *(가게 문을 열고 들어가는 시늉을 하면서 등장한다.)*

가게주인 : *(밝은 목소리로)* May I help you?

손님 　　 : I want to buy _____.

가게주인 : *(손으로 가리키며)* This is _____ and

　　　　　 this is _____.

손님 　　 : *(손으로 가리키며)* Which is _____?

가게주인 : _____.

손님 　　 : Good! I'll take _____.

04 선생님에게 헷갈리는 것을 질문하기

- 상황 : 학생이 수업시간에 손을 들고 헷갈리는 것을 질문하는 상황
- 장소 : 교실
- 정할 것 : 내가 물어보고 싶은 것

선생님 : *(친절하게 그림을 가리키며)* This is _____ and

　　　　 this is _____.

학생 　 : *(궁금한 표정으로)* Teacher! I have a question.

선생님 : *(무엇이든 말해보라는 듯이)* What?

학생 　 : *(손으로 가리키며)* Which is _____?

선생님 : _____.

학생 　 : *(진심으로)* Thank you, teacher.

비교하기 역할극 발표하기

No	Name	무엇을 비교했나요?	비교한 결과는 무엇인가요?	Star-rating
	예시	고구려와 백제 영토 비교	고구려가 더 넓다.	☆☆☆☆☆
				☆☆☆☆☆
				☆☆☆☆☆
				☆☆☆☆☆
				☆☆☆☆☆
				☆☆☆☆☆
				☆☆☆☆☆
				☆☆☆☆☆
				☆☆☆☆☆
				☆☆☆☆☆
				☆☆☆☆☆
				☆☆☆☆☆
				☆☆☆☆☆
				☆☆☆☆☆

학습지 9-6

No	Name			Star-rating
				☆☆☆☆☆
				☆☆☆☆☆
				☆☆☆☆☆
				☆☆☆☆☆
				☆☆☆☆☆
				☆☆☆☆☆
				☆☆☆☆☆
				☆☆☆☆☆
				☆☆☆☆☆
				☆☆☆☆☆
				☆☆☆☆☆
				☆☆☆☆☆
				☆☆☆☆☆
				☆☆☆☆☆
				☆☆☆☆☆
				☆☆☆☆☆
				☆☆☆☆☆
				☆☆☆☆☆

날짜 묻고
답하기

날짜를 묻고 답하는 것은 일상생활에서 자주 있는 일이지만, 열두 달 영어 명칭과 1~31일 서수까지 공부해야 할 것이 정말 많습니다.

열두 달 영어 이름 가르치기 (학습지 10-1)

"선생님 생일은 12월 30일인데, 두환이 생일은 언제인가요?"처럼 물어보며 칠판에 날짜를 적고, 영어로 어떻게 말하는지 설명합니다. 한국어는 1월, 2월, 3월 등 숫자로 표현하기 때문에 훨씬 쉽지만, 영어의 12달은 월별로 명칭이 있다고 설명합니다. 그리고 어떻게 각 월별로 이름이 지어졌는지 관련 동영상을 보여주면서 차근차근 유래를 살펴봅니다. 아무리 그 유래를 알더라도 12달의 이름을 외워야 하기 때문에 노래를 부르면서 하는 것이 좋습니다.

1~31일까지 서수 가르치기 (학습지 10-2)

한국어는 5월 1일, 9월 28일처럼 하지만 영어는 5월 첫 번째 날, 9월 스물여덟 번째 날 등으로 말합니다. 그래서 저는 달력 한 장을 학습지로 만들었는데, 1, 2, 3, 5로 끝나는 날짜와 발음이 좀 달라지는 20, 30일을 어둡게 강조해서 표시하고 아래와 같은 순서로 지도했습니다.

날짜에 쓰이는 서수 가르치기

1. 기수 1~31까지 알고 있는지 확인하고, 모르면 다시 가르칩니다.
2. 숫자 끝에 1, 2, 3, 5가 들어간 날짜만 따로 집중적으로 외우게 합니다.
3. 20과 30은 발음이 약간 다르므로 다시 한 번 짚어줍니다.

4. 나머지는 '숫자 + th'를 붙여 발음하는 연습을 시킵니다.

그런데 의외로 1~31까지 숫자를 모르는 경우도 많아 그냥 숫자 공부를 처음부터 한다고 생각하며 다시 가르칩니다. 또한 어려워 보여도 'first, second, third, fifth' 4가지만 외우고, 나머지는 'th'만 붙이면 된다고 하며 최대한 부담을 덜어줍니다. 성인도 자기 생일을 영어로 말하기 쉽지 않으므로 12달 이름과 서수를 매 시간 반복해서 복습하는 것이 중요합니다.

친구 생일 별자리 조사하기 (학습지 10-3)

12달 이름, 날짜를 학생들이 이해했다면 이제 '달 + 날짜'를 설명하는데, 가장 쉬운 방법은 친구 생일을 조사하는 것입니다. 먼저 자신의 생일을 영어로 말해 보도록 합니다. 또한 'It's on May 5th.'를 듣고서 '5월 5일이구나.'로 이해하는 연습도 필요한데, '한국어 뜻 적기 듣기 테스트'를 이용하면 좋습니다.

위와 같이 충분히 사전 연습을 한 후 교실을 돌아다니며 친구 생일을 조사하도록 합니다. 조사한 후 1월부터 12월까지 생일인 달에 손을 들도록 해서 간단한 별자리 정보와 함께 정리를 해 줍니다. 그리고 생일뿐만 아니라 특별한 날, 즉 스승의 날, 어버이날, 어린이날, 크리스마스 날짜를 영어로 말해 보는 연습을 합니다.

'날짜 묻고 답하기' 미션 역할극 (학습지 10-4)

'날짜 묻고 답하기'는 주로 약속을 정할 때 쓰이므로 친구나 부모님을 초대하는 상황으로 역할극을 합니다. '초대장 만들기'를 먼저 하고, 실제로 초대장을 주면서 초대하기를 해도 됩니다.

초대장 만들기 (학습지 10-5)

'초대장 만들기'는 미술시간에 카드 만들기를 하는 것처럼 진행합니다. 받는 사람, 활동 소개, 초대하는 말, 약속 잡기, 보내는 사람 등 초대장에 들어가야 할 요소들을 정확히 구분해야 합니다. 학습지에 샘플과 함께 제시하면 학생들이 훨씬 수월하게 작업을 할 수 있습니다. 학습지에 모든 내용을 적고, 선생님께 최종 확인을 받은 후 도화지나 다양한 색지에 옮겨 적는 방식으로 합니다.

나만의 수업 재구성

과정	차시	주요 활동
이해하기	1차시	1. 열두 달 영어 이름 유래와 함께 가르치기 2. 열두 달 노래 가르치기
	2차시	1. 1~31일까지 날짜(서수) 가르치기 2. '달 + 날짜' 영어로 말하는 법 가르치기
익숙하기	3차시	1. 날짜 묻고 답하기 연습 <친구 생일 조사> (별자리) 2. 특별한 날 영어로 날짜 묻고 답하기
써먹기	4차시	1. 날짜 묻고 답하기 역할극 짝과 시나리오 짜기 2. 역할극 대본 교정해 주기 3. 역할극 대본 암기, 동선 체크하기
	5차시	1. 역할극 최종 연습 2. 역할극 발표하기
	6차시	초대장 만들기

열두 달 영어 이름

01 열두 달의 이름과 유래에 관한 영상을 보면서 빈칸을 채워 봅시다.

달	이름	유래
1	January	• 처음에는 ( )월이 1월이었음. • 작년과 신년을 연결하는 문의 신 ( )에서 이름을 따옴.
2	February	• 깨끗하게 정화하는 산양의 피가 묻은 가죽 끈에서 이름을 따옴.
3		• 로마 군대가 봄이 되면 전쟁을 시작하는 달. • 전쟁의 신 ( )에서 이름을 따옴.
4	April	• 봄은 사랑의 계절, 미의 여신 ( )에서 따옴.
5		• 풍요의 신 ( )에서 유래되었다고 함.
6	June	• 제우스의 아내 ( )에서 유래되었다고 함.
7		• 줄리어스 시저가 태어난 달에서 유래되었다고 함.
8	August	• 아우구스투스 황제가 2월에서 며칠을 가지고 와서 31로 만듦.
9	September	• Septem은 7번째를 나타냄.
10		• Octo는 ( )이라는 숫자임. (예 : 문어는 다리가 8개라서 Octopus)
11	November	• Novem은 ( )이라는 숫자를 나타냄.
12	December	• Decem은 ( )이라는 숫자를 나타냄.

※출처 : https://www.youtube.com/watch?v=kuG2J-2lVTQ <영어 1월~12월 어원(로마, 달력, 시저) | 교육튜브>

02 열 두 달 영어 이름을 노래를 부르며 익혀 봅시다.

Oh~ Oh~ Oh~ January, February,

March, April, May Boom! Boom! Boom!

June, July and August.

What do you say? Well I say,

September, October, November too and don't forget December.

Now, let's sing them through. (We've sung the song through.)

※출처: https://www.youtube.com/watch?v=XaOMTy3uQEo <The Month Song by Susan Salidor>

1~31일
날짜 서수

01 달력을 보고 1일부터 31일까지 날짜를 말해 봅시다.

July						
	1	2	3	4	5	6
7	8	9	10	11	12	13
14	15	16	17	18	19	20
21	22	23	24	25	26	27
28	29	30	31			

02 서수를 쓰면서 말해 봅시다.

Check	Date	Spelling	Date	Spelling
	1st	first		
	2nd	second		
	3rd	third		
	4th	fourth		
	5th	fifth		
	6th	sixth		
	7th	seventh		
	8th	eighth		
	9th	ninth		
	10th	tenth		
	11th	eleventh		
	12th	twelfth		
	13th	thirteenth		
	14th	fourteenth		
	15th	fifteenth		
	16th	sixteenth		
	17th	seventeenth		
	18th	eighteenth		
	19th	nineteenth		
	20th	twentieth		
	21st	twenty-first		
	22nd	twenty-second		
	23rd	twenty-third		
	24th	twenty-fourth		
	25th	twenty-fifth		
	26th	twenty-sixth		
	27th	twenty-seventh		
	28th	twenty-eighth		
	29th	twenty-ninth		
	30th	thirtieth		
	31st	thirty-first		

친구 생일
별자리 조사

01 친구들의 생일을 조사해 보고 별자리를 찾아봅시다.

Q : When is your birthday? (When's your birthday?)
A : **It's on** December 30th.

No	Name	Birthday	No	Name	Birthday
1			16		
2			17		
3			18		
4			19		
5			20		
6			21		
7			22		
8			23		
9			24		
10			25		
11			26		
12			27		
13			28		
14			29		
15			30		

생일 별자리

물병자리 Jan 20 - Feb 18	물고기자리 Feb 19- Mar 20	양자리 Mar 21 - Apr 19	황소자리 Apr 20 - May 20
쌍둥이자리 May 21 - Jun 21	게자리 Jun 22 - Jul 22	사자자리 Jul 23- Aug 22	처녀자리 Aug 23 - Sep 23
천칭자리 Sep 24 - Oct 22	전갈자리 Oct 23 - Nov 22	궁수자리 Nov 23 - Dec 24	염소자리 Dec 25 - Jan 19

※ 참고 : 생일별 별자리 - 황도 12궁으로 나눴을 경우

02 특별한 날의 날짜를 묻고 답해 봅시다.

( )년 Schedule			
NO	특별한 날	영어 이름	날짜
1	내 생일	My Birthday	( )월 ( )일
2	학교 축제	School Festival	( )월 ( )일
3	새해 첫날(신정)	New Year's Day	1월 1일
4	발렌타인데이	Valentine's Day	2월 14일
5	어린이날	Children's Day	5월 5일
6	어버이날	Parents' Day	5월 8일
7	학교 운동회	Sports Day	( )월 ( )일
8	추석	Chuseok	( )월 ( )일
9	현장체험학습	Field Trip	( )월 ( )일
10	크리스마스	Christmas	12월 25일

날짜 말하기 미션 역할극

미션

01 부모님 초대하기

> 딸 : Mom! Can you come to the school festival?
> 엄마 : When is it?
> 딸 : It's on September 23rd.
> 엄마 : *(스마트폰에서 날짜를 확인하면서)* Umm... Sorry, I can't. I have to work.

[짝과 역할극 만들기]

> 딸 : _____?
> 엄마 : When is it?
> 딸 : _____.
> 엄마 : *(스마트폰에서 날짜를 확인하면서)* _____.

미션

02 친구 초대하기(생일파티)

> 나 : Jimmy! Can you come to my birthday party?
> 친구 : Sure, I can. When is it?
> 나 : It's on April 13th.
> 친구 : All right.
> 나 : Please come to my house at 11.

[짝과 역할극 만들기]

> 나 : _____! Can you come to _____?
> 친구 : Sure, I can. When is it?
> 나 : _____.
> 친구 : All right.
> 나 : Please come to _____ at _____.

03 친구들의 역할극을 보고 내용을 기록해 봅시다.

No	초대한 것	날짜	Yes/No	No	초대한 것	날짜	Yes/No
예시	운동회	5월 19일	Yes (올 수 있음)	예시	생일파티	11월 20일	NO (못 옴)

초대장 만들기

01 계획 세우기

NO	정할 것	계획한 내용
1	이벤트	
2	장소	
3	날짜	
4	시간	
5	활동(2가지)	

02 초대장 만들기

[예시]

받는 사람	To Min su,
인사 & 초대	Hi! Can you come to my birthday party? It's on July 17th.
활동 소개	We will eat some pizza and chicken. We will play games.
약속 잡기	Please come to my house at 11.
보내는 사람	Love, Jisu

03 초대장 쓰기

받는 사람	
인사 & 초대	
활동 소개	
약속 잡기	
보내는 사람	

04 위의 내용을 카드에 옮겨 적어 봅시다.

아픈 곳
묻고 답하기

초등 교과서 '아픈 곳 묻고 답하기'에서는 몸 안에 일어나는 두통, 콧물, 열, 복통 같은 것만 제시하고 있지만 학생들이 외부에서 부딪히거나 사고로 다치는 경우도 많습니다. 그래서 'hurt' 동사를 알려주고, 몸 안에 아픈 것과 다쳐서 아픈 것 2가지를 모두 가르칩니다.

아픈 곳 말하기, 아픈 증상에 조언하는 말 배우기 (학습지 11-1, 2)

'아픈 곳 묻고 답하기'는 선생님이 아픈 모습을 리얼하게 연기하며 문장과 매치시키는 것이 중요합니다. 문장과 동작이 1:1로 매치가 되기 때문에 아래처럼 선생님이 한 문장을 연기하고, 학생들은 동작을 보며 그에 해당하는 문장을 말해보는 식으로 6차시 동안 5분씩 연습합니다. 처음에는 'I have a ~'까지 힌트를 주다가 익숙해지면 'I ~'만, 다음은 연기만 해도 학생들이 알아서 문장을 말합니다. 이는 전신반응교수법(TPR)과 토스 스피킹(Toss speaking)을 접목한 것입니다.

> 선생님 : *(이마에 손을 올리고, 아픈 얼굴로 신음소리를 내면서)* I have a ~.
> 학생　 : Headache.
>
> 선생님 : *(배를 부여잡고, 몹시 고통스러운 표정으로 아~아! 소리를 내면서)* I have a ~.
> 학생　 : Stomachache.
>
> 선생님 : *(팔 한쪽이 부러진 것처럼 다른 팔로 잡으면서 고통스런 표정으로)* I... hurt...
> 학생　 : My arm.

영어와 한국어의 아픈 곳을 말하는 방식의 차이도 설명합니다. 한국어는 '나는 열이 있다.'인데, 영어는

'나는 열을 가지고 있다.'라고 말하는 방식의 차이를 충분히 이해시킵니다. 'have'는 외모를 표현하거나(She has curly hair.), 일정을 말할 때(I have a birthday party.) 등 교과서에서 나올 때마다 설명했기 때문에 학생들이 쉽게 영어식 사고방식을 이해합니다. 아픈 곳 묻고 답하기 1시간, 아픈 증상에 조언하는 것 1시간으로 각각 나눠서 지도합니다.

'학교에서 아픈 상황' 연습하기 (학습지 11-3)

학생들이 학교에서 아픈 경우가 자주 발생합니다. 체육시간에 다쳐 벤치에 앉아 있거나 갑자기 배가 아파 보건실을 가기도 하고, 열이 심해 집에 가야 하는 상황도 벌어집니다. 이렇게 실제 벌어지는 다양한 상황을 영어로 말해보는데, 아픈 곳이 있으면 그에 따른 대처가 있어야 하고, 이는 선생님께 허락을 구하는 상황으로 이어집니다.

머리가 아파 책상에 엎드리는 상황은 교실 가운데에 책상 하나를 두고 나와서 리얼하게 연기를 해 보도록 합니다. 열이 나서 집에 가거나 팔을 다쳐 보건실에 가는 경우는 실제 손을 들어 선생님 허락을 받고 교실 밖으로 나갔다가 다시 들어오는 것까지 연기하도록 합니다. 무엇보다 현실에 가깝게 실감나는 상황에서 말을 해 보는 것이 기억에 오래 남고 재미있기 때문입니다. 짝과 연습을 충분히 한 다음에 한 명씩 나와 여러 가지 아픈 상황을 랜덤으로 골라서 미션을 주고 선생님과 1:1 연기를 해서 통과하는 시험을 봅니다.

'아픈 상황에 처방하기' 미션 역할극 (학습지 11-4)

아파서 병원에 갔을 때의 상황을 역할극으로 해 보는데, 대본을 같이 읽고 처방전 양식을 어떻게 작성해야 할지 살펴봅니다. 과학실에서 의사 가운을 빌리고, 처방전은 A4 클립보드에 끼워서 쓰며, 청진기도 준비하면 좀 더 리얼한 분위기를 낼 수 있습니다.

약 광고 영상 찍기 (학습지 11-5)

수업하면서 모둠끼리 협동해 하나의 작품을 만드는 활동을 틈틈이 하면, 영어를 매개로 '협업'하는 힘을 키워 줄 수 있습니다. 그래서 영상 제작 활동을 설계할 때 한 명도 빠지지 않도록 모두에게 역할을 줍니다. 활동을 하다 보면 선생님이 말할 틈도 없이 자기들끼리 신이 나서 하는 모둠이 있는가 하면, 시작조차 하지 못하는 모둠도 있습니다. 이런 경우 영어가 아닌 인성교육이 필요합니다. 영어를 못하는 학생들은 어떻게 해야 할지 몰라 막막해 하고, 잘하는 학생들은 못하는 학생들이 협조를 안 해 준다며 자기들끼리만 하다 보니 서로 기분이 상해 제대로 진행이 안 됩니다. 이런 갈등 상황을 잘 지켜보고 있다가 대화로 서로를 이해하고 배려할 수 있도록 이끌어주는 것이 선생님의 역할입니다.

TV 약 광고를 보면 아픈 곳을 표현하는 장면이 꼭 나오는데, 이를 이용해 동영상을 찍도록 합니다. 모둠별로 제작 계획을 세우고, 스토리보드를 짜고, 실제 촬영을 해서 다음 시간에 함께 감상을 합니다. 촬영 시에는 영상에 목소리가 정확히 들리는지 확인합니다. 영상은 잘 찍었는데 주위 소음이나 목소리가 작아서 잘 안 들리는 경우가 많기 때문입니다. 선생님은 학생들이 스마트폰에 영상을 찍어오면 미리 연결잭을 준비해 두었다가 교실 컴퓨터로 옮겨서 함께 감상합니다. 또 플립그리드와 같은 온라인 수업 툴을 활용해 바로 동영상을 찍고 업로드할 수도 있습니다.

나만의 수업 재구성

과정	차시	주요 활동
이해하기	1차시	1. 아픈 곳을 표현하는 말 가르치기 2. 아픈 곳을 묻는 말 가르치기 3. 아픈 곳을 표현하는 말 온몸으로 익히기
익숙하기	2차시	1. <아픈 증상에 조언하는 말> 가르치기 2. <아픈 증상에 조언하는 말> 온몸으로 익히기
	3차시	학교에서 아픈 상황 연습하기
	4차시	<아픈 증상에 조언하기> 미션 역할극
써먹기	5차시	1. 약 광고 영상 계획 짜기 2. 약 광고 영상 스토리보드 짜기
	6차시	1. 약 광고 영상 발표하기 2. 약 광고 영상 시청하기

아픈 곳 묻고 답하기 핵심 표현

01 아픈 곳을 표현해 봅시다.

1	2	3
I have a cold.	I have a ( ).	I have a ( ).

4	5	6
I hurt my arm.	I have a ( ).	I have a ( ).

☞ stomachache, fever, runny nose, headache

<영어식 표현>	<우리말 표현>
나는 두통을 가지고 있어요.　=	나는 두통이 있어요.

I	+	have	+	a headache.
(누가)		(가지고 있어요)		(무엇을)

02 아픈 곳을 묻고 답하는 말을 해 봅시다.

사고로 다쳤을 때	몸이 아플 때
A : (다리 절뚝거리며 걷는다.)	A : (아픈 소리를 내며 머리를 잡는다.)
B : (A를 보고 놀라서) What's wrong?	B : (A를 보고 놀라서) What's wrong?
A : I hurt my foot.	A : I have a cold.
B : That's too bad.	B : That's too bad.

187

아픈 증상에 조언하기
핵심 표현

01 아픈 증상이 나타날 때 어떻게 대처하는지 써 봅시다.

아픈 증상	나의 대처 방법
목이 아플 때	*뜨거운 생강차를 마신다.*
열이 날 때	
감기에 걸렸을 때	
배가 아플 때	
머리가 아플 때	

02 아픈 증상에 대처하는 방법을 영어로 말해 봅시다.

1	2	3
Drink warm water.	Get some rest.	Take some medicine.

4	5	6
Go see a doctor.	Go to bed early.	<나만의 방법>

03 아픈 증상에 대해서 조언하는 말을 해 봅시다.

가정에서 부모님과의 상황	학교에서 선생님과의 상황
엄마 : *(아파하는 학생을 보고)* What's wrong? 학생 : Mom! I have a fever. 엄마 : Oh no! Go see a doctor.	선생님 : *(아파하는 민수를 보고)* What's wrong? 민수! 민수 : I have a cold. 선생님 : That's too bad! Drink warm water.

학교에서 아픈 상황 연습

상황 01. 머리가 아파서 책상에 엎드리고 싶을 때

학생 : *(힘들어 하는 목소리로)* Teacher!

선생님 : *(칠판을 보고 있다가 몸을 돌리면서)* What's wrong?

학생 : I have a headache. Can I put my head down?

선생님 : *(걱정하는 목소리로)* All right.

상황 02. 배가 아파서 화장실에 가고 싶을 때

학생 : *(힘들어 하는 목소리로)* Teacher!

선생님 : *(칠판을 보고 있다가 몸을 돌리면서)* What's wrong?

학생 : I have a stomachache. Can I go to the restroom?

선생님 : *(걱정하는 목소리로)* All right.

상황 03. 열이 나서 집에 가려고 할 때

학생 : *(힘들어 하는 목소리로)* Teacher!

선생님 : *(칠판을 보고 있다가 몸을 돌리면서)* What's wrong?

학생 : I have a fever. Can I go home?

선생님 : *(걱정하는 목소리로)* All right.

상황 04. 팔을 다쳐서 보건실에 가려고 할 때

학생 : *(힘들어 하는 목소리로)* Teacher!

선생님 : *(컴퓨터를 하다가 황급히 달려오면서)* What's wrong?

학생 : I hurt my arm. Can I go to the nurse's room?

선생님 : *(걱정하는 목소리로)* All right.

상황 05. 다리를 다쳐서 체육시간에 교실에 남아 있으려고 할 때

학생 : *(힘들어 하는 목소리로)* Teacher!

선생님 : *(컴퓨터를 하다가 황급히 달려오면서)* What's wrong?

학생 : I hurt my leg. Can I stay in the classroom?

선생님 : *(걱정하는 목소리로)* All right.

아픈 상황에 처방하기 미션 역할극

01 아픈 상황에서 적절한 처방을 하는 역할극을 해 봅시다.

1. 시작 인사	환자 : *(똑, 똑, 똑, 노크를 한다.)* 의사 : Come in, please. 환자 : *(들어와서 의자에 앉으면서)* Hello. 의사 : Hello.
2. 증상 물어보기	의사 : What's your name? 환자 : I'm _____ . 의사 : How old are you? 환자 : I'm _____ years old. 의사 : Thanks. What's wrong? 환자 : _____ . 의사 : That's too bad.
3. 처방하기	의사 : *(환자가 말한 곳을 꼼꼼히 살펴보고)* _____ .
4. 끝인사	환자 : Thank you, doctor. 의사 : You're welcome. 환자 : Bye. 의사 : Bye.

[처방전]

Prescription

Date (날짜)	

Name(이름)		Age (나이)	

Symptoms (증상)	☐ headache ☐ stomachache ☐ runny nose ☐ fever	

Advice (조언)	☐ Get some rest. ☐ Drink hot water. ☐ Go to bed early. ☐ Take some medicine.	

Sign (의사 확인)	Dr. _____	

약 광고 영상 찍기

01 광고 영상을 찍기 위한 계획을 세워 봅시다.

[예시]

No	정할 것	계획한 내용
1	광고하고 싶은 약	후시딘
2	멤버	민수, 수민, 슬아, 정현
3	맡은 역할	다친 학생1(민수), 다친 학생2(수민), 다친 학생3(슬아), 천사(정현), 동영상 촬영(슬아), 편집(수민)
4	촬영 장소	운동장, 본관 앞 도로, 교실 복도
5	촬영 시간	수요일 점심시간 12:50~13:10
6	촬영 준비물	축구공

[우리 모둠의 계획]

No	정할 것	계획한 내용
1	광고하고 싶은 약	
2	멤버	
3	맡은 역할	
4	촬영 장소	
5	촬영 시간	
6	촬영 준비물	

02 광고 영상을 찍기 위한 스토리보드를 짜 봅시다.

[예시]

No	Video 설명	Audio 대사/음악
#1	민수가 운동장에서 공을 몰고 가다가 넘어진다. 이때 천사가 다가와서 후시딘을 건네며 말한다.	민수 : I hurt my foot. 천사 : Don't worry. I'll help you. 　　　 Put on 후시딘.
#2	수민이가 부엌에서 채소를 썰다가 손가락을 베이고 아파서 소리를 지른다. 그때 천사가 다가와서 후시딘을 건네며 말한다.	수민 : I hurt my finger. 천사 : Don't worry. I'll help you. 　　　 Put on 후시딘.
#3	슬아가 길을 걷다가 다른 사람과 부딪혀 넘어져서 다리를 다친다. 그때 천사가 다가와서 후시딘을 건네며 말한다.	슬아 : I hurt my leg. 천사 : Don't worry. I'll help you. 　　　 Put on 후시딘.
#4	민수, 수민, 슬아, 천사가 모두 등장해서 밝게 웃으면서 합창을 한다.	(신나는 배경음악) 다 같이 : Are you hurt? 다 같이 : Put on 후시딘. Hoo~.

[우리 모둠의 스토리보드]

No	Video 설명	Audio 대사/음악
#1		
#2		
#3		
#4		

빈도(횟수)
묻고 답하기

빈도(횟수)를 묻고 답하는 말은 일상생활에서 자주 쓰이므로 여기서는 뻔한 질문을 하기보다 정말 학생들이 궁금해 하는 것을 물어볼 수 있는 상황을 만들어 주는 것이 중요합니다. '다른 친구들은 얼마나 자주 게임을 할까?', '우리 반 친구들은 일주일에 몇 번이나 학원에 갈까?' 등 친구들에게 관심이 많은 시기인 만큼 학생들이 마음껏 질문할 수 있도록 판을 깔아주면 재미있게 공부할 수 있는 주제입니다. 여기서는 진실게임과 설문조사를 이용합니다.

'빈도(횟수) 말하기' 배우기 – 퀴즈 내기 (학습지 12-1)

빈도(횟수)를 말하는 방법은 먼저 'once, twice' 2개만 외우고, three times처럼 세 번부터는 '숫자 + times'만 하면 되므로 크게 어렵지 않습니다. 교과서에서는 하루에 몇 번, 일주일에 몇 번까지만 제시하므로 한 달에 몇 번이나 일 년에 몇 번은 따로 가르칩니다. 1번부터 5번까지 할 경우 모두 15개를 외워야 하므로 테스트해서 통과한 학생만 자유 시간을 준다고 하면 열심히 합니다. 처음에는 아래처럼 짝과 퀴즈 내기로 준비할 시간을 충분히 줍니다.

> 짝 : 일주일에 한 번?
>
> 나 : 음.... Once a day.
>
> 짝 : 땡!
>
> 나 : 아하! Once a week.
>
> 짝 : 딩동댕!

이런 방법은 짝과 15개 문제를 내 서로 전부 맞힐 수 있도록 연습 시간을 주는 일종의 버즈세션(Buzz

session)입니다. 학생들이 교실이 시끌벅적하게 서로 종알종알 연습하는 것으로서 어려운 내용이 아니라면 선생님이 주도하지 않고 학생 스스로 공부할 수 있도록 하는 것도 필요합니다.

호기심을 끌어내는 진실게임 (학습지 12-2)

5~6학년 학생들은 친구들에게 관심이 많으므로 사춘기 성향을 이용해 진실게임을 영어로 해 봅니다. 질문은 당연히 'How often do you~ ?' 형태로 만들어야 합니다. '하루에 몇 번 똥을 싸느냐?', '얼마나 자주 남자 친구를 만나느냐?', '얼마나 자주 화장실에 가느냐.' 등 지나치게 사적이거나 비교육적인 것은 패스하도록 합니다.

진실게임 방법

1. 각자 친구들에 관한 궁금한 내용을 쪽지에 영어로 적어서 낸다. (이때 모르는 표현은 알려준다.)
2. 선생님은 학생들이 적은 쪽지를 모두 한 바구니에 모아 둔다.
3. 학생들이 한 명씩 나와 바구니에서 쪽지 한 장을 뽑고 적혀 있는 질문에 대답한다.
4. 학생들은 쪽지에 적힌 질문과 질문에 대답한 것을 학습지에 적는다.

빈도 묻고 답하기 미션 역할극 (학습지 12-3)

빈도를 묻고 답하는 다양한 상황을 제시하고 역할극을 합니다. 가족, 친구, 의사 선생님 등과의 대화글 샘플을 읽고 연습한 후 짝과 자신만의 대본을 만들어 보고 발표하게 합니다. 샘플로 제시한 것을 단어만 바꿔 역할극을 쓰는 학생들도 있고, 자신만의 새로운 스토리로 선생님을 감탄하게 만들기도 합니다.

우리 반 친구들, '그것이 알고 싶다' 학습지 (학습지 12-4)

짝과 함께 반 친구들의 생활을 조사하게 합니다. 반 친구들은 얼마나 자주 PC방에 가는지, 치킨을 먹는지, 영화를 보는지 등 자신이 조사해 보고 싶은 주제를 정해서 하는 것입니다. 반 전체를 한 명이 조사하면 힘들 수 있으므로 짝과 반씩 나눠서 하고, 그 결과를 집계해서 백분율까지 구하도록 합니다.

나만의 수업 재구성

과정	차시	주요 활동
이해하기	1차시	1. 빈도를 나타내는 말 가르치기 2. 빈도를 물어보는 표현 익히기 3. 빈도를 물어볼 때 쓰는 표현 가르치기
익숙하기	2차시	1. 진실게임 질문 쪽지 쓰기 2. 진실게임 하기 3. 질문에 대한 대답 글로 적기
	3차시	1. 빈도를 묻고 답하기 역할극 리딩 2. 빈도를 묻고 답하기 역할극 외워서 발표하기
써먹기	4차시	1. 역할극 짝과 시나리오 짜기 2. 역할극 대본 교정해 주기 3. 역할극 대본 암기, 동선 체크
	5차시	1. 역할극 최종 연습 2. 역할극 발표하기 3. 역할극 듣기
	6차시	1. 우리 반 친구들, '그것이 알고 싶다' 조사 안내 2. 우리 반 친구들, '그것이 알고 싶다' 조사하기 3. 우리 반 친구들, '그것이 알고 싶다' 조사 결과 정리

빈도(횟수) 말하기
핵심 표현

01 빈도를 말하는 표현을 배워 봅시다.

once	한 번	once a day	하루에 한 번	once a week	일주일에 한 번
twice	두 번	twice a day	하루에 두 번	twice a week	일주일에 두 번
three times	세 번	three times a day	하루에 세 번	three times a week	일주일에 세 번
four times	네 번	four times a day	하루에 네 번	four times a week	일주일에 네 번
five times	다섯 번	five times a day	하루에 다섯 번	five times a week	일주일에 다섯 번

02 아래 표현을 이용해 빈도를 묻고 답하는 말을 해 봅시다.

A : How often do you eat fast food?
B : Once a week.

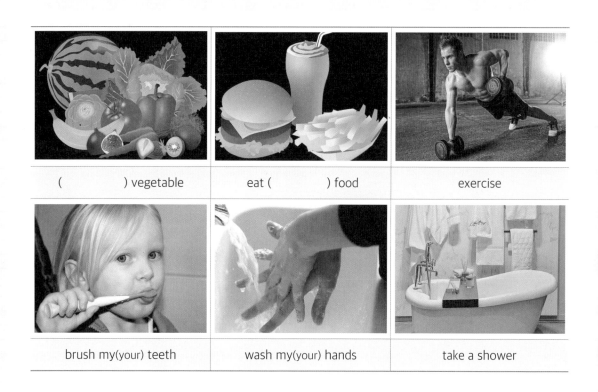

( ) vegetable	eat ( ) food	exercise
brush my(your) teeth	wash my(your) hands	take a shower

197

진실게임

Name	Interview
	Q :
	A :
	Q :
	A :
	Q :
	A :
	Q :
	A :
	Q :
	A :
	Q :
	A :
	Q :
	A :
	Q :
	A :
	Q :
	A :
	Q :
	A :
	Q :
	A :

빈도 묻고 답하기
미션 역할극

미션

01 아픈 가족에게 원인을 물어보고 충고해 주기

> <상황> 이가 아픈 자녀에게 엄마가 충고하는 상황
>
> <장소> 집 거실

나 : *(이가 아파서 두 손으로 입을 부여잡으며)* Ouch!

엄마 : What's wrong?

나 : Mom! My tooth hurts.

엄마 : Oh no! How often do you brush your teeth?

나 : Maybe once a week.

엄마 : *(깜짝 놀라면서)* What? You should brush your teeth more often.

미션

02 힘들어 하는 친구에게 충고하는 상황

> <상황> 친구가 줄넘기를 몇 개 못하고 지친 것을 보고 충고하는 상황
>
> <장소> 운동장 또는 강당

나 : *(헉헉거리며 줄넘기를 하다가 멈춘다.)* Huh Huh.

친구 : What's wrong?

나 : I'm very tired.

친구 : How often do you exercise?

나 : I don't exercise.

친구 : What? You should exercise.

나 : I see. Thank you.

미션

03 의사 선생님이 아픈 환자에게 충고해 주기

<상황> 의사가 환자가 아픈 것을 보고 충고하는 상황
<장소> 병원

나 : *(노크하고 들어오면서)* Ouch!

의사 : What's wrong?

나 : *(아파서 인상을 찌푸리며)* I have a stomachache.

의사 : How often do you eat ice cream?

나 : *(곰곰이 생각하면서)* Umm.... Five times a day.

의사 : *(깜짝 놀라면서)* What? You should not eat ice cream.

나 : I see. Thank you.

미션

04 나만의 스토리를 만들어 봅시다.

<상황> _____

<장소> _____

200

우리 반 친구들, '그것이 알고 싶다'

01 짝과 함께 알고 싶은 주제를 정해 봅시다.

조사할 주제	How often do you _____?

02 조사할 친구 이름과 횟수를 써 봅시다.

No	Name	횟수					

03 친구들에게 물어보고 결과를 기록해 봅시다.

04 조사 결과를 표로 정리해 봅시다.

횟수						
인원수(명)						
비율(%)						

목적지로 가는 방법 묻고 답하기
– 건물, 장소의 위치를 나타내는 말

길거리에서 길을 묻고 답하는 경우와 교통수단을 이용해 목적지로 가는 방법을 묻고 답하는 경우 2가지로 구분됩니다. 5학년 때는 주로 길거리에서 '길을 묻고 답하기'가 나오고, 6학년 때는 교통수단을 이용해 '목적지로 가는 방법을 묻고 답하기'가 나옵니다. 직접 걸어가느냐, 버스나 지하철 등 교통수단을 이용하느냐가 다를 뿐 이동하고 건물의 위치를 나타낸다는 점은 똑같습니다. '이동하기'는 문장과 동작이 정확히 매치가 되므로 TPR을 통해 몸으로 익히는 것이 중요하고, 위치 표현은 어법을 정확하기 이해해 자유롭게 쓸 수 있도록 하는 것이 중요합니다.

기능	길을 묻고 답하기	목적지로 가는 방법 묻고 답하기
학년	5학년	6학년
질문	Where is the bank?	How can I get to the museum?
이동하기	Go straight and turn left at the corner.	Take bus Number 1 and get off at the bank.
위치 표현	It's on your right. It's next to the post office.	It's in front of the hospital.

목적지로 가는 방법 묻고 답하는 표현 가르치기 (학습지 13-1)
1. '목적지로 가는 방법', '위치 표현하기' 2차시로 분리해서 가르치기

목적지로 가는 방법을 물어보는 말(How can I get to ~?)과 목적지로 가는 방법을 알려주는 말(Take bus number 311 and get off at ~.), 위치를 표현하는 말(in front of, behind, next to, between)까지 가르쳐야 할 학습 분량이 많습니다. 1차시에는 목적지로 가는 방법을 묻고 답하는 것, 2차시에는 위치를 표현하는 말로 나눠 학습 부담을 줄여주는 것이 효과적입니다. 한 번에 한가지씩만 집중적으로 확실하게 익히자는 것입니다.

목적지로 가는 방법을 답하는 표현은 아래와 같습니다.

> Take bus number 311 and get off at Daehan Bank.
> It's in front of the hospital.

위의 표현은 학생들에게 너무 어렵고 길며, 설사 배웠다 해도 과연 몇 명이나 실제로 쓸 수 있을까요? 성인도 외국인이 길을 물어볼 때 이렇게 대답하기 쉽지 않을 것입니다. 일반적으로 몇 번 버스를 타고 어디서 내리라는 것까지는 버스 정류장 노선도를 보고 가르쳐줄 수는 있어도 내려서 그곳이 어디에 있다고는 말하지 않기 때문입니다. 그래서 위치를 표현하는 말과 목적지로 가는 방법을 묻고 답하는 것은 따로따로 가르칩니다.

2. 버스 타고 내리기 몸으로 익히기

1차시에는 '몇 번 버스를 타세요.', '버스에서 내리세요.' 2가지 표현만 TPR을 통해 집중적으로 가르칩니다. 표현 자체가 명령문이고, 명확하게 그려지는 동작이다 보니 TPR이 잘 들어맞습니다. 교실의 책상을 옆으로 밀어 가운데에 공간을 마련한 후, 프린트한 버스 번호 사진 6장을 붙여 놓고(지하철 포함도 가능) 학생들이 차례대로 한 명씩 나와 선생님이 불러주는 대로 동작을 합니다. 처음에는 선생님이 전체 학생 한 명씩 연습시켜서 익숙해지면 다음부터는 1번이 문제를 내고 2번이 동작하고, 2번이 문제를 내고 3번이 동작하는 릴레이 방식으로 진행합니다.

우리가 'Get up.' 하면 '업!' 하며 일어날 때 느낌이 팍 오듯 'Get off.' 할 때 '오프!' 하며 버스에서 내리는 느낌을 강력하게 몸으로 체득할 수 있습니다. 단순하지만 몸을 움직이기만 해도 재미있고, 체육시간 같은 느낌도 납니다.

> 선생님 : Take bus number ~~~ 245!
> 학생　 : (들은 대로 245가 적힌 버스 종이 위로 올라탄다.)
> 선생님 : And~~~~~ get off!
> 학생　 : (폴짝 뛰어내린다.)
> 선생님 : Good job!

위치를 표현하는 말 배우기

학생들이 영어를 어렵다고 하는 이유는 대부분 정확히 이해를 못 하기 때문에 뭐가 뭔지를 몰라서입니다. 하지만 학생들은 모국어 실력이 충분히 뒷받침되기 때문에 구조와 뜻을 정확히 설명해주고, 예시문을 많이 만들어 보면 잘 말할 수 있습니다.

1. 새로운 단어를 최대한 아는 것과 연관 지어 설명하기

예를 들어 숫자를 가르칠 때 '30'은 '베스킨라빈스31'을, '20'은 아이돌 그룹 '2NE1', '11'은 '세븐일레븐' 편의점 이름으로 설명하는 방식입니다. 새로운 단어를 익혀야 하는 학생들은 암기에 큰 부담을 가지는데, 이미 들어 알고 있는 단어와 연관 지어 설명하면 재미있고 부담감도 줄어듭니다.

'Behind'는 비하인드 스토리, 즉 '뒷이야기'로, 'in front of'는 호텔 프론트처럼 건물 안에 들어가면 맨 앞에 있는 것으로, 'next'는 프로그램 설치할 때 '다음'이 나오는 말로 설명합니다. 유행에 따라 연관 짓는 단어가 계속 달라질 수 있겠지만, 중요한 것은 '어떻게 하면 학생들 기억에 잘 남게 도와줄 수 있느냐' 하는 것입니다.

2. 전치사 덩어리부터 배우기

영어에서 전치사의 개념은 중요한데, 중학 과정은 'on, in, at, by, for behind' 등의 전치사가 아무 설명 없이 마구 나옵니다. 하지만 초등 과정은 오직 길을 찾는 데만 'next to, behind, in front of'를 씁니다. 그래서 폭넓게 이 전치사를 쓸 수 있도록 하는 지도가 필요합니다. 굳이 'behind'를 우체국 뒤로만 쓸 것이 아니라 '너 뒤에, 선생님 뒤에, 지민이 뒤에, 은행 뒤에, 엄마 뒤에, 미끄럼틀 뒤에' 등으로 폭넓게 이해하고 말할 수 있도록 가르치자는 뜻입니다.

'J mart is behind the post office.'라는 문장을 배우기 전에 'behind the post office'라는 전치사 덩어리(전치사구)부터 먼저 익숙하게 말하는 연습을 합니다. 이렇게 하나의 덩어리로 충분히 연습하면 자동으로 입에서 나옵니다. 'J mart is'까지 말하면 나머지 'behind the post office.'는 자주 접한 것이기 때문에 쉽게 말할 수 있게 됩니다. 또한 'He played the games + behind the post office.' 등처럼 완전한 문장에 전치사 덩어리를 붙여서 문장을 길게 말할 수도 있습니다.

3. 문장 구조와 뜻을 정확히 설명하기

문장 구조를 정확하게 알려주고 단어가 무슨 뜻인지 충분히 설명하여 이해시켜야 합니다.

J마트	+	is	+	in front of (대한은행.)
(무엇이)	+	(있어요)	+		(대한은행 앞에)

이 문장 구조는 이미 여러 차례 배웠지만 대체로 학생들이 정확히 잘 모릅니다. 3~4학년 때부터 정확하게 문장 구조를 이해하고 연습을 충분히 했다면, 이 단원에서는 in front of, behind, next to, between 정도 새로운 단어를 배우는 것에 불과합니다. 하지만 현실은 그렇지가 않지요. 특히 'is'가 <어디에 있다. / 있어

요.>라고 꼭 설명해야 합니다.

문장 구조를 익히기 위해 칠판에 글을 크게 쓰고, 아래처럼 여러 차례 반복합니다.

선생님 : *(칠판을 가리키며 큰소리로)* 뭐가?

학생들 : *(합창하듯)* 제이 마트!

선생님 : 있어요.

학생들 : *(합창하듯)* 이즈.

선생님 : 어디에?

학생들 : *(합창하듯)* 인 프론트 오브 대한은행.

---

4. 예시문 만들기

이제 문장을 작성하는데, 어렵게 느껴지면 한국어로 해도 되고 굳이 교과서에 나온 표현에 국한하지 않고 코믹한 예시문도 만들 수 있다고 말합니다. 학생들의 관심을 끌어야 하고, 문장을 만드는 것 자체가 재미있으면 영작하는 것이 즐겁고 표현하는 재미를 맛볼 수 있기 때문입니다.

선생님 : *(겁먹은 목소리로)* 귀신이 너 뒤에 있어! 이걸 영어로 말해볼까요? 누가?

학생들 : *(합창하듯)* 귀신!

선생님 : 여러분, 귀신 정도는 영어로 해 봅시다. 귀신은 고스트, 모르는 사람 없죠? 다시, 누가?

학생들 : *(웃으면서 합창하듯)* 고스트!

선생님 : 있어요.

학생들 : *(합창하듯)* 이즈.

선생님 : 너 뒤에.

학생들 : *(좀 더듬거리며)* 비하인드 유.

선생님 : *(칠판을 가리키며)* 그럼 다시 읽어볼까요? The ghost is behind you.

학생들 : *(리듬에 맞춰 따라 읽으며)* 더 고스트 이즈 비하인드 유.

선생님 : 와우~ 대박! 너무 잘하는데. 이번에는 PC에서 게임을 하는데, 엄마한테 들켰어요.
　　　　그래서 옆에 게임하고 있던 친구가 "야! 네 엄마 너 뒤에 있어."를 영어로 말해볼까요?

이처럼 4~5개 정도 영작하면 학생들은 확실히 이해를 하고 어떤 문장이라도 만들 수 있을 것 같은 자신감이 생깁니다.

5. 스마트 로봇 음성 명령하기 게임

온몸을 움직이며 영어를 하면 확실히 각인되어 쉽게 잊히지 않는데, 위치를 나타내는 말을 들려주고 학생들이 로봇이 되어 그 말에 따라 움직이는 활동을 합니다. 먼저 4명 모둠이 연습하고 모둠 대항으로 시합을 합니다. 모둠원 중 대표 1명을 정하고, 대표가 나머지 3명의 위치를 지정해 주면 친구들은 로봇이 되어 그 말에 맞는 위치에 섭니다. 대표는 돌아가며 하고, 어느 정도 익숙해지면 모둠끼리 나와 시합을 합니다. 1모둠 대표가 나와 2모둠 4명에게 명령하고, 2모둠 대표가 나와 3모둠 4명에게 명령하는 식으로 릴레이하면 됩니다.

모둠 대표 : 민수 is in front of 지민.

      (민수가 지민이 앞에 선다.)

모둠 대표 : 두환 is behind 지민.

      (두환이가 지민이 뒤에 선다.)

모둠 대표 : 민정 is next to 지민.

      (민정이가 지민이 옆에 선다.)

목적지로 가는 방법 묻고 답하기 시뮬레이션 (학습지 13-2)

3차시는 목적지로 가는 방법 묻고 답하는 활동을 반복합니다. 저는 학교 앞 버스 정류장 사진을 찍어 버스 노선도를 만들어서 학생들에게 나눠주고 활동하는데, 지역·지명이 익숙해서 학생들 반응이 좋습니다.

1. 활동 시작하기 전 꼭 미리 당부할 것

학생들에게 3종류 버스 노선도를 나눠주면서 이번 활동의 목표인 영어 말하기를 위해 다음 내용을 당부합니다.

"여러분이 칸을 다 못 채워도 좋고 아무 벌칙도 없으며, 다 채웠다고 별 이익도 없습니다. 부담을 줄이려고 질문 6개로 했으니 딱 6번만 묻고 답해보는 것입니다. 이 활동은 말하기 연습을 하려고 준비한 것이므로 단순히 한국말 하며 칸 채우는 것은 아무 의미가 없습니다. 선생님은 여러분이 영어를 충분히 연습하길 바라는 마음뿐이니 스스로 노력하면서 활동하기를 바랍니다."

학생 중에는 말하기 연습이라는 본연의 목적을 잊어버리고 빨리 활동을 끝내려고 그냥 한국말로 묻고 답하는 경우가 있어서 그러지 않도록 미리 당부하는 것입니다.

목적지 찾아가기 미션 역할극 (학습지 13-3)

1. 대본 보고 그대로 역할극 하기

3차시에는 교육과정상 목표하는 기능을 기계적으로 연습하고 익혔다면, 4~5차시에는 이 기능을 써먹기 위해 '목적지로 가는 방법 묻고 답하기'를 합니다. 버스는 선생님의 바퀴 있는 의자로, 버스 운전사 역할은 선생님이 하면서 의자를 밀고 가며, 버스 정류장은 A4용지에 인쇄해서 교실 구석구석에 붙여 놓으면 준비는 끝납니다. 버스를 타는 것은 의자에 앉는 것이고, 버스에서 내리는 것은 의자에서 뛰어내리는 것입니다. 버스가 중간중간 멈춰서며 소리 내는 "This stop is ~"은 버스 운전사가 말하면 됩니다.

2. Mission impossible 목적지 찾아가기 게임

역할극 대본을 짜서 그대로 할 수 있지만, 재미를 주기 위해 모둠별(4명)로 미션을 만들어 다른 모둠 친구들이 해결하는 방식으로 할 수도 있습니다. 예를 들어 '1모둠 4명이 서로 행인1, 행인2, 버스 운전사1, 버스 운전사2'를 하고, 2모둠에서 한 명이 나와 1모둠의 미션을 해결하는 형태입니다.

2모둠의 여행자는 1모둠이 만든 미션지 중 한 장을 뽑고(미션지에는 '한라산에 찾아가기'라고 적혀 있습니다.), 아무런 정보 없이 오직 '한라산에 찾아가기'라는 미션을 수행하기 위해 행인에게 길을 물어봅니다. 1모둠의 행인1과 행인2에게 목적지로 가는 길을 묻고 정보를 알아냅니다. 이때 행인1과 행인2는 모른다고 대답할 수도, 안다고 대답할 수도 있습니다. 다만, 1~3회 안에 대답해야 합니다. 이어서 여행자는 버스를 타는 미션을 해결합니다.

1모둠은 A4용지에 버스 번호를 적어 타야 할 버스와 타지 말아야 할 버스를 만듭니다. 버스 운전자1, 버스 운전사2는 의자를 가지고 교실을 빙빙 돌면 되고, 이때 버스는 1~3회 안에 여행자가 탈 수 있도록 해야 합니다. 버스를 타고 나면 버스 운전사는 "This stop is ~"라고 하며 정류장을 안내하고, 1~5회 안에 목적지 정류장에 도착해야 합니다. 여행자는 버스 운전사가 하는 말을 잘 듣고 정확하게 버스 정류장에 내려야 하며, 지나치면 미션은 실패하게 됩니다.

단체 사진 만들기 퀴즈 내기 (학습지 13-4)

먼저 위치를 표현하는 말을 영어로 자유롭게 쓰도록 합니다. 대중적인 인물들(피터팬, 베트맨, 슈퍼맨, 피노키오, 지니, 신데렐라 등) 사진을 나눠주고, "오늘은 신데렐라 생일입니다. 친구들과 기념 단체 사진을 찍는데 어떻게 하면 좋을지 각자 영어로 위치를 나타내 보세요. 다 마치면 자신의 학습지를 짝에게 주고 설명대로 캐릭터를 붙여 몇 개를 맞혔는지 시합하는 것입니다."라고 말합니다. 그리고 각 인물들의 이름을 꼭 영어로 쓰라고 하는데, 쉽게 쓸 수 있도록 활동지에 이미 이름을 써놓았기 때문에 그대로 옮겨 적으면 됩니다.

나만의 수업 재구성

과정	차시	주요 활동
이해하기	1차시	1. 목적지로 가는 방법 묻는 표현 가르치기 2. 목적지로 가는 방법 답하는 표현 가르치기 3. 목적지로 가는 방법 묻고 답하기 몸으로 익히기
	2차시	1. 위치를 표현하는 말 가르치기 2. 위치를 표현하는 말 몸으로 익히기
익숙하기	3차시	1. 목적지를 묻고 답하기 연습하기 2. <목적지로 가는 방법 묻고 답하기> 시뮬레이션
써먹기	4차시	<목적지 찾아가기> 미션 역할극
	5차시	Mission impossible <목적지 찾아가기 게임>
	6차시	<단체 사진 만들기> 퀴즈 내기

목적지로 가는 방법 핵심 표현

01 목적지로 가는 방법 물어보기

경복궁에 어떻게 가나요?	How can I get to Gyeongbokgung?
해운대에 어떻게 가나요?	How can I get to Haeundae?
경주 박물관에 어떻게 가나요?	How can I get to Gyeongju Museum?
한라산에 어떻게 가나요?	How can I get to Hallasan Mountain?
서울 월드컵 경기장에 어떻게 가나요?	How can I get to Seoul World Cup Stadium?

02 목적지로 가는 방법 답하기

623번 버스를 타세요.	Take bus Number 623.
한국병원에서 내리세요.	Get off at Hankuk hospital.
지하철 2호선을 타세요.	Take subway line 2.
동대문 시장에서 내리세요.	Get off at Dongdaemun Market.

03 위치를 표현하는 방법

말하는 법	(J마트) + (is) + in front of (대한은행.)
	(무엇이) + (있어요) + (대한은행 앞에)

J마트는 대한은행 앞에 있습니다.	J Mart is in front of Daehan Bank.
J마트는 대한은행 뒤에 있습니다.	J Mart is behind Daehan Bank.
J마트는 대한은행 옆에 있습니다.	J Mart is next to Daehan Bank.
J마트는 대한은행과 하나서점 사이에 있습니다.	J Mart is between Daehan Bank and Hana bookstore.

04 위치를 표현하는 단어 덩어리 익히기

in front of 지민

우리말 → 영어		영어 → 우리말	
1. 우리 학교 앞에 = (*in front of my school*)		in front of my school = (	)
2. 우리 교실 앞에 = (	)	in front of my classroom = (	)
3. S마트 앞에 = (	)	in front of S Mart = (	)
4. 대한은행 앞에 = (	)	in front of Daehan Bank = (	)
5. 내 앞에 = (	)	in front of me = (	)

behind 지민

우리말 → 영어		영어 → 우리말	
1. 현정이 뒤에 = (*behind 현정*)		behind 현정 = (	)
2. 빛나 도서관 뒤에 = (	)	behind 빛나 library = (	)
3. 네 뒤에 = (	)	behind you = (	)
4. 기쁨서점 뒤에 = (	)	behind 기쁨 bookstore = (	)
5. 선생님 뒤에 = (	)	behind my teacher = (	)

next to 지민

우리말 → 영어		영어 → 우리말	
1. 엄마 옆에 = (*next to my mom*)		next to my mom = (	)
2. 우리집 옆에 = (	)	next to my house = (	)
3. 피시방 옆에 = (	)	next to the PC bang = (	)
4. 슈퍼 옆에 = (	)	next to the supermarket = (	)
5. 제니 옆에 = (	)	next to Jennie = (	)

between 지민 and 은지

우리말 → 영어		영어 → 우리말	
1. 민규하고 현미 사이에 = (	)	between 민규 and 현미 = (	)
2. 마트와 빵집 사이에 = (	)	between the mart and the bakery = (	)
3. 너와 나 사이에 = (	)	between you and me = (	)
4. 은행과 서점 사이에 = (	)	between the bank and the bookstore = (	)
5. 의자와 책상 사이에 = (	)	between the chair and the desk = (	)

목적지로 가는 방법 묻고
답하기 시뮬레이션

311

제주국제공항		제주펜션		한라산 둘레길 입구		올레시장	
	신촌초등학교		제주테마파크		상례2동		서귀포 버스터미널

How can I get to ( )?	버스 번호	내릴 버스 정류장
제주호텔		
성산일출봉		
아라오름		
제주박물관		
함덕해수욕장		

507

제주국제공항   신촌초등학교   제주호텔   다랑쉬오름

삼양2동   제주박물관   성산일출봉 입구   서귀포 버스터미널

How can I get to ( )?	버스 번호	내릴 버스 정류장
문화공원		
올레시장		
아라오름		
제주호텔		
제주테마파크		

236

제주국제공항   동문시장   문화공원   제주호텔

신흥리   함덕해수욕장   아라오름   서귀포 버스터미널

How can I get to ( )?	버스 번호	내릴 버스 정류장
제주펜션		
다랑쉬오름		
한라산		
올레시장		
제주테마파크		

Mission impossible
미션 역할극

01 목적지 찾아가기 미션 역할극을 해 봅시다.

나오는 사람	여행자, 행인1, 행인2(버스 운전사1을 겸한다.), 버스 운전사2
미션 1. 길 묻기	여행자 : (배낭을 메고 지나가던 사람에게) Excuse me, how can I get to Jeju Park? 행인1 : Sorry. I don't know. 여행자 : (지나가던 다른 사람에게) Excuse me, how can I get to Jeju Park? 행인2 : Take bus number 311 and get off at Jeju Park. 여행자 : Thank you. 행인2 : You're welcome.
미션 2. 버스 타기	여행자 : (311-2번 버스가 나타나자 다급하게 쫓아가며) Bus~ Bus! 여행자 : (버스를 타기 전에) Does this bus go to Hallasan? 버스 운전사1 : (귀찮다는 듯이) No. Take bus number 311. 여행자 : Thank you. 여행자 : (311번 버스가 나타나자 다급하게 쫓아가며) Bus~ Bus! 여행자 : (버스를 타기 전에) Does this bus go to Hallasan? 버스 운전사2 : (친절하게 웃으며) Yes. 여행자 : (버스에 올라타면서) Thank you.
미션 3. 버스 내리기	(버스 운전사는 바퀴 달린 의자를 밀면서 운전을 한다. 의자에는 여행자가 앉아 있다.) 버스 운전사2 : (버스를 운전하며) This stop is Jeju Museum, Jeju Museum. 버스 운전사2 : (버스를 운전하며) This stop is Hamduk beach, Hamduk beach. 버스 운전사2 : (버스를 운전하며) This stop is Hallasan, Hallasan. 여행자 : (벨을 누르며 – 입으로 소리를 낸다.) I'll get off now. 버스 운전사 : (의자를 멈추면서) Bye. 여행자 : Bye.

02 목적지 찾아가기 미션을 만들어 봅시다.

1. 미션을 만들 때 지켜야 할 약속

> 1. 우리 모둠이 만든 미션을 다른 모둠 친구가 해결하게 됨.
> 2. 미션지는 (　　)장을 만들어야 함.
> 3. 행인은 1~3회 안에 대답해야 함
> 4. 버스는 1~3회 안에 여행자가 탈 수 있도록 해야 함.
> 5. 버스는 1~5회 안에 목적지 정류장에 도착해야 함.

2. 역할 정하기

행인1		행인2		버스 운전사1		버스 운전사2	

3. 버스 노선 짜기

타야 할 버스 번호		지나가는 버스 번호	
버스 노선 이름			

4. 역할극 대본 쓰기

미션 1. 길 묻기	여행자 : *(배낭을 메고 지나가던 사람에게)* Excuse me, how can I get to _____ ? 행인1 : Sorry. I don't know. 여행자 : *(지나가던 다른 사람에게)* Excuse me, how can I get to _____ ? 행인2 : _____ . 여행자 : Thank you. 행인3 : You're welcome.
미션 2. 버스 타기	여행자 : *(버스가 나타나자 다급하게 쫓아가며)* Bus~ Bus! 여행자 : *(버스를 타기 전에)* Does this bus go to _____ ? 버스 운전사1 : *(귀찮다는 듯이)* No. Take bus number _____ . 여행자 : Thank you. 여행자 : *(버스가 나타나자 다급하게 쫓아가며)* Bus~ Bus! 여행자 : *(버스를 타기 전에)* Does this bus go to _____ ? 버스 운전사2 : *(친절하게 웃으며)* Yes. 여행자 : *(버스에 올라타면서)* Thank you.
미션 3. 버스 내리기	*(버스에 여행자가 앉아 있다.)* 버스 운전사2 : *(버스를 운전하며)* This stop is _____ , _____ . 버스 운전사2 : *(버스를 운전하며)* This stop is _____ , _____ . 버스 운전사2 : *(버스를 운전하며)* This stop is _____ , _____ . 여행자 : *(벨을 누르면서)* I'll get off now. 버스 운전사 : *(버스를 세우면서)* Bye. 여행자 : Bye.

215

단체 사진 만들기
퀴즈 내기

01 이야기 속 주인공들이 모여서 단체 사진을 찍습니다. 위치를 설명하는 문장을 써 봅시다.

Example	Cinderella is in front of Superman.
1	
2	
3	
4	
5	
6	

02 친구가 쓴 문장에 맞게 캐릭터를 아래에 붙여 단체 사진을 만들어 봅시다.

216

Peter pan	Batman	Superman
Genie	Cinderella	Pinocchio

감정(상태)의 이유 묻고 답하기

감정 상태를 나타내는 표현은 일상생활에서 자주 사용하지만, 상대방의 기분이나 감정을 직접 물어보는 것은 자칫 예의에 어긋날 수 있습니다. 특히 프라이버시를 중시하는 서양에서는 아주 가까운 사이가 아니고서는 이런 질문을 주고받는 것은 쉽지 않습니다. 학교에서도 고학년으로 올라갈수록 자신의 감정을 친구들 앞에서 직설적으로 노출하는 것을 꺼려합니다. 그래서 역할극을 통해 감정 연기를 하는 것은 조심스럽지만, 가면을 만들어 얼굴을 가리고 표현하면 좀 더 부드럽게 할 수 있습니다.

감정(상태) 표현하는 법 가르치기 – 카톡 프로필 만들기 (학습지 14-1)

1. 감정을 느끼는 순간들 이야기 나누기

우리는 자신도 모르게 '아! 짜증난다. 앗싸! 기분 짱이다. 정말 슬프다.' 등의 표현을 무의식적으로 말하곤 합니다. 이런 말은 당시의 순간을 떠올리며 특정 상황을 매칭하면 기억이 잘됩니다. 그래서 언제 행복하고, 슬프고, 화가 나는지 물어보면서 감정에 대해 학생들과 이야기를 나눠봅니다.

2. 단어와 함께 어법 설명하고 영작하기

감정을 나타내는 단어는 'I'm happy.'처럼 문장으로 가르치고, 동시에 감정과 어울리는 동작 및 소리를 함께하면서 TPR로 익히면 좋습니다.

감정을 나타내는 제스처와 함께 배우기

I'm happy. I'm sad. I'm angry.	두 손을 모아 꽃받침처럼 턱 밑을 받치며, 하하하 웃음소리를 내면서 한 손으로 눈물을 닦으며, 엉엉 울음소리를 내면서 두 주먹을 불끈 쥐고 인상 쓰며, 씩씩거리는 소리를 내면서

I'm worried. I'm upset.	두 손으로 머리를 쥐어뜯으며 한숨을 내쉬면서 한 손으로 배를 잡고 신음소리를 내면서 (※ worried와 구별하기 위해 속이 상하니까 배를 잡는 것으로 약속합니다.)

그리고 '누가 + 어떤 상태이다.' 어법에 따라 주어를 바꿔 가며 몇 개 문장을 영작해 본 후 의문문을 만드는 과정대로 감정을 물어보는 표현을 가르칩니다.

---

① Are you sad?

② Why + are you sad?

이렇게 차근차근 알려주면 학생들도 쉽게 이해합니다. Why라는 의문사 자체를 모르는 학생도 많기 때문에 국어 시간에 배웠던 육하원칙을 떠올리며 'when, what, who, where, how' 등을 복습합니다.

3. 카톡 프로필 만들기

감정 표현하기가 두려워도 자신의 감정을 상대방이 알아주기를 바라는 것이 사람 마음입니다. 그런 심리를 반영한 것 중 하나가 바로 카톡 프로필입니다. 감정의 이유까지는 말하지 않으면서 감정을 표현하는 것이 목적입니다. 감정의 이유는 한글로 적도록 하고 감정만 그림과 함께 영어로 표현합니다. 자신의 프로필을 다 완성하고 나면 교실을 돌며 친구들과 공유합니다.

감정의 이유 표현하는 법 가르치기 (학습지 14-3)

1. Because로 이유 말하기 (학습지 14-2)

Because는 이유를 말할 때 사용하는 단어입니다. 원어민에게 감정 표현을 할 때 because를 꼭 써야 하는지 물어보니 그냥 이유만 말하면 된다고 알려주었습니다. 교과서를 만든 출판사마다 다르기는 하지만, 학생들에게 꼭 감정의 이유를 묻는 것을 떠나 이유를 묻고 답하는 패턴인 'why'와 'because'를 가르쳐주는 것이 좋다고 생각합니다. 이때 굳이 because 다음에 영어로 이유를 말하지 않아도 되고, 'Because 내일 용돈을 받아, Because 동생이 내 스마트폰 고장 냈어.'처럼만 해도 재밌고 충분합니다. 이유를 나타내는 표현을 배운 다음에는 "Because I got pocket money yesterday." 하고 듣기 테스트를 합니다.

2. 자신만의 이유 적어보기

1차시에 감정을 표현해 봤다면, 2차시는 그런 감정이 생기게 된 이유를 말해 봅니다. 사람마다 각양각색의 이유가 있지만 교과서에서는 몇 가지 대표적인 것을 다룹니다. 교과서 내용을 기본으로 하되, 학생들에게 다양한 기분을 느끼는 순간을 영어로 써보도록 합니다.

감정가면 만들어 감정 묻고 답하기 역할극 하기

자신이 느끼는 감정을 연기로 표현하는 것은 학생에게는 어색합니다. 그래서 미술시간에 자주 했던 '가면 만들기'를 한 후 그 가면으로 역할극을 합니다. 가면은 귀에 걸어서 쓰는 방식과 나무젓가락을 붙여 손으로 들고 표현하는 방식이 있습니다. 모둠 4명이 각자 한 가지 감정씩 만들면 모둠당 4개씩 됩니다. 감정에 대해 서로 격려하고, 위로하고, 응원하는 등의 리액션도 함께 지도합니다. "I'm angry." 하고 역할극을 시작하면 감정 연기하기가 좀 어색할 수 있으므로 배경음악을 활용하는 것도 하나의 방법입니다. 감정 상황에 어울리는 배경음악을 10초 정도 들려주고, fade out 한 후에 역할극 첫 대사를 시작합니다.

감정별 배경음악

I'm happy. I'm angry. I'm sad. I'm worried.	베토벤 <환희의 송가> 베르디 레퀴엠 <분노의 날> 시크릿 가든 <Song From A Secret Garden> 베토벤 <운명>

해피북 만들기 – 나를 기분 좋게 만들어주는 것들 (학습지 14-4)

기분이 가라앉았거나 안 좋은 경우 어떻게 하면 좋아지는지 몇 가지 방법을 알고 있다면 학생들에게도 도움이 됩니다. 기분이 좋아지는 책, 해피북을 A4용지나 도화지를 이용해 6쪽짜리 미니북으로 만들어 봅니다.

나만의 수업 재구성

과정	차시	주요 활동
이해하기	1차시	1. 감정(상태) 표현하기 가르치기 2. 자신의 감정 카톡 프로필로 표현해 보기
	2차시	1. Because - Why 2. 감정(상태)의 이유 말하기 표현 가르치기
익숙하기	3차시	1. 감정가면 만들기 2. 감정가면 만들고 역할극 하기
	4차시	
써먹기	5차시	1. 해피북 예시글 읽고, 글쓰기 2. 해피북 만들기 3. 해피북 발표하기
	6차시	

감정(상태) 표현하기 핵심 정리

01 아래와 같은 감정을 느꼈을 때는 언제이고, 그 이유는 무엇이었나요?

[예시] 기뻤던 때는 언제였나요?	엄마가 용돈을 주셨을 때
기뻤던 때는 언제였나요?	
화가 났던 때는 언제였나요?	
속상했던 때는 언제였나요?	
걱정됐을 때는 언제였나요?	

02 감정의 이유를 묻고 답하는 표현을 배워 봅시다.

1. 감정 표현하기

한국어(2부분)	영어(3부분)		
나는 + 슬퍼.	I (누가?) →	am (상태이다.) →	sad. (어떤 상태?)
민규는 + 화났어.	민규 (누가?) →	is (상태이다.) →	angry. (어떤 상태?)
그는 + 속상했다.	He (누가?) →	is (상태이다.) →	upset. (어떤 상태?)

2. 감정 이유 물어보기

Are   +   you   +   **sad?**
(상태이니?)   (너는)   (슬픈)

Why   +   are   you   **sad?**
왜   너는 슬픈 상태니?

03 여러 가지 감정을 나타내는 말을 배워 봅시다.

I'm happy. 나 행복해.	I'm excited. 나 신난다.	I'm worried. 나 걱정돼.
I'm upset. 나 속상해.	I'm sad. 나 슬퍼.	I'm angry. 나 화났어.

04 감정을 나타내는 말을 사용해 친구들과 메신저 프로필을 주고받아 봅시다.

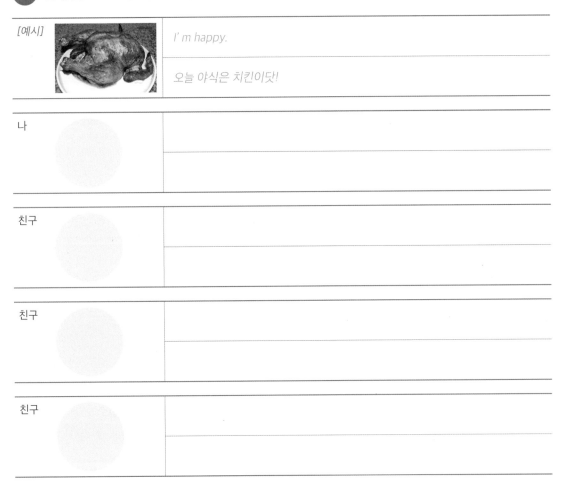

Because로 이유 말하기

01 Why dialogue를 살펴봅시다.

아이 : Can I play games?

아빠 : No.

아이 : Why?

아빠 : Because + 게임하면 눈이 나빠지니까.

아이 : Why?

아빠 : Because + 전자파가 나오니까.

아이 : Why?

아빠 : Because + 스마트폰이 전자제품이니까.

(중략)

02 Why dialgue를 만들어 봅시다.

아이 : Can I _____?

아빠 : No.

아이 : Why?

아빠 : Because + _____.

아이 : Why?

아빠 : Because + _____.

아이 : Why?

아빠 : Because + _____.

아이 : Why?

아빠 : I don't know.

아이 : Why?

아빠 : Because + _____.

아이 : OK.

감정의 이유 말하기
핵심 정리 & 역할극

01 감정을 묻고 답하는 대화를 해 봅시다.

감정	감정 묻고 답하기	
행복해!	A : I'm happy. B : Why are you happy? A : I got a new phone. B : Great!	A : 나 행복해. B : 왜 행복해? A : 나 새 폰을 샀거든. B : 멋진데!
화난다.	A : I'm angry. B : Why are you angry? A : Jimmy broke my robot. B : Oh! That's too bad.	A : 나 화난다. B : 왜 화났는데? A : 지미가 내 로봇을 부셔버렸어. B : 오! 안됐다.
속상해.	A : I'm upset. B : Why are you upset? A : I lost my phone. B : Oh no! Cheer up.	A : 나 속상해. B : 왜 속상한데? A : 나 폰을 잃어버렸어. B : 오 이런! 힘내.
걱정돼.	A : I'm very worried. B : Why are you worried? A : I have a math test. B : Don't worry. I'll help you.	A : 나 너무 걱정돼. B : 왜 걱정되는데? A : 수학 시험이 있거든. B : 걱정 마. 내가 도와줄게.

02 감정을 느끼는 이유를 넣어 대화를 해 봅시다.

행복해!	화난다.
A : I'm happy. B : Why are you happy? A : _____. B : Great!	A : I'm angry. B : Why are you angry? A : _____. B : Oh! That's too bad.

속상해.	걱정돼.
A : I'm upset. B : Why are you upset? A : _____. B : Oh no! Cheer up.	A : I'm very worried. B : Why are you worried? A : _____. B : Don't worry. I'll help you.

03 감정(상태)을 느끼는 이유를 살펴봅시다.

No	감정(상태)을 느끼는 여러 가지 이유	
1	I got pocket money. I'm happy.	용돈 받았어.
2	I got a new phone. I'm happy.	새 폰 샀어.
3	I'll watch a movie tomorrow. I'm happy.	내일 영화 보러 가.
4	I won the game. I'm happy.	그 시합 이겼어.
5	I'll go to the BTS concert tomorrow. I'm happy.	내일 BTS 콘서트 가.
6	Tomorrow is 추석. I'm happy.	내일은 추석이야.
7	I will play soccer with 우진 tomorrow.	우진이랑 내일 축구 할 거야.
8	I have a cold. I'm very sick.	나 감기 걸렸어.
9	Mom doesn't like me. I'm sad.	엄마가 나를 안 좋아해.
10	My grandma died. I'm sad.	할머니가 돌아가셨어.
11	I lost my phone. I'm sad.	폰을 잃어버렸어.
12	My mom took my phone. I'm sad.	엄마가 폰을 가져갔어.
13	민지 will transfer to another school. I'm sad.	민지가 전학 가.
14	I lost the soccer game. I'm upset.	축구(시합) 졌어.
15	My brother broke my toy. I'm upset.	동생이 내 장난감 부셔버렸어.
16	I have low(high) test scores.	시험 점수가 낮아(높아).
17	I have a math test. I'm worried.	수학 시험이 있어.
18	I have a lot of homework. I'm worried.	숙제가 너무 많아.
19	I fought with my brother. I'm so angry.	동생이랑 싸웠어.
20	Minsu hit me. I'm angry. I'm so angry.	민수가 나를 때렸어.

해피북 만들기

01 기분이 안 좋을 때 기분 좋게 만드는 방법이 있는 책을 생각해 봅시다.

[예시]

1p	책 표지	My Happy Book
2p	1. 나는 무엇을 먹으면 기분이 좋아질까?	I eat some ice cream. Now I'm happy.
3p	2. 나는 어디를 가면 기분이 좋아질까?	I'm on my bed. Now I'm happy.
4p	3. 나는 누구를 만나면 기분이 좋아질까?	I meet my best friend, 예지. Now I'm happy.
5p	4. 나는 무슨 노래(음악)를 들으면 기분이 좋아질까?	I listen to dance music. Now I'm happy.
6p	5. 나는 무엇을 하면 기분이 좋아질까?	I play computer games. Now I'm happy.

[내가 기분이 좋아지는 법]

1. 나는 무엇을 먹으면 기분이 좋아질까?	
2. 나는 어디를 가면 기분이 좋아질까?	
3. 나는 누구를 만나면 기분이 좋아질까?	
4. 나는 무슨 노래(음악)를 들으면 기분이 좋아질까?	
5. 나는 무엇을 하면 기분이 좋아질까?	

02 위 내용을 바탕으로 나만의 'Happy Book'을 만들어 봅시다.

음식 주문하기
(음식 맛 표현하기)

'음식 주문하기'는 식당에 가서 주문부터 계산하는 일련의 과정을 반복해서 연습하다 보면 누구나 자신 있게 할 수 있습니다. 또한 매너나 팁, 음식 이름의 차이 등 학생들의 흥미를 자극할 만한 내용이 다양합니다. 음식의 맛을 표현할 때는 사탕이나 초콜릿, 소금, 식초 등과 같은 실제 재료를 이용하면 더 실감나게 익힐 수 있습니다. 음식을 주문하는 방법도 크게 2종류의 식당으로 나누어서 연습을 해 봅니다. 하나는 패스트푸드 점처럼 본인이 직접 가서 주문을 하고 음식도 받아오는 식당이고, 또 하나는 직원이 와서 주문을 받고 서빙도 해 주는 식당입니다.

음식 맛 표현하기 (학습지 15-1)

1. 미스터리 주스 게임

음식 맛을 배우는 첫 시간에 미각을 자극하는 음식을 실제 먹어 보며 맛과 음식을 일대일로 매치시키면 더 효과적으로 단어 학습과 동기유발을 시킬 수 있습니다. 모둠원 4명이 나와 작은 종이컵 4개에 각각 콜라, 까나리액젓, 식초, 와사비 등을 물과 함께 넣어 임의로 골라 마시고 맛을 표현해 보는 복불복 게임을 합니다.

2. 음식 소개하기

음식 맛을 표현할 때 사용되는 단어는 관련된 대표적인 음식을 소개하는 글을 통해 가르칩니다. 예를 들어 '맛이 시다.'는 레몬 주스를, '맛이 달다.'는 딸기잼을 소개하는 글을 통해 가르치는 것입니다. 이 경우 기존에 배웠던 어법 '누가 + 어떤 상태이다.'를 한번 꼭 짚어주고, 'This cake is so sweet.'처럼 몇 가지 영작도 해 봅니다.

맥도널드에서 주문하기(메뉴판 & 대본) (학습지 15-2)

자신이 직접 가서 주문하고 음식을 가져오는 식당으로 연습해 보는데, 맥도널드 패스트푸드 사진을 이용해 실제 햄버거를 주문하는 것처럼 상황을 연출합니다.

1. 맨 땅에 헤딩하기(대본 없이 주문하기)

학생들에게 지금 미국에 와 있다 가정하고 아직 아무것도 배우지 않은 상황에서 음식 주문을 하게 합니다. 선생님이 앞치마와 야구모자를 쓰고 점원 역할을 하고, 앞에 테이블을 둔 후 학생들은 차례로 나와서 칠판에 붙은 메뉴 사진을 보고 '빅맥 2개와 콜라 2잔 주문하기'와 같은 미션에 정확이 맞게 주문해야 합니다. 학생들은 손짓, 발짓, 알고 있는 모든 단어를 총동원하여 주문을 합니다. 이런 과정을 먼저 거쳐 봄으로써 저절로 동기 유발을 시킬 수 있습니다.

2. 대본 표현 익히고 테스트하기

세트(set) 메뉴를 미국에선 밀(meal)이라고 한다는 것, 음식 번호를 말해도 주문이 가능하다는 것, 프렌치프라이를 프라이(fries)라고 한다는 것 등을 알려줍니다. 대본을 나눠주며 짝과 연습해 보도록 한 후, 좀 익숙해지면 한 명씩 나와 '치즈버거 2개, 콜라 2잔, 프렌치프라이 1개 주문하기'처럼 미션을 주고 정확히 맞게 주문하는지 테스트합니다.

식당에서 주문하기(메뉴판 & 대본) (학습지 15-3)

직원을 통해 주문하고, 음식 서빙 받는 연습도 1시간 합니다. 순서는 위에서 했던 과정과 똑같습니다.

주문할 때 참고할 사항

- ☑ 레스토랑의 규모, 종류, 나라에 따라 문화가 다를 수 있음.
- ☑ 레스토랑은 테이블마다 담당 직원이 배정되어 있는 경우가 있음.
- ☑ 아무 곳이나 앉는 것이 아니라 보통 담당 직원이 테이블을 안내함.
- ☑ 음식은 에피타이저(식사 전에 식욕을 돋우기 위해서 가볍게 먹는 음식), 메인 디쉬(본격적으로 먹는 음식), 드링크(마실 것), 디저트(후식) 정도로 이루어져 있음.
- ☑ 직원을 부를 때 'Hey'라고 하는 것은 매우 예의 없는 것임.
- ☑ 직원 쪽을 바라보면서 조용히 손만 들고 있으면 직원이 옴.
- ☑ 'Excuse me!' 하고 직원을 부를 수도 있음.
- ☑ 음식을 먹고 있으면 담당 직원이 한 번씩 와서 맛있는지, 문제는 없는지 체크를 하는 경우가 있으므로 이럴 때는 간단히 'It's delicious.'라고 말하면 됨.

☑ 말 끝에 'Please'를 붙여서 말하는 것이 예의 바른 표현임.

☑ 식사를 마치고 직원에게 감사의 의미로 음식값의 10~20%를 팁(Tip)으로 줌. 나라마다 팁에 대한 문화가 다르므로 확인이 필요함.

1. 음식 제대로 주문하기와 가져오기 게임

짝 활동 게임으로 한 명은 손님 역할을 해서 지정해 준 음식을 정확히 주문하고, 한 명은 직원 역할을 하면서 음식을 제대로 가져오면 성공입니다. 먼저 선생님이 '수프 3개, 스테이크 1개, 스파게티 1개, 오렌지 주스 2잔'처럼 음식을 지정해 손님 역할 학생에게만 알려주고 그대로 주문해 보라고 합니다. 직원 역할을 한 학생은 제대로 음식 사진을 가져와야 합니다. 음식 사진은 미리 프린트를 해서 한쪽 책상(주방이라고 정함)에 두고, 직원이 접시 위에 올려 가져오면 됩니다. 음식 주문은 아래와 같이 정중한 표현부터 심플한 표현까지 다양합니다.

☺ 방법 1 – 손님 : Can I get one sandwich, two steaks, two cokes?

☺ 방법 2 – 손님 : I'd like one spaghetti and one orange juice.

☺ 방법 3 – 손님 : Three steaks, two orange juice, two apple pies, please.

☺ 방법 4 – 손님 : (음식을 가르키며) This two, this one, this three, please.

다양한 활동

1. 자기만의 메뉴판 만들어 음식 주문하는 역할극 하기 (학습지 15-4)

선생님이 제시한 메뉴만이 아니라 학생들이 원하는 식당과 메뉴를 정해 주문하는 연습을 하면 재미있습니다. 디저트 전문점, 분식집, 중국집 등 다양한 종류의 식당 중에서 자신이 원하는 곳을 선택하고, 메뉴도 상상해 보면서 활동에 빠져들게 됩니다.

2. 먹방 동영상 찍기 - 음식 맛 표현하기 (학습지 15-5)

음식 맛을 표현하는 방법은 직접 먹어 보며 하는 것이 가장 실감나지만 수업시간에 그렇게 하기에는 한계가 있습니다. 그래서 수업시간에는 '먹는 방송(먹방)'에 대한 계획을 세운 후, 집에서 촬영하고 다음 시간에 그 영상을 함께 봅니다.

3. 신메뉴 홍보 포스터 만들기 - 음식 맛 표현하기 (학습지 15-6)

식당에 가면 여기저기 붙어 있는 신메뉴 홍보 포스터를 볼 수 있습니다. 좀 역겨운 음식 메뉴를 개발해 본

다거나(Yucky Food Contest), 동·서양 퓨전음식(Fusion Food Contest), 또는 신개념의 음료처럼 특정 주제로 활동하는 것도 좋습니다.

4. 푸드 트럭 창업하기 (학습지 15-7)

음식을 파는 푸드 트럭 창업을 해 보는 활동으로 한 모둠에 종이컵 10개 분량(10인분) 정도로 음식을 만들게 합니다. 음식은 별도의 조리가 필요 없는 메뉴로 하며, 사서 먹을 수 있는 가격은 2,000원 내외로 하고 쿠폰을 나눠줍니다. 음식이 있어 학생들이 좋아하며, 즐거운 영어수업을 만들 수 있는 축제 같은 시간이 됩니다. 쿠폰으로 음식을 사 먹고서 맛을 표현하는 문장도 쓰며, 활동이 끝난 후 모둠별로 판매내역 정산도 합니다. 단, 음식을 실제로 만들어야 하므로 실과나 창체수업과 연계하여 진행하는 것이 좋습니다.

나만의 수업 재구성

과정	차시	주요 활동
이해하기 & 익숙하기	1차시	<음식 맛 표현하기> 가르치기
	2차시	<맥도널드에서 음식 주문하기> 시뮬레이션
	3차시	<식당에서 음식 주문하기> 시뮬레이션
써먹기	4차시	1. 식당 메뉴판 만들기 2. 먹방 동영상 찍기 3. 신메뉴 개발하기 4. 푸드 트럭 창업하기
	5차시	
	6차시	

음식 맛 표현하기
핵심 정리

01 영어로 음식의 맛을 나타내는 방법을 배워 봅시다.

한국어(2부분)	영어(3부분)				
그것은 + 떡볶이야.	It (뭐가?)	→ →	is (상태이다.)	→ →	떡볶이. (어떤 상태?)
그것은 + 매워.	It (뭐가?)	→ →	is (상태이다.)	→ →	spicy. (어떤 상태?)
그것은 청양고추가 (들어)있어.	It (뭐가?)	→ →	has (가지고 있어.)	→ →	청양고추. (대상?)

02 문장에서 여러 가지 음식의 맛을 표현해 봅시다.

1. 그것은 딸기잼이야.
2. (그것은) 정말 달다.
3. 그것은 설탕이 있거든.

1. 그것은 레몬주스야.
2. (그것은) 정말 시다.
3. 레몬이 시거든.

1. 그것은 떡볶이야.
2. (그것은) 정말 맵다.
3. 그것은 청양고추가 있거든.

1. 그것은 브로콜리 스프야.
2. (그것은) 짜다.
3. 그것은 건강에 좋은 음식이야.

1. 그것은 마카롱이야.
2. (그것은) 달고 맛있다.
3. 그것은 크림이 있어.

1. 그것은 스파게티야.
2. (그것은) 맛이 없어.
3. 그것은 너무 짜.

03 '누가 어떤 상태이다.'를 생각하면서 글을 읽고, 뜻을 파악해 봅시다.

1. It's strawberry jam. 2. It's very sweet. 3. It has sugar.	1. It's lemon juice. 2. It's very sour. 3. A lemon is sour.	1. It's 떡볶이. 2. Wow! It's very spicy. 3. It has 청양고추.
1. It's broccoli soup. 2. It's salty. 3. It's healthy food.	1. It's a macaron 2. It's sweet and delicious. 3. It has cream.	1. It's spaghetti. 2. It's not delicious. 3. It's too salty.

04 자신이 소개하고 싶은 음식을 한 가지 골라 소개해 봅시다.

[예시]

	음식 이름	It's 짜장면.
	음식 맛	It's salty and delicious.
	음식 재료	It has 짜장소스 and onions.

[내가 소개하고 싶은 음식]

	음식 이름	
	음식 맛	
	음식 재료	

맥도날드에서 주문하기
(메뉴판 & 대본)

 McDonald's

Extra value meal

| 01 | Big Mac $6.45 | 02 | Double Quarter Pounder $8.45 | 03 | McChicken $6.00 |

Burger

| Big Mac $6.20 | McSpicy $5.80 | Cheeseburger $2.80 |

Beverage & Dessert

Snack & Side

| Coke $1.00 | Sprite $1.00 | Ice Cream $0.75 | Fries $1.56 | McNuggets $3.00 |

※ 출처 : 맥도날드 홈페이지 https://www.mcdonalds.co.kr

233

01 외국에 있는 맥도날드 매장에서 주문하는 법을 알아봅시다.

1단계 메뉴 선택하기	점원 : May I help you? – 손님 : *(세트를 주문할 때)* I want a number 1, please. – 손님 : *(단품을 주문할 때)* I want two cheeseburgers, please. – 손님 : I'd like a number 2 and one ice cream.
2단계 음료 선택하기	점원 : Drinks? – 손님 : *(콜라를 선택할 때)* Coke, please. – 손님 : *(사이다를 선택할 때)* Sprite, please. – 손님 : *(음료를 안 먹을 때)* No, thank you.
3단계 먹을 곳 선택	점원 : For here or to go? – 손님 : *(포장해서 가져갈 때)* To go, please. – 손님 : *(매장에서 먹을 때)* For here, please.

※ 주문할 때 참고할 사항

1. 미국에서는 세트(set) 메뉴를 밀(meal)이라고 함. 세트라고 하면 못 알아들음.
2. 음식에 번호를 붙여 쉽게 음식 번호만 말하면 주문이 가능함.
3. 미국에서는 프렌치프라이는 프라이(fries)라고 말함.
4. 말끝에 'Please'를 붙여서 말하는 것이 예의 바른 표현임.

02 위 내용을 참고해서 아래와 같이 주문해 봅시다.

[연습 1] 세트 메뉴 2번 + 사이다 2잔 + 매장식사 (   )

[연습 2] 빅맥 단품 2개 + 콜라 2잔 + 포장 (   )

[연습 3] 맥 스파이시 1개 + 맥너겟 3개 + 포장 (   )

[연습 4] 치즈버거 3개 + 콜라 3잔 + 아이스크림 3개 + 매장식사 (   )

[연습 5] 세트 메뉴 3번 + 프라이 + 포장 (   )

식당에서 주문하기
(메뉴판 & 대본)

Yummy Restaurant MENU

Main Dishes

1. Steak $30

2. Spaghetti $15

3. Pizza $17

Appetizers

1. Soup $5

2. Salad $10

3. Sandwich $7

Drinks

1. Coke $2

2. Orange Juice $2

3. Coffee $3

Desserts

1. Apple Pie $5

2. Cheese Cake $5

3. Ice Cream $4

Sides

1. Fried Rice $10

2. Chicken $12

01 외국의 레스토랑에서 주문을 하는 법을 알아봅시다.

1단계 자리 안내받기	점원 : How many? 손님 : Five. 점원 : *(테이블 자리를 안내해주면 따라간다.)* 손님 : Can I see the menu? (Menu, please!) 점원 : *(메뉴를 가져다준다.)*
2단계 메뉴 주문하기	손님 : *(멀리 있는 점원을 향해 손을 들고)* Excuse me! 점원 : *(점원이 테이블로 와서)* May I take your order? 손님 : <방법 1> Can I get one sandwich, two steaks and two cokes? 손님 : <방법 2> I'd like one spaghetti and one orange juice. 손님 : <방법 3> Three steaks, two orange juices, two apple pies, please. 손님 : <방법 4> *(음식을 가리키며)* This two, this one, this three, please.
3단계 계산하기	손님 : Can I get the check? *(Check, please!)* 점원 : *(계산서를 가져다준다.)* 손님 : *(음식 값을 지불하면서)* Thank you.

02 위 내용을 참고해서 아래 음식을 주문해 봅시다.

[연습1] 스프1 + 스테이크1 + 콜라1

[연습2] 스프2 + 스테이크1 + 스파게티1 + 오렌지주스2

[연습3] 스프2 + 샐러드1 + 스테이크2 + 피자1 + 콜라2 + 오렌지쥬스1

[연습4] 스프3 + 샐러드1 + 스테이크2 + 피자1 + 스파게티1 + 콜라2 + 오렌지쥬스1 + 치즈케이크4

[메뉴 음식 사진]

스프	샐러드
샌드위치	볶음밥
치킨	스테이크
스파게티	피자
콜라	오렌지쥬스
커피	애플파이
치즈케이크	아이스크림

식당 메뉴판 만들기

	Main Dishes
( ) **Restaurant** **MENU**	
Appetizers	**Drinks**
Sides	**Desserts**

먹방 동영상 찍기

01 유튜브 먹방 영상을 찍기 위한 시나리오를 살펴봅시다.

[예시]

No	정할 것	계획한 내용
1	채널 이름	먹신 TV
2	먹방 할 음식	떡볶이

No	항목	영상 멘트
1	채널 소개	Hello! This is 먹신 TV.
2	자기소개	I'm Jimmy.
3	음식 소개	Today, I will eat 떡볶이. This is my favorite food.
4	음식 재료	It has some spicy 고추장 sauce and 떡.
5	음식의 맛	It's very very spicy.
6	음식 평가	It's delicious. Thumbs up!
7	끝인사	Thank you for watching.

02 유튜브 먹방 영상을 찍기 위한 계획을 짜고, 시나리오를 써 봅시다.

No	정할 것	계획한 내용
1	채널 이름	
2	먹방 할 음식	

No	항목	영상 멘트
1	채널 소개	
2	자기소개	
3	음식 소개	
4	음식 재료	
5	음식의 맛	
6	음식 평가	
7	끝인사	

03 시나리오를 충분히 연습하고 유튜브 먹방 영상을 찍어 봅시다.

239

신메뉴 개발하기

New Menu
Broccoli Chicken Curry

This is Broccoli Chicken Curry.
It has fresh broccoli and chicken.
It's spicy and sweet.
It's delicious and healthy.
Try this fantastic Broccoli Chicken Curry.
₩7,000

New Menu
₩

푸드 트럭 창업하기

01 푸드 트럭 창업 게임 규칙을 살펴봅시다.

1. 메뉴는 한 모둠에 종이컵 10개(10인) 분량만 만듦. (음식이 남지 않도록 소량만 만들 것)
2. 메뉴는 특별한 조리 필요 없이 5~10분 이내 만들 수 있는 간단한 음식으로 해야 함.
   (예 : 컵밥, 컵라면 등)
3. 메뉴의 가격은 1,000원, 2,000원 2가지 중 쿠폰으로 한 가지만 가능함.
4. 1인당 2,000원이 주어지고, 2,000원 내에 자신이 원하는 것을 사 먹을 수 있음.
   (음식 판매자에게 사인 받음)
5. 참가자는 받은 쿠폰을 전부 사용해야 하며, 음식 구입 후 솔직한 리뷰를 써야 함.
6. 최다판매상(판매량이 가장 많은 모둠), 최고판매상(판매 금액이 가장 많은 모둠) 두 분야에서
   우승팀을 뽑음.

02 푸드 트럭을 창업하기 위해 필요한 것을 살펴봅시다.

[예시]

No	정할 것	계획한 내용
1	품목 선정하기	□ 한식류 □ 양식류 □ 중식류 □ 디저트류 □ 주스류 □ 기타
2	푸드 트럭 이름	Fire Chicken Bomb(파이어 치킨 폭탄)
3	판매할 음식	불닭 라면
4	창업 준비 역할 나누기	트럭 간판 만들기(도화지 1장) 2명 - *은지, 민기* A4용지로 메뉴판 만들기 2명 - *수민, 현우*
5	준비물 나누기	종이컵 10개(10인분) - *현우* 불닭 볶음면 2개 - *은지, 민기* 나무젓가락 10개 - *수민*
6	업무 나누기	음식 요리하기 - *민기, 수민* 손님 받고 계산하기 - *은지, 현우*

03 모둠 친구들과 함께 푸드 트럭 창업을 준비해 봅시다.

No	정할 것	계획한 내용
1	품목 선정하기	□ 한식류 □ 양식류 □ 중식류 □ 디저트류 □ 주스류 □ 기타
2	푸드 트럭 이름	
3	판매할 음식	
4	창업 준비 역할 나누기	
5	준비물 나누기	
6	업무 나누기	

04 음식을 판매하면서 사용할 표현을 연습해 봅시다.

음식 권유하기	Try some. (좀 먹어보세요.) Try the Fire Chicken noodles. (불닭 라면 먹어보세요.) It's delicious. (맛있습니다.)
음식 값 계산하기	How much is it? (얼마예요?) It's 1,000 won. (1,000원입니다.)

05 푸드 트럭 정산서(모둠에서 한 명만 작성)

판매량	( )/10	총 수입	₩( )

[구매자 솔직 리뷰]

No	Name	Comment	별점
예시	홍길동	*It's very spicy but very good!*	★★★☆
1			☆☆☆☆☆
2			☆☆☆☆☆
3			☆☆☆☆☆
4			☆☆☆☆☆
5			☆☆☆☆☆
6			☆☆☆☆☆
7			☆☆☆☆☆
8			☆☆☆☆☆
9			☆☆☆☆☆
10			☆☆☆☆☆

Food Coupon ₩1000	Food Coupon ₩1000	Food Coupon ₩1000	Food Coupon ₩1000
Food Coupon ₩1000	Food Coupon ₩1000	Food Coupon ₩1000	Food Coupon ₩1000
Food Coupon ₩1000	Food Coupon ₩1000	Food Coupon ₩1000	Food Coupon ₩1000
Food Coupon ₩1000	Food Coupon ₩1000	Food Coupon ₩1000	Food Coupon ₩1000
Food Coupon ₩1000	Food Coupon ₩1000	Food Coupon ₩1000	Food Coupon ₩1000
Food Coupon ₩1000	Food Coupon ₩1000	Food Coupon ₩1000	Food Coupon ₩1000

어떤 것을 알고 있는지 묻고 답하기

'어떤 것을 알고 있는지 묻고 답하기'는 생활 회화 중심의 초등 교육과정에서 특정 대상을 설명해 보는 문장을 접할 수 있는 주제입니다. 교과서에는 3~5가지 대상이나 인물에 대한 설명을 제시하고 묻고 답하기를 하고 있지만, 학생들이 정말 알고 싶거나 알고 있는 내용과 사실을 가지고 학습하면 더 실제적인 수업이 됩니다. 반 친구들이나 동물, 사물 등에 얼마나 아는지, 나는 알고 있지만 친구들은 잘 모를 것 같은 내용을 아는지, 원어민이 한국에 대해서 아는지 등을 물어보면 비록 정해진 교과서 예문을 외우지 못해도 어떤 것을 알고 있는지 물어보는 말이 능숙하게 술술 나옵니다.

어떤 것을 알고 있는지 묻고 답하는 표현 가르치기 (학습지 16-1)

해외여행을 할 때 2002 월드컵 4강 신화를 생각해 "Do you know 히딩크?"로 말하면 외국인은 "히딩크 아세요?"가 아니라 '히딩크와 서로 잘 알고 지내는 사이에요?'라고 인식합니다. 올바른 의사소통을 위해서는 "Do you know anything about 히딩크?"가 적절합니다. 대화에서 'know, anything, about'이 필요한데, 처음은 'Do you know anything?' 하고 anything을 강조한 뒤, 시차를 좀 두고 'anything + about'을 익히도록 하면 됩니다. 'Do you know anything + about 히딩크?'처럼 말을 이어 붙이는 느낌이면 됩니다.

I know 히딩크.
Do you know 히딩크?
Do you know anything?
Do you know anything about 히딩크?

친구에 대해서 조사하고 아는지 물어보기 (학생 ↔ 학생) (학습지 16-2)

Do you know anything about 부채춤? <부채춤에 대해 아세요?>

Yes, I do. It's Korean traditional dance. <네. 그건 한국 전통 춤이에요.>

The dancers wear 한복 and dance with fans. <무용수들은 한복을 입고 부채를 들고 춤을 춥니다.>

위의 내용은 한국어로는 초등 1~2학년 수준이지만 영어 표현 자체가 어렵습니다. 예문 자체가 어렵다 보니 어떤 것을 알고 있는지 묻고 답하는 활동을 충분히 해야 하는데 예문을 익히다 보면 수업시간이 다 지나가 버립니다. 그래서 지금까지 배웠던 영어 표현을 활용해 반 친구에 대해 아는지 물어보는 활동을 하는 것입니다. 먼저 짝과 인터뷰를 하고 짝에 대한 정보를 충분히 파악합니다. 그러고 나서 친구들 앞에서 아는지 물어보고 소개하면 됩니다. 짝 인터뷰는 완벽한 문장으로 질문하지 않아도 자신이 앞 단어를 말하면 짝이 바통을 받아 이어질 단어를 말하는 방식으로 해도 충분합니다.

나 : 재민 is …. ➡ 짝 : 13 years old.

나 : 재민 has …. ➡ 짝 : one brother.

어떤 것을 알고 있는지 물어보기 (선생님 ➡ 학생) (학습지 16-3)

상대방에게 어떤 것을 알고 있는지 묻고 답하는 것이 어느 정도 익숙해지면 궁금했던 새로운 대상에 대해 묻고 답하기를 합니다. 아래처럼 동물에 대해 그동안 잘 몰랐던 신기한 내용들, 물건이나 사람에 대해서 몰랐던 것들을 아는지 학생들과 묻고 답하기를 하면 됩니다. 퀴즈처럼 일부분을 추측해 맞혀 보면 더욱 재미있습니다.

☑ 민달팽이는 코가 4개 있습니다.

☑ 요요는 (필리핀에서) 무기였습니다.

☑ 코끼리는 점프를 못 합니다.

         <중략>

나만의 내용을 정리해 친구들이 알고 있는지 물어보기

자신이 알고 있는 내용을 친구들도 아는지 질문합니다. 우선 '과연 이 내용을 친구들이 알고 있을까?' 할 만한 사실을(친구들은 모르지만 나는 알고 있는 내용) 영어 문장으로 적습니다. 학생들의 관심 분야가 다양하므로 정말 자신 있고 더 깊이 아는 내용을 적도록 합니다. 선생님 피드백을 통해 문장이 다듬어지면 친구들에게 물어보는 시간을 갖습니다. 학생 한 명씩 나와 친구들 앞에서 소개하고, 질문은 자신이 원하는 친구를 지명해 할 수 있지만 한 번 대답한 사람은 두 번은 못 하도록 룰을 정합니다. 이때 학생들은 자신이 들은 내용을 학습지에 전부 기록해야 하는데, 부담을 줄이기 위해 한글로 써도 되고, 알면 'Yes', 모르면 'No'를 적도록 합니다.

원어민에게 알고 있는지 묻고 소개하기 (학습지 16-4)

그동안 익힌 표현으로 이전 시간에 친구들에게 물어본 내용을 다시 한 번 그대로 원어민에게 아는지 물어보는 활동을 합니다. 짝과 충분히 연습한 후 모둠별로 이동해서 원어민과 인터뷰합니다. 교실에서 기다리는 학생들에게 다른 학습 거리를 주거나 다음 시간 역할극 내용을 외우도록 합니다. 또 지난 시간 내용과는 별개로 한국에 대해서 원어민이 아는지 물어보는 활동도 할 수 있습니다.

미션 역할극 (학습지 16-5)

상대방에게 어떤 것을 아는지 물어보는 상황은 아래 ①번의 경우 자신만의 동작을 넣으면 좋고, ②번은 급박한 상황을 연출하는 가정을 하면 더욱 재미있습니다.

① 어떤 것을 알면서도 자랑하고 싶어서 상대방에게 물어보는 경우
② 정말 알고 싶어서 상대방에게 물어보는 경우
③ 도움을 받고 싶어서 상대방에게 아는지 물어보는 경우

나만의 수업 재구성

과정	차시	주요 활동
이해하기 & 익숙하기	1차시	어떤 것을 알고 있는지 묻고 답하는 표현 가르치기
	2차시	친구에 대해 조사하고 아는지 물어보기
	3차시	1. 어떤 것에 대해서 아는지 묻고 답하기 퀴즈
		2. 자기 관심 분야 정보 만들기
	4차시	3. 친구들에게 알고 있는지 묻고 소개하기
써먹기	5차시	원어민에게 알고 있는지 묻고 소개하기
	6차시	<어떤 것을 알고 있는지 묻고 답하기> 미션 역할극

어떤 것을 알고 있는지 묻고 답하기 핵심 표현

 01 어떤 것에 대해 아는지 묻고 답하는 표현을 배워 봅시다.

[영어와 우리말의 차이]

Do you know 당신은 알고 있나요?	+	유재석? 유재석을	"유재석이란 사람 들어봤나요? 그런 사람이 있다는 것을 아냐?"는 뜻이 아님. 유재석과 친하고 서로 잘 알고 지내는 사이인가를 묻는 것임. 'I know 유재석.' 하면 유재석과 잘 알고 지내는 사이라는 뜻임.
Do you know 당신은 알고 있나요?	+	Kimchi? 김치를	"김치 들어본 적 있나요? 김치라는 것이 있다는 것을 아냐?"는 뜻이 아님. 김치에 대해서 잘 아느냐는 것임. 'I know Kimchi.'하면 나는 김치에 대해 (전문가처럼) 잘 알고 있다는 뜻임.

[어떤 것에 대해 아는지 묻는 표현]

Do you know   +   <u>anything?</u>
당신은 알고 있나요?   (어떤 것을)

Do you know anything   +   <u>about</u> (대왕오징어)?
당신은 어떤 것을 알고 있나요?   대왕오징어에 대해서

(의역) 대왕오징어에 대해서 아는 것 있으세요? 대왕오징어에 대해 뭐 좀 아세요?

[어떤 것에 대해 아는지 대답하는 표현]

Q : Do you know anything about Kimchi?	
아는 것이 있을 때	Yes, I do. *(네, 알아요.)*
아는 것이 없을 때	① No, I don't. *(아니요. 몰라요.)* ② I have no idea. *(전혀 몰라요. 전혀 아는 것이 없어요.)*

친구
소개하기

01 짝에 대해 조사한 후, 친구들에게 짝을 소개해 봅시다.

[예시]

소개할 친구	Do you know anything about 재민?
1. 나이	재민 is 13 years old.
2. 사는 곳	재민 lives in 우산동.
3. 형제자매 관계	재민 has one brother.
4. 좋아하는 것	재민 likes P.E.
5. 싫어하는 것	재민 doesn't eat broccoli.
6. 생활 습관 및 일과(횟수)	재민 goes to 우등생 math academy three time a week.
7. 하루 일과(시간)	재민 goes to bed at 12.
8. 생일 날짜	재민's birthday is on June 7th.
9. 되고 싶은 것	재민 wants to be a doctor.
10. 가 보고 싶은 곳	재민 wants to go to France.

[소개하기]

소개할 친구	Do you know anything about ( )?
1. 나이	
2. 사는 곳	
3. 형제자매 관계	
4. 좋아하는 것	
5. 싫어하는 것	
6. 생활 습관 및 일과(횟수)	
7. 하루 일과(시간)	
8. 생일 날짜	
9. 되고 싶은 것	
10. 가 보고 싶은 곳	

02 친구를 소개하는 내용을 듣고 정보를 기록해 봅시다.

항목	이름			
1. 나이				
2. 사는 곳				
3. 형제자매 관계				
4. 좋아하는 것				
5. 싫어하는 것				
6. 생활 습관 및 일과(횟수)				
7. 하루 일과(시간)				
8. 생일 날짜				
9. 되고 싶은 것				
10. 가 보고 싶은 곳				

어떤 것을 아는지
퀴즈 내기

01 Do you know anything about this?

세종은 한글을 만들었다.

이순신은 거북선을 만들었다.

샌드위치 백작은 (　)를 위해서
샌드위치를 만들었다.

타조 뇌는
타조의 (　)보다 작다.

민달팽이는
코가 (　)개 있다.

박쥐는 (　)쪽으로 돈다.

요요는 (　)이었다.

코끼리는 (　)를 못 한다.

콜라는 (　)이었다.

팬더는 대나무를
(　)시간 동안 먹는다.

부대찌개는 (　)에서 나왔다.

해파리는 (　)가 없다.

250

02 다음을 영어로 말해 봅시다.

1	세종은 한글을 만들었습니다.	Sejong made Hangeul.
2	이순신은 거북선을 만들었습니다.	Lee Sun-shin made Geobukseon.
3	샌드위치는 카드 게임을 위해 만들었습니다.	Sandwich made sandwiches for card games.
4	타조의 뇌는 타조의 눈보다 작습니다.	An ostrich's brain is smaller than its eyes.
5	민달팽이는 코가 4개 있습니다.	Slugs have four noses.
6	박쥐는 (동굴을 떠날 때) 항상 왼쪽으로 돕니다.	Bats always turn left.
7	요요는 무기였습니다. (필리핀에서)	The Yo-Yos were weapons.
8	코끼리는 점프를 못 합니다.	Elephants can't jump.
9	콜라는 미국에서 약이었습니다.	Coke was a medicine in America.
10	판다는 하루에 12시간 동안 대나무를 먹습니다.	Pandas eat bamboo for 12 hours.
11	부대찌개는 미군부대에서 나왔습니다. (유래했습니다.)	Budae-jjigae came from the U.S. Army.
12	해파리는 뇌가 없습니다.	A jellyfish doesn't have a brain.

03 친구들이 아는지 물어보고 싶은 내용을 골라 소개하는 글을 써 봅시다.

[예시]

1. 아는지 물어보기	Do you know anything about 불국사?
2. 소개하기	[Fact1] 불국사 is a temple in 경주.
	[Fact2] 김대성 built 불국사.

[내가 소개하고 싶은 내용]

1. 아는지 물어보기	Do you know anything about _____?
2. 소개하기	[Fact1]
	[Fact2]

원어민에게
한국 소개하기

 01 한국에 대해 원어민(외국인)에게 소개하고 싶은 내용을 정리해 봅시다.

※ 잘 알려진 인물이나 장소, 문화재, 음식, 노래, 옷, 전통놀이, 관광지 등

[예시]

1. 인터뷰 요청하기	Can we interview you?
2. 아는지 물어보기	Do you know anything about 윷놀이?
3. 소개하기	[Fact1] 윷놀이 is a Korean board game.
	[Fact2] 윷 is a stick.
	[Fact3] We play 윷놀이 on 설 and 추석.
4. 인사하기	Thank you for your interview. Bye.

[우리 모둠에서 소개할 내용 준비하기]

소개할 것	구분				
모둠 역할 나누기	질문하기	팩트1	팩트2	팩트3	인터뷰 요청 및 인사
					다 함께

1. 인터뷰 요청하기	
2. 아는지 물어보기	
3. 소개하기	[Fact1]
	[Fact2]
	[Fact3]
4. 인사하기	

02 위 내용으로 원어민과 대화를 나눠 봅시다.

※ 원어민이 모를 경우에는 바로 소개하면 되며, 안다면 원어민의 말을 먼저 듣고 자연스럽게 자신이 준비한 내용을 소개해 줍니다.

아는지 묻고 답하기
미션 역할극

미션

01 친구에게 어떤 것을 아는지 물어보고 실제 보여주기

나 : Do you know anything about tumbling?
친구 : I have no idea.
나 : Watch this. *(실제 덤블링 하는 동작을 보여준다.)*
친구 : Wow! You're great.

미션

02 도움이 필요한 상황에서 아는 것을 이용해 도와주기

나 : Oh no! My computer broke down.
친구 : Do you know anything about computers?
나 : Yes, I do. *(컴퓨터를 고치는 시늉을 한다.)* It's now ok.
친구 : Wow! You're great.

미션

03 어떤 것을 아는지 물어보고 도움 요청하기

나 : I have a test tomorrow. Can you help me?
친구 : Sure.
나 : Do you know anything about 임진왜란?
친구 : Sorry. No, I don't.
나 : Do you know anything about 병자호란?
친구 : Sorry. I have no idea.
나 : Uh-oh. All right. Thank you.

미션

04 어떤 것을 아는지 물어보는 대화가 들어가는 역할극을 만들어 봅시다.

상황 :   장소 :

_____

_____

_____

_____

장래 희망
묻고 답하기

직업을 말하는 표현 배우기 (학습지 17-1)

'I want be to a teacher.'라는 표현은 단계적으로 가르칠 필요가 있습니다. 특히 'I want'와 'I want to'를 구별하지 못하는 학생들이 있으므로 그 차이를 자세히 설명해야 합니다. 그리고 장래 희망을 말할 때 'I like'와 'I like to'도 함께 설명합니다. 'I want'는 케이크, 라면, 게임, 돈, 100점 같이 딱 떨어지는 대상(명사)을 말할 때 사용하지만, 'I want to'는 '놀고 싶다, 먹고 싶다, 자고 싶다.'처럼 어떤 행위를 하고 싶을 때(동사) to를 붙여 쓴다고 설명합니다. 한국어도 '먹다. 싶다.'라고 하지 않고 '먹고 싶다.'라고 말하는 것처럼, '먹다'가 '먹고'로 바뀐 것과 같이 행동과 행동을 연결시켜 주는 말이 'to'입니다. 또한 'I want 나는 원하는데 뭘 원해? 먹는 것을! to' 하며 손으로 화살표 표시를 해 주면 더 실감납니다.

☺ I want the cake. <나는 케이크를 원해. – 먹고 싶은지, 갖고 싶은지는 상황에 달렸음.>

☺ I want to kick the cake. <케이크를 발로 차고 싶다.>

---

1. 되고 싶은 직업 말하기 & 장래 희망 적어보기 (학습지 17-2)

학생들이 되고 싶은 직업은 다양하지만 그 모든 직업을 샘플로 보여주기는 어려우므로 가능한 한 많은 예시문을 살펴보는 것이 필요합니다. 먼저 내용을 한글로 제시하고 영어로 얼마나 말할 수 있는지 체크합니다. 그리고 이를 어떻게 영어로 말하는지 문장을 읽게 합니다. 이미 'I want to'와 'I like to'를 충분히 익혔기 때문에 단어만 모를 뿐 어떤 문장이 나올지 예측 가능합니다. 그리고 이 모든 문장을 외우게 합니다.

2. 장래 희망 추리 빙고 (학습지 17-3)

자신의 장래 희망을 적고 나면 설문조사 활동을 하는데, 좀 단순하고 반복적인 측면이 있습니다. 먼저 친구들에게 장래 희망을 묻되 정확한 답을 알려주지 않고 자신이 좋아하는 것만 알려주게 합니다. 질문을 듣고 직업을 맞혀 빙고판에 적도록 하는 것으로, 게임적인 요소를 넣어 지루하지 않습니다.

3. 미션 역할극 (학습지 17-4)

초등학생들은 대체로 아직 진로를 결정하지 못했거나, 확신은 없지만 장래 희망을 말하라고 하니까 막연하게 정하거나 자신만의 꿈을 이루기 위해 열심히 준비하고 있는 경우까지 다양합니다. 학생들의 이런 다양한 처지에 맞는 상황을 제시하고 역할극 연습을 합니다.

---

① 장래 희망을 이제 막 결심한 상황
② 꿈이 아직 없는 친구를 응원하는 상황
③ 꿈을 이루기 위해 무언가 노력하는 상황

4. Job Festival (진로 체험 축제) (학습지 17-5)

모둠별로 직업을 체험할 수 있는 프로그램을 준비해 다른 모둠 친구들도 체험해 볼 수 있도록 하는 활동입니다. 직업 체험이라고 해서 거창한 것이 아니라 축구 선수는 풍선을 던져 헤딩을 하고, 바리스타는 종이컵에 믹스 커피를 타 보며, 의사는 체온계로 체온을 재는 등과 같은 것입니다. 코믹하고 가벼운 활동으로 구성하는데, 학생들의 기상천외한 다양한 아이디어가 나옵니다.

5. My Dream 스피치 (학습지 17-6)

자신의 꿈 자체뿐만 아니라 구체적인 목표와 성취를 위한 노력 등의 내용도 영어로 발표하는 활동입니다. 스피치를 시작하는 말과 끝내는 말도 함께할 수 있도록 지도하고, 스피치 동영상을 찍어 학부모에게 보내면 대견스러워 하며 좋아합니다.

나만의 수업 재구성

과정	차시	주요 활동
이해하기 & 익숙하기	1차시	1. 되고 싶은 것 묻고 답하는 표현 가르치기
	2차시	2. 여러 가지 직업 살펴보기 3. 나의 장래 희망 적어보기
	3차시	장래 희망 추리 빙고
써먹기	4차시	미션 역할극
	5차시	1. Job Festival (진로 체험 축제)
	6차시	2. My dream 스피치

되고 싶은 직업
말하기 핵심 표현

01 <누가 무엇을 했다.>를 생각하면서 장래 희망 말하는 표현을 배워 봅시다.

[되고 싶은 직업 말하기]

무엇을 원할 때	I	→	want	→	(spaghetti.)
	(누가?)	→	(했다?)	→	(대상?)
나는 원해요. + (대상을)	'저녁 뭐 먹을래?, 생일 선물로 뭐 갖고 싶니?' 등 원하는 것을 물어볼 때, 'I want 대상.'으로 말함.				

무엇 하기를 원할 때	I want	→	(to) be a chef.		
	(나는 원해요)	→	(셰프이기를.)		
나는 원해요. + (무엇 하는 것을)	(의역) 나는 셰프가 되는 것을 원해요. (의역) 나는 셰프가 되고 싶어요.				

[되고 싶은 이유 말하기]

무엇을 좋아할 때	I	→	like	→	music.
	(누가?)	→	(무엇을 했다?)	→	(대상?)
나는 좋아해요. + (대상을)	'라면을 좋아한다. 영화를 좋아한다. 가을을 좋아한다.'처럼 어떤 대상을 좋아하는 것을 말할 때, 'I like 대상.'으로 말함.				

무엇 하는 것을 좋아할 때	I like	→	(to) teach my friend.		
	(나는 좋아해)	→	(친구 가르쳐 주는 것을.)		
나는 좋아해요. + (무엇 하는 것을)	'달리는 것을 좋아한다. 자는 것을 좋아한다. 그리는 것을 좋아한다.'처럼 무엇 하는 것을 좋아한다고 할 때, 'I like to 무엇 하는 것.'으로 말함.				

02 커서 뭐가 되고 싶은지 물어보는 말을 해 봅시다.

Do you want   +   money?
(당신은 원하나요?)   +   (어떤 것을.)

Do you want to + build a snowman?
(당신은 원하나요?)   +   (눈사람 만들기를.)
<의역> 눈사람 만들고 싶나요?

Do you want to + be a police officer?
(당신은 원하나요?)   +   (경찰이 되는 것을.)
<의역> (커서) 경찰이 되고 싶나요?

What   +   do you want to be?
(무엇이) + (당신은 되기를 원하나요?)
<의역> (커서) 뭐가 되고 싶나요?

03 위 표현을 사용하여 자신이 되고 싶은 것을 영어로 말해 봅시다.

A : What do you want to be?
　　(커서) 당신은 뭐가 되고 싶나요?

B : _____ .

여러 가지 직업 & 나의 장래 희망 적어보기

01 <누가 무엇을 했다.>를 생각하면서 장래 희망을 말하는 표현을 영어로 말해 봅시다.

• 나는 셰프가 되고 싶어. • 나는 요리하는 걸 좋아해.	• 나는 회사원이 되고 싶어. • 나는 삼성에서 일하고 싶어.	• 나는 화가가 되고 싶어. • 나는 그림 그리는 것을 좋아해.

• 나는 의사가 되고 싶어. • 나는 아픈 사람들을 치료해 주고 싶어.	• 유튜브 크리에이터가 되고 싶어. • 게임에 관한 영상을 만드는 걸 좋아해.	• 나는 경찰이 되고 싶어. • 나는 사람들을 도와주는 것을 좋아해.

• 음악 선생님이 되고 싶어. • 나는 가르치는 것을 좋아해.	• 자동차 기술자가 되고 싶어. • 나는 차를 고치는 것을 좋아해.	• 나는 수의사가 되고 싶어. • 아픈 동물을 치료해 주고 싶어.

• 나는 과학자가 되고 싶어. • 나는 로봇 만드는 걸 좋아해.	• 나는 공무원이 되고 싶어. • 나는 안정적인 직업이 좋아.	• 나는 가수가 되고 싶어. • 나는 노래 부르는 것을 좋아해.

02 장래 희망을 말하는 글을 읽고, 뜻을 파악해 봅시다.

I want to be a chef. I like to cook.	I want to be an office worker. I want to work for 삼성.	I want to be a painter. I like to draw pictures.
I want to be a doctor. I want to cure sick people.	I want to be a youtube creator. I like to make videos about games.	I want to be a police officer. I like to help people.
I want to be a music teacher. I like to teach.	I want to be a car engineer. I like to fix cars.	I want to be a vet. I want to cure sick animals.
I want to be a scientist. I like to make robots.	I want to be a civil servant. I like stable jobs.	I want to be a singer. I like to sing.

03 나의 장래 희망을 생각해 보고, 영어로 말해 봅시다.

[예시]

1. 장래 희망	I want to be a fashion designer.
2. 이유나 관련 설명	I like to design clothes.

[나의 장래 희망]

1. 장래 희망	
2. 이유나 관련 설명	

장래 희망
추리 빙고

01 반 친구들의 장래 희망을 물어보고, 대답을 듣고 직업을 추측한 후 빙고 칸을 완성해 봅시다.

A : What do you want to be, 현수?

B : I like to cook. + You guess! + How about you?

A : I like to help people. + You guess! Bye.

B : See you later. Bye.

02 완성한 빙고 칸으로 빙고게임을 해 봅시다.

장래 희망 묻고 답하기 미션 역할극

미션

01 책이나 TV를 보고 장래 희망 결심하기 (4명 모둠용)

(가족이 모여서 함께 TV를 보고 있다.)

TV : *(모델 워킹을 하면서)* I'm Miranda Kerr. I'm a model.
누나 : *(TV 속 모델의 모습에 감탄하면서)* Wow. She's beautiful. I want to be a model.
아빠 : Umm.... All right. *(동생에게)* How about you? What do you want to be?
동생 : I want to be a police officer.

미션

02 꿈이 아직 없는 친구 응원하기 (4명 모둠용)

(선생님이 교실에서 학생들의 장래 희망을 조사하고 있다.)

선생님 : What do you want to be, 예지?
예지 : I want to be a soldier.
선생님 : I see.
선생님 : What do you want to be, 현우?
현우 : I want to be a youtube creator.
선생님 : I see.
선생님 : What do you want to be, 지효?
지효 : I have no idea.
선생님 : I see. Don't worry. You will find your dream soon.
다같이 : Don't worry, 지효.

미션

03 꿈을 위해 노력하기 (짝 활동)

엄마 : *(화를 내면서)* What are you doing, 민수?
아들 : I'm playing games.
엄마 : It's 11 o'clock.
아들 : I want to be a pro gamer.
엄마 : Oh no!

04 모둠 역할극 만들기 1

(가족이 모여서 함께 TV를 보고 있다.)

TV : (_____ .) I'm _____ .

　　　 I'm _____ .

누나 : *(TV 속 모습에 감탄하면서)* _____ . _____ .

아빠 : Umm... All right. *(동생에게)* How about you?

　　　 What do you want to be?

동생 : _____ .

05 모둠 역할극 만들기 2

(교실에서 선생님이 학생들의 장래 희망을 조사하고 있다.)

선생님 : What do you want to be, _____ ?

_____ : _____ .

선생님 : I see.

선생님 : What do you want to be, _____ ?

_____ : _____ .

선생님 : I see.

선생님 : What do you want to be, _____ ?

_____ : I have no idea.

선생님 : I see. Don't worry. You will find your dream soon.

다같이 : Don't worry, _____ .

06 짝과 역할극 만들기

엄마 : What are you doing, _____ ?

아들 : _____ .

엄마 : _____ .

아들 : _____ .

엄마 : _____ .

진로 체험 축제 놀이

01 Job Festival 놀이하는 방법을 살펴봅시다.

1. 모둠(4명)별로 1명의 직업 체험관 진행자와 3명의 직업 체험 부스 운영자를 뽑는다.
2. 3명은 각자 직업을 고른 후 실제 할 수 있는 행동 1가지를 고른다.
   (예 : 사진사 ⇒ 폰으로 사진 찍기)
3. 직업 체험은 누구나 할 수 있는 쉽고 간단한 동작으로 고른다. (예 : 축구공 대신 풍선으로 헤딩하기)
4. 각자 자신이 할 말을 대본으로 쓰고 외운다.
5. 필요한 준비물도 각자 준비한다.
6. 한 모둠은 뽑기를 통해 다른 모둠에 가서 체험을 한다. (직업 체험은 1인당 1개로만 제한한다.)
7. 체험이 끝나면 잘했다고 모두 칭찬해 준다.

02 모둠 친구들과 함께 직업 체험관 운영을 어떻게 준비하면 좋을지 살펴봅시다.

[모둠 역할 나누기]

체험관 이름	<You Can Do It> Job Festival			
모둠 역할 나누기	가이드	부스 1 진행자	부스 2 진행자	부스 3 진행자
	안지수	홍민기	유예진	이수정

[직업 부스 계획하기]

역할	부스 1 진행자	부스 2 진행자	부스 3 진행자
이름	홍민기	유예진	이수정
극 중 이름	슈바이처	고흐	손흥민
직업	*doctor*	*painter*	*soccer player*
체험할 동작	체온 재기	연필로 그림 그리기	공 헤딩하기
준비물	디지털 체온계	연필, 종이	풍선 *or* 비치볼

가이드 대본	**1. 직업 체험관 소개**	Hello, everyone! Welcome to the You Can Do It Job Festival.
	2. 자기소개	I'm 지수. I'm your guide.
	3. 부스 소개	Booth number 1 is the Docter booth. Booth number 2 is the Painter booth. Booth number 3 is the Soccer Player booth.
	4. 학생 안내하기	*(다른 모둠 친구 중 한 명에게 물어보면서)* What do you want to be?
		① 학생이 원하는 직업이 부스에 있는 경우 　학생　 : I want to be a doctor. 　가이드 : All right. Follow me. (학생을 안내한다.)
		② 학생이 원하는 직업이 부스에 없는 경우 　학생　 : I want to be a chef. 　가이드 : Sorry. We don't have a Chef booth. 　학생　 : Then, I want to be a soccer player. 　가이드 : All right. Follow me.

부스 1 진행자 대본	**1. 인사말**	Hello, everyone!
	2. 자기소개	I'm 슈바이처. I'm a doctor.
	3. 직업 체험 설명	You will take my temperature. *(시범을 보여준다.)* Watch me. 학생 : *(실제로 디지털 체온계를 가지고 온도를 재 본다.)*
	4. 칭찬하기	Good job. You can do it. You will be a good doctor.
	4. 끝인사	Bye. See you later.

03 모둠 친구들과 함께 직업 체험관 운영을 계획하고 준비해 봅시다.

[모둠 역할 나누기]

체험관 이름				
모둠 역할 나누기	가이드	부스 1 진행자	부스 2 진행자	부스 3 진행자

[직업 부스 계획하기]

역할	부스 1 진행자	부스 2 진행자	부스 3 진행자
이름			
극 중 이름			
직업			
체험할 동작			
준비물			

[대본 쓰기]

My dream
스피치

01 나의 꿈에 대해서 발표할 내용을 정리해 봅시다.

[예시]

1. 시작하는 인사말	Hello, everyone! What do you want to be?
2. 좋아하는 일	I like to play games.
2. 장래 희망	So I want to be a game programmer.
3. 꿈에 대한 설명 – 롤모델 – 하고 싶은 것 – 하고 있는 노력	My role model is Steve Jobs. I will make VR games. I learn programming.
4. 끝인사	Thank you for listening.

1. 시작하는 인사말	Hello, everyone! What do you want to be?
2. 좋아하는 일	I like to draw cartoon characters.
2. 장래 희망	So I want to be a webtoon artist.
3. 꿈에 대한 설명 – 롤모델 – 하고 싶은 것 – 하고 있는 노력	My role model is Joo Homin. I will make funny webtoons. I read webtoons every day.
4. 끝인사	Thank you for listening.

02 나의 꿈 스피치 원고 쓰기

1. 시작하는 인사말	
2. 좋아하는 일	
2. 장래 희망	
3. 꿈에 대한 설명 – 롤모델 – 하고 싶은 것 – 하고 있는 노력	
4. 끝인사	

03 위 내용을 바탕으로 스피치를 해 봅시다.

04 친구들의 발표 내용을 잘 듣고, 다음 내용을 적어 봅시다.

No	좋아하는 것	장래희망	No	좋아하는 것	장래희망
예시	게임하기	게임 프로그래머	예시	캐릭터 그리기	웹툰 작가

출신지
묻고 답하기

출신지를 묻고 답하는 것은 크게 어렵지 않습니다. 세계 여러 나라의 이름을 영어로 익히는 것이 조금 복잡하지만 노래를 따라 부르다 보면 어느 순간 익숙해집니다. 익혀야 할 핵심 표현이 간단한 편이므로 세계 일주 놀이나 미션 역할극과 같은 써먹기 활동을 충분히 해 봅니다. 아울러 'Where are you from?'은 출신지 국가만을 물어보는 것이 아니라 도시, 지역일 수 있기 때문에 유의해야 합니다. 예를 들어 미국인에게 "Where are you from?"이라고 하면 어느 주에서 왔냐는 것을 묻는 것일 수도 있습니다.

출신지 묻고 답하는 말 가르치기 (학습지 18-1)

세계 각국의 이름을 노래로 부를 수 있는 영상이 유튜브에 많이 있는데, 'Where are you from?'으로 검색해서 마음에 드는 것을 선택하여 매 시간 부르면 학생들이 20개 이상의 나라 이름을 익힐 수 있습니다. 그리고 사회과부도의 세계 지도를 보며 그 나라의 위치와 대표적인 인사말, 어느 대륙에 속하는지 찾아보며 공부합니다.

1. 세계 일주 놀이 (학습지 18-2, 3, 4, 5)

세계 일주 놀이는 자신이 한 국가의 국민이 되어 출입국 심사도 하고, 동시에 세계 일주도 하는 2가지 미션을 수행하는 놀이입니다. 우선 영어 이름 리스트를 보고 자신의 이름을 정한 뒤, 대륙과 그에 맞는 국가를 정합니다. 이후 선택한 국가에 대해 사회과부도를 보고 조사하고, 스탬프도 직접 만듭니다. 그리고 자신의 여권을 만들고 출입국 심사 시에 하는 대화를 연습한 뒤 정해진 세계 일주 놀이 룰에 따라 진행하면 됩니다. 모든 나라에 입국할 수는 없으므로 '턴 바이 턴' 방식에 따라 한 번은 유럽 모둠, 다음은 아시아 모둠, 그다음은 아메리카 모둠 등으로 돌아가면서 합니다.

캐나다 출입국 심사관		멕시코 출입국 심사관		브라질 출입국 심사관		칠레 출입국 심사관	
	↑ 여행자1 여행자2 여행자3		↑ 여행자1 여행자2 여행자3		↑ 여행자1 여행자2 여행자3		↑ 여행자1 여행자2 여행자3
나머지 학생들 대기							

2. 미션 역할극 (학습지 18-6)

출신지를 묻고 답하는 여러 가지 상황 중에서 외국인과 숙소를 함께 사용하는 경우와 유명인이 되어 방송국 인터뷰를 하는 상황을 가정합니다. 특히 숙소를 함께 쓰는 경우는 여행이나 협업 프로젝트, 해외 출장 등 다양한 상황을 설정해 볼 수 있습니다.

나만의 수업 재구성

과정	차시	주요 활동
이해하기 & 익숙하기	1차시	1. 세계 여러 나라 영어 이름 가르치기 2. <출신지 묻고 답하는 말> 가르치기
써먹기	2차시	1. 영어 이름 정하기 2. 국가 선택하고 정보 조사 및 스탬프 만들기 3. 여권 만들기 4. 출입국 심사 대화 연습하기 5. 세계 일주 놀이
	3차시	
	4차시	
	5차시	미션 역할극
	6차시	

출신지 묻고 답하기
핵심 표현

01 세계 여러 나라의 이름과 인사말을 배워 봅시다.

Japan (일본)	China (중국)	France (프랑스)	India (인도)	Germany (독일)
곤이찌와	니하오마	봉쥬르	나마스떼	구텐 탁
Spain (스페인)	Vietnam (베트남)	Kenya (케냐)	America (미국)	Iran (이란)
올라	씬 짜오	잠보	헬로우	쌀람

※ 출처 : 위키백과 https://ko.wikipedia.org

02 출신지를 묻고 답하는 말을 배워 봅시다.

I　　→　am　　→　from America.

(누가?)　→　(상태이다.)　→　　(어떤 상태?)

나는　　　　　상태이다.　　　미국으로부터 온

<의역> 나는 미국 출신이다.

I'm　　　　　→　from Canada.

(나는 상태이다.)　→　캐나다로부터 온

<의역> 나는 캐나다 출신이다.

Are you　　　　　→　from Spain?

(당신은 상태인가요?)　→　스페인으로부터 온

<의역> 당신은 스페인 출신인가요? (스페인에서 왔나요?)

Where　+　are you from?

(어디서)　　(당신은 온 상태인가요?)

<의역> 당신은 어디 출신이에요?

03 출신지를 묻고 답하는 말을 해 봅시다.

Q : Where are you from?

A : I'm from Brazil.

세계 일주 놀이

01 세계 일주 규칙을 살펴봅시다.

1. 모둠별로 대륙을 정한다.

   ※ 사회과부도 참고하기

   (예 : 1모둠 – 아시아, 2모둠 – 유럽, 3모둠 – 아프리카, 4모둠 – 중동, 5모둠 – 아메리카, 6모둠 – 오세아니아)

2. 모둠 구성원은 정해진 대륙에 속한 국가 중 한 나라를 고른다.

3. 자신이 속한 대륙의 나라가 자신의 국적이 되고, 자신이 그 나라 출입국 심사 담당자가 된다.

   (예 : 민규는 아메리카 모둠에 속하므로 멕시코를 담당하며, 멕시코 사람으로 멕시코 입국 심사관이 된다.)

4. 세계 일주를 할 때는 아래의 순서대로 이동할 수 있다. (유럽 출신자가 중동으로 바로 가지 못함.)

   (예 : 유럽 ➡ 아프리카 ➡ 중동 ➡ 아시아 ➡ 아메리카 ➡ 유럽)

5. 각자 자신이 속한 나라의 국기 1개와 스탬프를 만든다.

6. 스탬프가 다 떨어진 국가는 갈 수 없다.

7. 모든 모둠의 국가를 1개씩 가야 세계 일주로 인정한다.

02 세계 여러 나라에 입국하기 위해서 필요한 것들을 살펴봅시다.

[예시]

1. 모둠 대륙 및 출신 국가 정하기

모둠 대륙 이름	아시아(Asia)			
담당 국가 정하기	India	China	Vietnam	Thailand
	조진기	우희진	홍서윤	이미연

2. 입국 심사 절차

① 첫 인사	여행자 : Hello!
② 여권 요청하기	출입국 심사관 : Can I have your passport? 여행자 : Sure.
③ 국적 확인	출입국 심사관 : Where are you from? 여행자 : I'm from China.

④ 이름 확인	출입국 심사관 : What's your name? 여행자　　　 : My name is Steve.
⑤ 방문지 확인	출입국 심사관 : Where do you want to go? 여행자　　　 : I want to go to Delhi.
⑥ 허가와 불허 결정 (스탬프 붙여주기)	출입국 심사관 : (제대로 말하는지 확인한 후 여권에 스탬프를 붙여주고 통과시켜준다. 　　　　　　　　제대로 말을 못 하는 경우는 다시 줄을 서야 한다.)
⑦ 끝인사	여행자　　　 : Thank you. Bye.

03 세계 여러 나라에 입국하기 위해서 필요한 준비를 해 봅시다.

1. 모둠 대륙 및 출신 국가 정하기

모둠 대륙 이름				
담당 국가 정하기				

2. 세계 일주 계획

순서	1	2	3	4	5	6
대륙						
국가						
방문 도시						

3. 입국 심사 절차

① 첫 인사	여행자　　　 : Hello!
② 여권 요청하기	출입국 심사관 : Can I have your passport? 여행자　　　 : Sure.
③ 국적 확인	출입국 심사관 : Where are you from? 여행자　　　 : I'm from ＿＿＿＿＿＿＿＿.
④ 이름 확인	출입국 심사관 : What's your name? 여행자　　　 : My name is ＿＿＿＿＿＿＿＿.
⑤ 방문지 확인	출입국 심사관 : Where do you want to go? 여행자　　　 : I want to go to ＿＿＿＿＿＿＿＿.
⑥ 허가와 불허 결정 (스탬프 붙여주기)	출입국 심사관 : (제대로 말하는지 확인한 후 여권에 스탬프를 붙여주고 통과시켜준다. 　　　　　　　　제대로 말을 못 하는 경우는 다시 줄을 서야 한다.)
⑦ 끝인사	여행자　　　 : Thank you. Bye.

여권 만들기
(양면 인쇄)

Grade:

Class:

Name:

PASSPORT

VISAS

VISAS

	Surname	Given Name	Nationality	Date of Birth	Date of Issue	Date of expiry	P<<<<<< 45567AE<<<<<<<<<2375608374

SIGNATURE OF BEARER

국가 정보 조사 & 스탬프 제작

01 사회과부도를 보고 내가 선택한 나라에 대해 조사해 봅시다.

	1. 국가명	
	2. 소속 대륙	
	3. 인구	
	4. 크기	

02 내가 선택한 나라에 어울리는 스탬프를 만들어 봅시다.

나의 영어 이름 짓기

01 남자 영어 이름

Albert [알버트]	Harold [헤럴드]
Ace [에이스]	Hunter [헌터]
Anthony [안토니]	Harley [할리]
Alexander [알렉산더]	Henry [헨리]
Austin [오스틴]	Isaac [이삭]
Ali [알리]	Jason [제이슨]
Alex [알렉스]	Jack [잭]
Arnold [아놀드]	Justin [저스틴]
Andrew [앤드류]	John [존]
Arthur [아더]	Jordan [조단]
Andy [앤디]	Jaclyn [재클린]
Alvin [앨빈]	Jonathan [조나단]
Aaron [아론]	Kenneth [케네스]
Brandon [브랜든]	Kyle [카일]
Benjamin [벤자민]	Kevin [케빈]
Bono [보노]	Leonard [레오나드]
Billy [빌리]	Luke [루크]
Brian [브라이언]	Luis [루이스]
Christopher [크리스토퍼]	Mason [메이슨]
Carlos [카를로스]	Michael [마이클]
Charles [찰스]	Matthew [매튜]
Claude [클라우드]	Neal [닐]
Calix [칼릭스]	Nicky [닉키]
Daniel [다니엘]	Nicholas [니콜라스]
Darin [대런]	Oscar [오스카]
Dick [딕]	Richard [리차드]
David [데이빗]	Robert [로버트]
Dean [딘]	Ricky [리키]
Dalton [달톤]	Ryan [라이언]
Edgar [에드가]	Patrick [패트릭]
Eric [에릭]	Sam [샘]
Edwin [에드윈]	Sebastian [세바스찬]
Elroy [엘로이]	Samuel [사무엘]
Eugene [유진]	Steven [스티븐]
Edward [에드워드]	Thomas [토마스]
Elvis [엘비스]	Vincent [빈센트]
George [조지]	William [윌리엄]
Gabriel [가브리엘]	Zeki [재키]
Gilbert [길버트]	

Aileen [에일린]	Jessica [제시카]
Alice [앨리스]	Johanna [조안나]
Amanda [아만다]	Juliana [줄리아나]
Andrea [안드레아]	Jasmine [재스민]
Anna [애나]	Jennie [제니]
Alexa [알렉사]	Jessie [제시]
Alyssa [앨리사]	Jina [지나]
Amy [에이미]	Julia [줄리아]
Angela [안젤라]	Kimberly [킴벌리]
Ariana [아리아나]	Lauren [로렌]
Becky [베키]	Lydia [리디아]
Bella [벨라]	Lisa [리사]
Belita [벨리타]	Melissa [멜리사]
Bianca [비앙카]	Maria [마리아]
Catherine [캐서린]	Matilda [마틸다]
Caroline [캐롤라인]	Monica [모니카]
Christina [크리스티나]	Margaret [마가렛]
Cordelia [코델리아]	Mary [메리]
Dorothy [도로시]	Megan [메간]
Eldora [엘도라]	Nadia [나디아]
Elisha [엘리샤]	Natalie [나탈리]
Esther [에스더]	Naomi [나오미]
Erin [에린]	Olivia [올리비아]
Elin [엘린]	Rabia [라비아]
Elizabeth [엘리자벳]	Raina [레이나]
Emma [엠마]	Rebecca [레베카]
Emily [에밀리]	Rachel [레이첼]
Gemma [젬마]	Rania [라니아]
Grace [그레이스]	Sabina [사비나]
Gloria [글로리아]	Samantha [사만다]
Helen [헬렌]	Selina [셀리나]
Hera [헤라]	Sally [샐리]
Helia [헬리아]	Sara [사라]
Isabel [이자벨]	Sophia [소피아]
Iris [아이리스]	Tania [타니아]
Irene [이레인]	Vanessa [바네사]
Jane [제인]	Victoria [빅토리아]
Jennifer [제니퍼]	Zenia [제니아]

출신지 묻고 답하기
미션 역할극

미션
01 배낭여행 중 외국인 친구 사귀기

> **상황 :** 외국에 배낭여행을 가서 게스트 하우스(도미토리)에 도착한 상황
> **장소 :** 숙소 방 안

한국인 여행자 : *(숙소 방문을 열고 들어간다.)*

외국인 여행자 : *(반갑게 먼저 인사를 하면서)* Hello!

한국인 여행자 : *(약간 어색해 하면서)* Hi! How are you?

외국인 여행자 : Great! How are you?

한국인 여행자 : Fine! Where are you from?

외국인 여행자 : I'm from Germany.

한국인 여행자 : *(능청스럽게 웃으며)* 구텐탁!

외국인 여행자 : *(분위기가 풀리면서)* Ha Ha Ha. Where are you from?

한국인 여행자 : I'm from Korea. Nice to meet you.

외국인 여행자 : Nice to meet you too.

미션
02 유명 그룹이 되어 방송에서 인터뷰 대답하기

> **상황 :** 세계적인 인기 그룹 스타가 되어 인터뷰 요청에 응하는 상황
> **장소 :** 방송국 스튜디오

MC : *(방송 마이크를 들고)* Hello, everyone. Here is a super idol group, Black Pink.

멤버 : *(다 함께 한 목소리로)* One, two, three. We are Black Pink.

멤버1 : Hello. I'm Jane. I'm from China. I like music.

멤버2 : Hello. I'm Jessy. I'm from America. I like dancing.

멤버3 : Hi. I'm Lucy. I'm from France. I like movies.

멤버 : *(다 함께 한 목소리로)* One, two, three. We are Black Pink.

03 배낭여행 중 외국인 친구 사귀기

상황 : 외국에 _____을 가서 도착한 상황

장소 : 숙소 방 안

한국인 : *(숙소 방문을 열고 들어간다.)*

외국인 : *(반갑게 먼저 인사를 하면서)* Hello!

한국인 : *(약간 어색해 하면서)* Hi! How are you?

외국인 : _____. How are you?

한국인 : Fine! Where are you from?

외국인 : I'm from _____.

한국인 : *(능청스럽게 웃으며)* _____.

외국인 : *(분위기가 풀리면서)* Ha Ha Ha. Where are you from?

한국인 : _____. Nice to meet you.

외국인 : Nice to meet you too.

04 유명팀이 되어 방송에서 인터뷰 대답하기 (예 : 과학자팀, 공룡발굴팀, 엔지니어팀 등)

상황 : 세계적으로 유명한 _____ 팀이 되어 인터뷰 요청에 응하는 상황

장소 : 방송국 스튜디오

MC : *(방송 마이크를 들고)* Hello, everyone. Here is _____.

멤버 : *(다 함께 한 목소리로)* One, two, three. We are _____.

멤버1 : Hello. I'm _____ . I'm from _____ . I like _____ .

멤버2 : Hello. I'm _____ . I'm from _____ . I like _____ .

멤버3 : Hi. I'm _____ . I'm from _____ . I like _____ .

멤버 : *(다 함께 한 목소리로)* One, two, three. We are _____.

좋아하는 것
묻고 답하기

좋아하는 것 묻고 답하는 표현 가르치기 (학습지 19-1)

My favorite snack	+	is	+	새우깡
(내가 가장 좋아하는 과자는)		(이다)		(새우깡)

3학년 때부터 배웠던 '누가 어떤 상태이다.'를 알면 문장 구조는 쉽게 이해할 수 있습니다. 'favorite'이란 단어가 익숙하지 않을 뿐 특별히 배울 것이 없지만, 'is'가 '무엇이다.'라는 것을 확실히 강조할 필요가 있습니다. 그래서 'is'만 음을 높이고 늘려 강조해서 발음하게 합니다. 스낵이나 새우깡이 눈에 금방 들어오지만, 'is'는 학생들에게 아직 익숙하지 않기 때문입니다. 문장 구조가 단순하여 응용하기 쉬우므로 음식, 색깔, 과자, 스포츠, 아이스크림, 계절, 과목 등을 다양하게 묻고 답할 수 있습니다.

1. 친구들이 좋아하는 것 조사하기 (학습지 19-2)

자신이 관심 있는 분야를 선정하고, 그 분야에서 친구들이 무엇을 좋아하는지 조사하도록 합니다. 반 친구 모두를 혼자 조사하는 것은 힘드므로 짝과 함께하고, 그 결과를 그래프로 그려서 영어로 발표하도록 합니다.

2. 좋아하는 것, 싫어하는 것 말하기 (학습지 19-3)

'드라마는 좋아하지만 다큐멘터리는 싫어한다.', '고기는 좋아하지만 채소는 싫어한다.' 등과 같이 서로 대조를 이루는 말을 함께 이어 말하면서 더 분명하게 의미를 느낄 수 있고, 긴 문장도 부담스럽지 않게 말하는 연습을 할 수 있습니다.

3. 최고의 커플, 최악의 커플 역할극 (학습지 19-4)

좋아하는 것을 묻고 답하는 표현을 코믹한 역할극을 통해 가르칩니다. 좋아하는 것이 일치하는 최고의 커플과 전혀 다른 최악의 커플을 골라 짝과 역할극 대본을 써 보고 발표하도록 합니다.

4. My favorite 브이로그 만들기 (학습지 19-5)

자신이 좋아하는 것을 친구들에게 알려주는 V-log를 찍어보는 활동입니다. 자신이 좋아하는 분야에 대해 자유롭게 대본을 작성하므로 학생들이 좋아합니다. 다 찍고 나서 학생이 찍은 동영상을 친구들과 공유합니다.

나만의 수업 재구성

과정	차시	주요 활동
이해하기	1차시	1. 좋아하는 것 묻고 답하는 표현 가르치기 2. 내가 좋아하는 것 말하기
익숙하기	2차시	친구가 좋아하는 것 조사하기
써먹기	3차시	좋아하는 것, 싫어하는 것 말하기
	4차시	최고의 커플, 최악의 커플 역할극
	5차시	My favorite 브이로그 만들기
	6차시	

좋아하는 것 말하기
핵심 표현

01 내가 좋아하는 것을 말하는 방법을 알아봅시다.

My favorite **snack**	+	is	+	새우깡
(내가 가장 좋아하는 과자는)		(이다)		(새우깡)

02 내가 좋아하는 것을 말해 봅시다.

My favorite color is _____.	My favorite food is _____.	My favorite snack is _____.
My favorite subject is _____.	**What's your favorite?**	My favorite season is _____.
My favorite sport is _____.	My favorite game is _____.	My favorite ice cream is _____.

03 'What's your favorite subject?' 노래 부르기

<1절>	<2절>
What's your favorite subject? (4번)	What's your favorite subject? (4번)
I like math. I like math.	I like music. I like music.
I like art. I like art.	I like English. I like English.
I like science. I like science.	Social studies. Social studies.
I like P.E. I like P.E.	I like. I like.
	What's your favorite subject? (4번)

※ 출처 : What's your favorite subject, https://www.youtube.com/watch?v=tt2_2EP7TE8

친구들이 좋아하는 것 조사하기

01 짝과 함께 조사할 주제와 선택할 항목을 골라 봅시다.

[예시]

My question	What's your favorite snack?						

이름 \ 항목	새우깡	양파링	고래밥	포카칩	꼬북칩	꼬깔콘	허니버터칩	기타
홍길동				○				

02 짝과 조사할 대상자를 선정하고 조사해 봅시다.

My question	What's your favorite _____ ?						

이름 \ 항목								

03 짝과 조사 결과를 합산하여 봅시다.

종류									합계
인원									

04 조사 결과를 바탕으로 막대그래프를 그려 봅시다.

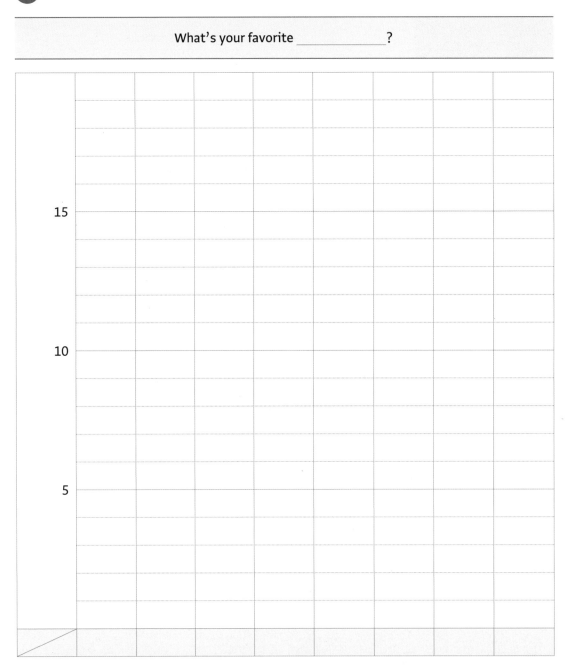

What's your favorite _____ ?

좋아하는 것, 싫어하는 것

01 내가 하기 좋아하는 것과 싫어하는 것을 써 봅시다.

No	내가 하기 좋아하는 것	내가 하기 싫어하는 것
예시	영화 보러 가는 것	방 청소하는 것
1		
2		
3		
4		
5		

02 내가 하기 좋아하는 것과 싫어하는 것을 영어로 써 봅시다.

구분	I like	I don't like
1	I like to go to _____.	But I don't like to go to _____.
2	I like to eat _____.	But I don't like to eat _____.
3	I like to play _____.	But I don't like to play _____.
4	I like to watch _____.	But I don't like to watch _____.
5	I like to _____.	But I don't like to _____.

최고의 커플, 최악의 커플 역할극

Best couple	Worst couple
왕자 : Do you like to eat ramen? 공주 : Yes, I like to eat 진라면. 왕자 : *(기쁨에 찬 목소리로)* Great! Me too.	왕자 : Do you like to eat ramen? 공주 : No. I like to eat spaghetti. 왕자 : *(실망한 목소리로)* Oh! I see.
왕자 : Do you like to ride a bike? 공주 : Yes, I like to ride a bike. 왕자 : *(기쁨에 찬 목소리로)* Great! Me too.	왕자 : Do you like to ride a bike? 공주 : No. I like to skate. 왕자 : *(실망한 목소리로)* Oh! I see.
왕자 : Do you like to play games? 공주 : Yes, I like to play games. 왕자 : *(흥분된 목소리로)* Amazing! Me too.	왕자 : Do you like to play games? 공주 : No. I like to read a book. 왕자 : *(풀이 죽은 목소리로)* Oh! I see.
왕자 : *(간절하게)* Will you marry me? 공주 : Of course.	왕자 : *(간절하게)* Will you marry me? 공주 : Sorry, no!

01 위 스토리를 바탕으로 짝과 역할극을 써 봅시다.

(   ) : Do you like to _____?
(   ) : _____. _____.
(   ) : _____.

(   ) : Do you like to _____?
(   ) : _____. _____.
(   ) : _____.

(   ) : Do you like to _____?
(   ) : _____. _____.
(   ) : _____.
(   ) : _____.
(   ) : _____.

My favorite 브이로그

01 친구의 V-log 시나리오를 읽어 봅시다.

인트로(인사)	Hello! I'm Leo.
영상 소개	This is my v-log.
My favorite #01	My favorite snack is 새우깡. I like to eat snacks.
My favorite #02	My favorite game is 리그오브레전드. It's very fun.
My favorite #03	My favorite ice cream is 수박바. I like to eat some ice cream.
My favorite #04	My favorite idol group is BTS. I'm a BTS fan.
감사 멘트	Thank you for watching!
끝인사	Bye!

02 자신만의 V-log 시나리오를 쓰고 동영상을 찍어 봅시다.

인트로(인사)	
영상 소개	
My favorite #01	
My favorite #02	
My favorite #03	
My favorite #04	
감사 멘트	
끝인사	

물건
가격 묻고 답하기

학생들이 물건의 가격을 묻고 답할 때 우선적인 것은 가격, 즉 숫자를 영어로 배우는 것입니다. 지금까지는 1~60의 숫자를 배웠지만 이제 천 단위와 만 단위를 배워야 합니다. 이를 충분히 익히고 난 뒤 가격을 묻는 표현을 배우는데, 물건의 종류에 따라 표현이 달라집니다. 물건이 양말, 신발, 장갑 등과 같이 두 부분이 하나를 이루는 것이면 'They are + 가격'이고, 보통의 물건이라면 'It is + 가격'으로 말합니다. 학생들에게 반드시 단수와 복수의 개념을 알려주어야 합니다.

물건의 가격을 묻고 답하는 표현 가르치기 (학습지 20-1)

1. 외국 돈 살펴보기

한화로 물건 값을 묻고 답하는 것은 익숙하지만 달러와 같은 외국 돈을 구경조차 못 한 학생들이 많아서 실물 외국 돈을 직접 보여주는 것도 좋은 방법입니다. 이 돈은 어느 나라 것인지, 한화로 얼마나 될지, 그리고 돈에 있는 그림을 살펴보고, 만져보고, 크기도 비교해 보며 각 나라의 화폐 단위와 이름도 알려줍니다.

2. 물건의 가격을 묻고 답하는 말 배우기

천 단위는 'thousand'만 알면 쉽지만, 만 단위부터는 쉼표를 중심으로 앞과 뒤를 구분하여 읽도록 가르치면 쉽습니다. 돈을 셀 때 자리를 구분하는 쉼표 자체가 한국식과 맞지 않아 숫자를 읽을 때 불편하지만 영어로 읽을 때는 편합니다. 예를 들어 24,000원은 쉼표를 기준으로 24라는 숫자와 ⑴000이라는 숫자로 나누고, 이를 순서대로 읽어주면 되는 것입니다.

그리고 가격을 물어보는 표현을 가르치는데, 물건을 먼저 구분해야 합니다. 한국은 양말, 바지, 안경, 장갑, 가위 등을 한 개의 물건으로 생각하지만, 영어는 양말 한 짝 한 짝이 모여 한 켤레가 되고, 바지 한 쪽과 다른 쪽이 모여 바지가 되고, 가위도 날 하나와 다른 날 하나가 모여 가위가 된다고 생각하기 때문에 표현이 다르다고 설명합니다. 즉, 물건을 두 부분이 하나를 이루는 것과 그렇지 않은 것으로 구분하여 그 표현이 달라진다는 것을 설명합니다. 1개와 여러 개일 때를 구별하면서 단수, 복수 개념을 관련 단원이 나올 때마다 반복적으로 설명해 주는 것이 필요합니다.

3. 외국 물건 가격 맞히기 게임

외국 물건 가격 맞히기 게임은 가격을 영어로 말해보는 것이 핵심입니다. 예를 들어 '미국에서 치토스 과자 한 봉지, 리코더, 필통은 얼마일까?' 등의 방식으로 문제를 내고 나면, 학생들은 모둠에서 토의를 통해 적정한 가격을 적어 영어로 발표합니다. 그리고 아마존이나 월마트에서 상품을 검색해 바로 가격을 찾아 확인하면 됩니다. 이때는 외국 사이트이므로 달러 단위로 나와 있더라도 환율에 따라 계산해 한화로 바꿔 정답을 말해 줍니다.

우리 아이 학교 보내기 시장조사 놀이 (학습지 20-2)

가격을 묻고 답하는 표현을 써 보는데, 아래 3가지에 포인트를 두고 생각해 본 것이 '우리 아이 학교 보내기 시장조사 놀이'입니다.

① 종이에 적거나 그린 것보다 실제 있는 물건을 사용할 수 있으면 좋겠다.
② 가격을 묻고 답하는 상황이 실제 현실 속에 벌어지는 일이며 좋겠다.
③ 가격을 묻고 답하는 과정을 통해 어떤 목적을 달성할 수 있는 활동이면 좋겠다.

일반적인 시장놀이를 할 때는 모형돈, 가격표, 물건 등 준비할 것이 많습니다. 반면, 시장조사는 물건을 사기 위해 가격을 알아보는 단계의 활동이므로 그런 것들이 필요 없습니다. 특히 가방이나 책상, 사물함에 들어 있는 연필, 지우개, 공책, 리코더, 가위 같은 학용품 실물을 이용하므로 따로 준비물이 필요 없습니다.

학생들에게 포스트잇을 나눠주고 그림을 그리는 방식으로 한다면 좀 더 다양한 상황도 가정해 볼 수 있습니다. 예를 들어 여름 바캉스 상황이라면 사야 하는 물품의 종류와 수량을 반 전체에 동일하게 한 후 모자, 바지, 선글라스 등을 포스트잇에 그리게 하고 최소비용을 서로 비교합니다. 어떤 상황을 주제로 잡느냐에 따라서 필요한 물건이 달라지고 놀이 제목도 바뀌게 됩니다.

가능한 여러 시장조사 주제

☑ 봄맞이 가족 소풍을 위한 시장조사 ➡ 가족 소풍 시장조사 놀이

☑ 여름 바캉스 물품 구입을 위한 시장조사 ➡ 여름 바캉스 시장조사 놀이

☑ 추석 장보기를 위한 시장조사 ➡ 추석 장보기 시장조사 놀이

☑ 생일파티 장보기를 위한 시장조사 ➡ 생일파티 장보기 시장조사 놀이

미션 역할극 (학습지 20-3)

해외에서 물건을 사는 상황의 역할극으로 물건을 가게에 가서 사거나 길거리에서 사는 2가지 경우로 진행합니다. 물건의 가격을 묻고 답하는 것뿐만 아니라 가격을 흥정하는 과정도 넣으면 더욱 흥미롭습니다.

홈쇼핑 쇼호스트 물건 팔기 (학습지 20-4)

홈쇼핑 쇼호스트가 되어 물건을 팔아보는 활동으로 각 가정에서 가져온 다양한 물건을 반 전체에 소개합니다. 소개하고 싶은 물건을 각자 동영상으로 촬영해서 오도록 하는 것도 재미있습니다.

가족을 위한 행복한 쇼핑 놀이 (학습지 20-5)

물건 가격을 묻고 답하는 주제에서 '시장놀이'를 빼놓을 수 없습니다. 시장놀이는 어떤 상황을 설정하고 목표를 달성하는 형태로 진행합니다. 먼저 일정 금액으로 행복한 가족파티를 할 수 있는 방법을 고민해 보고 쇼핑을 해 보도록 합니다. 물건 가격은 미리 보여주지 않고 물어보도록 하고, 그것을 사면 영수증과 물건 그림을 받고 쇼핑백 활동지에 붙이며, 활동이 끝난 뒤 산 물건을 보여주며 소개하는 시간을 가집니다.

나만의 수업 재구성

과정	차시	주요 활동
이해하기	1차시	1. 물건의 가격에 사용되는 숫자 가르치기 2. 물건의 가격을 묻고 답하는 표현 가르치기 3. 외국 물건 가격 맞히기 놀이
익숙하기	2차시	우리 아이 학교 보내기 시장조사 놀이
써먹기	3차시	1. 미션 역할극 2. 홈쇼핑 쇼호스트 물건 팔기
	4차시	
	5차시	가족을 위한 행복한 쇼핑 놀이
	6차시	

물건 가격 묻고 답하기
핵심 표현

01 각 나라의 화폐 이름과 기호를 살펴봅시다.

한국 ⇒ won(원)	미국 ⇒ dollar (달러)	중국 ⇒ yuan (위안)	유럽 ⇒ euro (유로)
₩	$	¥	€
	1달러 ≒ 1,200원	1위안 ≒ 180원	1유로 ≒ 1,400원

02 가격을 나타내는 숫자를 영어로 말해 봅시다.

가격	읽는 방법	가격	읽는 방법
₩100	one hundred won	₩6,100	six thousand + one hundred won
₩200		₩6,200	six thousand + two hundred won
₩300		₩6,300	
₩400		₩6,400	
₩500		₩6,500	
₩600		₩6,600	
₩700		₩6,700	
₩800		₩6,800	
₩900		₩6,900	
₩1,000	one thousand won	₩10,000	ten + thousand won
₩2,000		₩11,000	eleven + thousand won
₩3,000		₩12,000	
₩4,000		₩13,000	
₩5,000		₩14,000	
₩6,000		₩20,000	
₩7,000		₩30,000	
₩8,000		₩40,000	
₩9,000		₩50,000	

03 물건의 가격을 영어로 말해 봅시다.

1. 보통 물건의 가격을 말할 때 (1개일 때 'is')

한국어(2부분)	영어(3부분)
그것은 + 8,000원이다.	It → is → 8,000 won. (무엇이?) → (상태이다.) → (어떤 상태?)
그 모자는 + 8,000원이다.	The hat → is → 8,000 won. (무엇이?) → (상태이다.) → (어떤 상태?)

2. 두 부분이 하나를 이루는 물건이나 도구를 살 때 (여러 개면 'are')

> socks(양말), shoes(신발), gloves(장갑),
> glasses(안경), pants(바지), scissors(가위)

그것들은 + 5달러이다.	They →	are →	5 dollars.
	(무엇이?) →	(상태이다.) →	(어떤 상태?)
그 양말은 + 5달러이다.	The socks →	are →	5 dollars.
	(무엇이?) →	(상태이다.) →	(어떤 상태?)

04 물건의 가격을 묻는 표현을 영어로 말해 봅시다.

> How much + is it?
> (얼마나 많아요.) (그것은?)
>
> <의역> 그것은 (가격이) 얼마예요?

보통 물건을 살 때	두 부분이 하나를 이루는 물건이나 도구를 살 때
점원 : May I help you? 손님 : Yes, please. <u>How much is it?</u> 점원 : It's six thousand won.	점원 : May I help you? 손님 : Yes, please. <u>How much are these socks?</u> 점원 : They are eight hundred won.

우리 아이 학교 보내기 시장조사 놀이

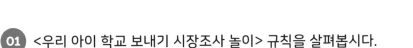

01 <우리 아이 학교 보내기 시장조사 놀이> 규칙을 살펴봅시다.

① 나는 초등학교에 다니는 자녀를 둔 부모입니다. 새 학기가 되어 담임 선생님께서 아래 준비물을 준비해 오라고 합니다.
② 아래 모든 준비물의 가격을 조사해야 합니다.
③ 모든 준비물을 사는데 가장 적은 금액으로 구입한다고 생각하고 총비용을 계산해 봅니다.
④ 한 명이 시장조사를 나가면 한 명은 가게를 지켜야 합니다. (교대 가능)
⑤ 자신의 가게 물건은 살 수 없습니다.

준비물 목록			
항목	수량	항목	수량
pencil (연필)	2자루	slippers (실내화)	1켤레
pencil case (필통)	1개	notebook (공책)	2권
ruler (눈금자)	1개	clear file (클리어 파일)	1개
recorder (리코더)	1개	glue (풀)	1개
scissors (가위)	1개	eraser (지우개)	1개

02 짝과 함께 물건의 가격을 정해 봅시다.

문구점 이름			
항목	가격	항목	가격
pencil		slippers	
pencil case		notebook	
ruler		clear file	
recorder		glue	
scissors		eraser	

03 다른 모둠에서 파는 물건의 가격을 조사해 보고, 어디서 살지 정하여 조사한 내용을 적어 봅시다.

내가 조사한 항목					짝이 조사한 항목				
No	항목	판매자	가격	비용	No	항목	판매자	가격	비용
1					1				
2					2				
3					3				
4					4				
5					5				
총 소요 비용									

물건 가격 묻고 답하기 미션 역할극

미션

 해외여행 중에 가게 들어가서 물건 사기

> **상황** : 여행하던 중 물건을 사러 가게에 들어간 상황
> **장소** : 외국 가게

나 : *(물건을 사러 가게 안으로 들어간다.)*
가게 점원 : *(상냥하게)* May I help you?
나 : I'm looking for a hat.
가게 점원 : How about this one?
나 : No. I don't like pink.
가게 점원 : How about this one?
나 : No. I don't like this style.
가게 점원 : *(약간 짜증이 난 듯이)* How about this one?
나 : *(약간 고민을 하다가)* How much is it?
가게 점원 : It's 50 dollars.
나 : What? Sorry. Bye Bye. (All right. I'll take it.)

미션

 해외여행 중에 길거리에서 음식, 음료 사 먹기

> **상황** : 여행하던 중 길거리에서 음료를 사려는 상황
> **장소** : 길거리 노점상

나 : Oh! I'm very thirsty. I want some drinks.
나 : *(길거리 노점 상인에게 다가가서)* Excuse me.
외국 상인 : Yes.
나 : *(손으로 살 물건을 가리키며)* How much is it?
외국 상인 : It's 5 dollars.
나 : Oh no! It's expensive. Can I get a discount?
외국 상인 : *(단호하게)* No. I'm sorry.
나 : I see. See you later.
외국 상인 : Wait. Wait. Wait. 3 dollars?
나 : Good! Two coconut juices, please.

해외여행 중에 가게 들어가서 물건 사기

상황 : _____
장소 : _____

나　　　 : *(물건을 사러 가게 안으로 들어간다.)*
가게 점원 : *(상냥하게)* May I help you?
나　　　 : I'm looking for _____.
가게 점원 : How about this one?
나　　　 : No. I don't like _____.
가게 점원 : How about this one?
나　　　 : No. I don't like _____.
가게 점원 : *(약간 짜증이 난 듯이)* How about this one?
나　　　 : *(약간 고민을 하다가)* How much is it?
가게 점원 : It's _____.
나　　　 : What? _____.

 해외여행 중에 길거리에서 음식, 음료 사 먹기

상황 : _____
장소 : _____

나　　　 : Oh! I'm _____ . I want _____.
나　　　 : *(길거리 노점 상인에게 다가가서)* Excuse me.
외국 상인 : Yes.
나　　　 : *(손으로 살 물건을 가리키며)* How much is it?
외국 상인 : _____.
나　　　 : Oh no! It's expensive. Can I get a discount?
외국 상인 : *(단호하게)* No. I'm sorry.
나　　　 : I see. See you later.
외국 상인 : Wait. Wait. Wait. _____?
나　　　 : Good! Give me _____.

홈쇼핑 쇼호스트 물건 팔기 놀이

01 홈쇼핑 쇼호스트가 되어 물건을 파는 표현을 살펴봅시다.

소개 항목	소개 멘트	물건 그림
1. 인사 소개	Hello. I'm Jessy.	
2. 물건의 이름 소개	This is Jeju Luxury Water.	
3. 물건의 특징	It has good minerals.	
4. 물건을 좋아할 사람	Your family will love it.	
5. 물건의 가격	It's only 1,000 won.	
6. 마무리 멘트	Go to E-mart now!	

소개 항목	소개 멘트	물건 그림
1. 인사 소개	Hello. I'm Jimmy.	
2. 물건의 이름 소개	This is Super Toy Car.	
3. 물건의 특징	It has a powerful motor.	
4. 물건을 좋아할 사람	Your son will love it.	
5. 물건의 가격	It's 50,000 won.	
6. 마무리 멘트	Come on. Hurry up!	

02 홈쇼핑 쇼호스트가 되어 물건을 팔아 봅시다.

소개 항목	소개 멘트	물건 그림
1. 인사 소개		
2. 물건의 이름 소개		
3. 물건의 특징		
4. 물건을 좋아할 사람		
5. 물건의 가격		
6. 마무리 멘트		

03 친구들의 발표 내용을 잘 듣고, 다음 내용을 적어 봅시다.

No	이름	파는 물건	가격	No	이름	파는 물건	가격
예시	안지희	물티슈	₩1,000	예시	유시영	랜턴	₩16,000

가족을 위한 행복한 쇼핑 놀이

01 <가족을 위한 행복한 쇼핑> 시나리오를 살펴봅시다.

내일은 가족 파티가 있는 날입니다.
나는 우리 가족을 위해 쇼핑을 하기로 했습니다.
나에게 주어진 돈은 50,000원입니다.
이 돈으로 가족을 행복하게 만들어 줄 수 있는 쇼핑을 해 봅시다.

02 짝과 가게 이름과 팔 물건을 정해 봅시다. (똑같은 물건을 여러 개 만들어도 좋습니다.)

[예시]

Store name		JYC (Jimmy's Yummy Chicken)	
No	Items	Name	Price
1	Chicken	된장 쓱쓱 치킨	₩20,000
2	Chicken	겨자 듬뿍 치킨	₩19,000

[가게 이름과 팔 물건 정하기]

Store name			
No	Items	Name	Price
1			
2			
3			
4			
5			
6			
7			
8			

03 팔 물건을 그리고, 영수증도 만듭니다. (물건을 팔 때는 반으로 접어서 가격이 보이지 않게 합니다.)

04 한 명이 물건을 살 때, 한 명은 가게에서 물건을 팝니다.

05 내가 산 물건 그림을 쇼핑백에 붙이고, 그 물건을 설명해 봅시다.

Receipt			Receipt			Receipt	
Item	Price	Item	Price	Item	Price
된장쏙쏙 chicken	₩20,000				
Jimmy's JJang chicken					

Receipt			Receipt			Receipt	
Item	Price	Item	Price	Item	Price

Receipt			Receipt			Receipt	
Item	Price	Item	Price	Item	Price

My shopping bag

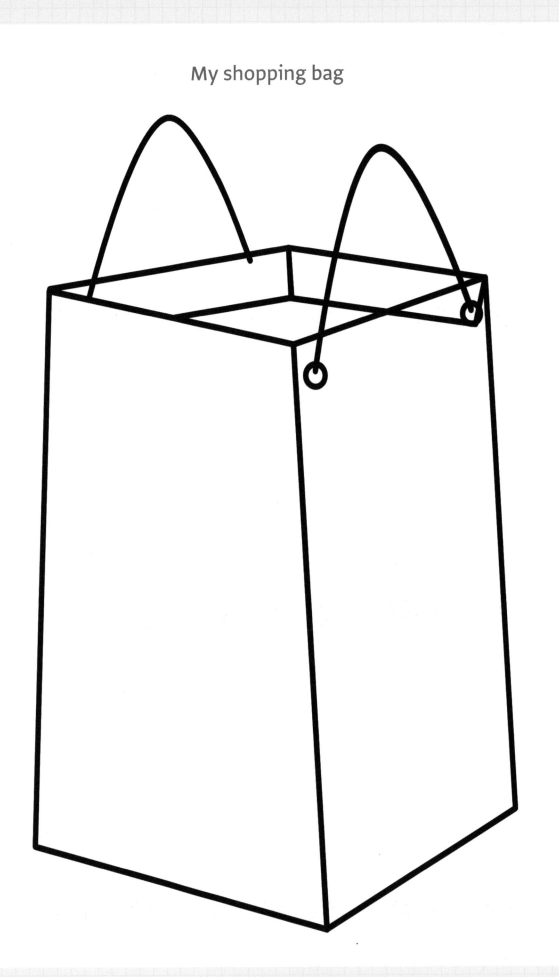

누구의 물건인지
묻고 답하기

'누구의 물건인지 묻고 답하기' 표현 가르치기 (학습지 21-1)

1. 입으로 문장을 영작해 보면서 규칙 터득하기

학생들은 Whose나 아포스트로피(') s를 써서 누구의 물건인지 묻고 답하는 표현을 복잡하게 생각하고 어려워합니다. 하지만 여러 가지 문장을 만들어 자꾸 반복하여 설명하다 보면 규칙을 터득합니다.

2. 긴 문장은 단계적으로 확장시키기

영어를 어려워하는 학생들에게 아래의 ①번을 먼저 충분히 영작해 보고서 ②번을 가르치면 훨씬 부담 없이 자연스럽게 문장을 말할 수 있습니다. 누구 목소리인지, 누구 집인지 등 선생님이 상황을 연기하면서 다양하게 문장을 말해 봅니다.

누구의 물건인지 물어보는 말
① Whose pencil?
② Whose pencil is this?

누구의 물건인지 대답하는 말
① 주민's phone.
② It's 주민's phone.

누구의 물건인지 묻고 답하는 말
① Whose eraser?　　➡ 민주's eraser.
② Whose eraser is this?　➡ It's 민주's eraser.

3. 추가로 가르치면 좋은 다섯 명

일반적으로 이름에 아포스트로피 s를 붙여 누구의 물건인지 가르치지만, 다양한 주제에서 '엄마, 아빠, 선생님, 동생, 친구' 등 다섯 명의 인물도 활용합니다. 즉, 초등학생들이 자주 만나는 인물을 다양한 주제에서 사용할 수 있도록 연습시키는 것입니다. 이 다섯 명만 익혀 놓으면 거의 모든 단원에서 활용할 수 있고, 예문도 더 풍부하게 만들 수 있습니다.

① 엄마 ➡ It's my mom's key.
② 아빠 ➡ It's my dad's car.
③ 선생님 ➡ It's my teacher's book.
④ 형제자매 ➡ It's my brother(sister)'s toy.
⑤ 친구 ➡ It's my friend's pencil.

4. 주인을 맞혀라! 사진 놀이

사진의 일부분만 보여주고 무엇인지 맞히는 간단한 동기유발형 놀이입니다. 예를 들어 돼지 사진을 크게 확대하여 꼬리 부분만 보여준 뒤 "Whose tail is this?"라고 물으면 학생들이 "It's a pig's."라 대답하는 것입니다. 학생 사진도 활용하여 신체의 일부를 보여주고 누구인지를 맞히게 하면 더욱 재미있습니다.

'선생님은 연기대상' 이름 스티커 붙이기

학생들에게 A4용지를 나눠주고 선생님이 말한 내용을 듣고 그림으로 그리는 활동을 한 뒤 제출하게 합니다. 그런데 아뿔싸! 선생님이 깜빡 잊고 이름을 적으라는 말을 안 했다고 말합니다. 그래서 이름을 확인하기 위해 학생 그림 한 장마다 "Whose picture is this?"라고 물으면 학생들이 "It's mine."이라 대답하는 것입니다. 그러면 선생님은 이름을 적어달라며 "Would you write your name here?"이라 말하고, "이거 수행평가인데 어떡하지?" 하면서 능청스럽게 연기하면 학생들도 깜빡 속습니다. 주인을 다 찾고 나서 사실은 선생님이 표현을 실전처럼 연습하려고 연기를 한 것이라고 하면 학생들 반응이 재미있습니다.

물건 주인 맞히기 놀이
1. 마피아 게임을 활용한 물건 주인 맞히기 놀이

마피아 게임을 활용한 놀이로서 먼저 학생 모두 눈을 감고 책상에 엎드린 후, 선생님이 교실을 돌며 1명의 어깨를 톡톡 건드리는 신호를 줍니다. 그 학생은 조용히 자신의 물건을 꺼내 교탁에 놓거나 선생님에게 줍니다. 그리고 눈을 뜨게 하고서 그 물건의 주인을 맞히는 것으로, 이때 선생님이 "Whose pencil case is this?"라고 묻고, 학생 한 명 한 명에게 맞힐 기회를 줍니다. 학생들은 "It's 주희's."처럼 말하면 되며, 만약 어려울 경우에는 '안경을 쓰고 있다. 남자다. 키가 크다. 머리가 길다.' 등처럼 힌트를 줍니다.

학생들이 익숙해지면 모둠별 활동을 하는데, 4명 모둠에서 돌아가며 맞힙니다. 예를 들어 각 모둠 1번이 맞힌다면 모든 모둠의 1번만 책상에 엎드리고 나머지 2~4번 친구 중 한 명이 물건을 올려놓습니다. 그리고 다시 눈을 뜨고 질문해서 맞히는데, 이때 친구들은 거짓말을 할 수 있습니다. 자기 물건이어도 아니라고 하고, 자기 물건이 아니어도 맞다고 해서 친구를 헷갈리게 하는 것이 포인트입니다. 이렇게 3~4분 정도 시간을 주고 한 명을 고르게 한 후 정답을 공개합니다.

2. 물건 주인 맞히기 모둠 대항 놀이 (학습지 21-2)

각 모둠별로 각자 물건을 한 가지 꺼내 4개의 소지품을 두고, 다른 모둠이 누구의 물건인지 맞히는 놀이입니다. 예를 들어 A모둠 학생들이 소지품을 모아 책상 위에 올려두면, B모둠의 친구들이 A모둠의 친구에게 질문하되, "Whose book is this?"처럼 직접적으로 물어보는 질문은 1회만 사용하게 합니다. 대신 그 외 질문은 "Is this 예진's?"처럼 물으면 된다고 안내합니다. 이렇게 활동하며 물건의 주인을 찾기 위해 물었던 질문의 총수가 가장 적은 모둠이 이기게 됩니다.

이야기 바꿔 쓰기 (학습지 21-3, 4)

누구의 물건인지 묻는 표현이 나오는 유명한 이야기를 각색해서 역할극을 하는 활동입니다. 예를 들어 '신데렐라'에서 유리구두가 누구의 것인지 맞히는 내용도 얼마든지 바꿀 수 있고, '금도끼 은도끼' 이야기 속에서 누구의 도끼인지 물어보는 것도 바꿀 수 있습니다. 또한 누구의 아기인가를 다루는 '솔로몬의 재판' 이야기도 이런 표현을 익히기 좋은 스토리인데, 등장인물, 주인을 찾는 물건의 종류, 결말 등을 바꿔 자신들만의 이야기를 쓰고 역할극으로 꾸미는 것도 재미있습니다. 미술 시간과 연계하여 각종 소품을 만들어 보는 활동도 추천합니다.

나만의 수업 재구성

과정	차시	주요 활동
이해하기	1차시	1. 누구의 물건인지 묻고 답하는 표현 가르치기 2. 주인을 맞혀라! 사진 놀이
익숙하기	2차시	<선생님은 연기대상> 이름 스티커 붙이기
	3차시	1. 마피아 게임을 활용한 물건 주인 맞히기 놀이 2. 물건 주인 맞히기 모둠 대항 놀이
써먹기	4차시	<이야기 바꿔 쓰기> 1. 지혜로운 재판 2. 금도끼 은도끼
	5차시	
	6차시	

누구의 물건인지 묻고 답하기 핵심 표현

01 누구의 물건인지 묻고 답하는 표현을 배워 봅시다.

[표현 1]

Whose	+	bag?
(누구의)		(가방이야?)

[연습 1]

우리말	영어	
1. 누구 거 공이야?	누구의 공이야?	Whose ball?
2. 누구 폰이야?	누구의 폰이야?	Whose phone?
3. 누구 돈이야?	누구의 돈이야?	Whose money?
4. 누구 생일파티야?	누구의 생일파티야?	Whose birthday party?
5. 누구 여자친구야?	누구의 여자친구야?	Whose girlfriend?

[표현 2]

Whose phone	+	is this?
(누구 폰이야?)		(이것이)

[연습 2]

우리말	영어	
1. 이거 누구 케이크야?	이거 누구의 케이크야?	Whose cake is this?
2. 이거 누구 책상이야?	이거 누구의 책상이야?	Whose desk is this?
3. 얘 누구 아기야?	이 얘 누구의 아기야?	Whose baby is this?
4. 이거 누구 목소리야?	이거 누구의 목소리야?	Whose voice is this?
5. 이 개 누구 개야?	이 개 누구의 개야?	Whose dog is this?

[표현 3]

현진' s	+	pencil.

※ 뜻 : 현진이의 연필
※ 쓸 때 : 현진 아포스트로피(') s
※ 읽을 때 : 현진스 펜슬

[연습 3]

우리말		영어
1. 현진이 거 연필	현진이의 연필	현진's pencil.
2. 내 친구 거 책상	내 친구의 책상	my friend's desk.
3. 우리 아빠 차	우리 아빠의 차	my dad's car.
4. 내 동생 방	내 동생의 방	my brother's room.

[표현 4]

[연습 4]

우리말		영어
1. 그거 재민이 거 공이야.	그것은 재민이의 공이다.	It's 재민's ball.
2. 그거 엄마 돈이야.	그것은 엄마의 돈이다.	It's my mom's money.
3. 그거 내 동생 거 장난감이야.	그것은 내 동생의 장난감이다.	It's my brother's toy.
4. 그거 제임스 거 공책이야.	그것은 제임스의 공책이다.	It's James' notebook.

[표현 5]

It's mine. (그거 내 거야.)	It's yours. (그거 네 거야.)

[표현 6]

02 위 표현을 사용하여 누구의 물건인지 묻고 답하는 말을 해 봅시다.

A : Whose chair is this?

B : ① It's 지효's chair. ② It's 지효's.

309

물건 주인
맞히기 놀이

01 우리 모둠에서 각자 한 개씩 물건을 모아 누구의 것인지 기록해 봅시다.

No	누구의 물건인지 적기
예시	*This ruler is 미나's.*
1	
2	
3	
4	

02 다른 모둠의 물건을 보고 질문해 누구의 것인지 맞혀 봅시다.

질문 예시	Whose pencil is this?
	This is 선웅's bag?
	Is this 선웅's bag?

우리 모둠이 사용한 질문의 총 개수	회

이야기 바꿔 쓰기
- 지혜로운 재판

01 지혜로운 재판 이야기를 함께 읽어 봅시다.

<등장인물 : 해설, 지혜로운 왕, 가짜 엄마, 진짜 엄마>

해설 : There was a king. He was very wise.

해설 : One day, two mothers came to the king.

가짜 엄마 : (서로 몸싸움을 하면서) This is my baby.

진짜 엄마 : (서로 몸싸움을 하면서) No, This is my baby.

가짜 엄마 : (서로 몸싸움을 하면서) No, This is mine.

진짜 엄마 : (서로 몸싸움을 하면서) No, This is mine.

지혜로운 왕 : (칼을 번쩍 들면서) All right. I will cut this baby in half.

해설 : One mother cried.

진짜 엄마 : (울음소리를 내면서) No. Stop, please.

진짜 엄마 : (아기를 가짜 엄마에게 건네면서) It's yours.

해설 : The king laughed. (왕이 큰 소리를 내며 웃는다.)

지혜로운 왕 : (아기를 진짜 엄마에게 주면서) It's yours. You're the baby's real mother.

진짜 엄마 : Are you sure?

지혜로운 왕 : Yes, I am. Mothers love their babies.

진짜 엄마 : Thank you so much.

02 이야기에서 바꾸고 싶은 것이 무엇인지 생각해 봅시다.

- ☑ 재판을 하는 인물
- ☑ 서로 다투는 두 사람
- ☑ 자신의 것이라고 주장하는 대상(물건)
- ☑ 문제를 해결한 방식
- ☑ 이야기의 결말

03 친구들과 함께 이야기를 바꾸어 써 봅시다. (4명 모둠용)

04 새롭게 바꾼 이야기를 가지고 역할극으로 표현해 봅시다.

모둠	다투는 사람	서로 자기 것이라고 주장하는 대상

이야기 바꿔 쓰기
- 금도끼 은도끼

01 <금도끼 은도끼> 이야기를 함께 읽어 봅시다.

<등장인물 : 해설, 산신령, 정직한 나무꾼, 욕심쟁이 나무꾼>

해설   : There was a good woodcutter.

정직한 나무꾼   : *(나무를 패다 도끼를 연못에 빠뜨리면서)* Oh no! My axe!

산신령   : *(금도끼를 보여주면서)* This is yours?

정직한 나무꾼   : No, it's not mine.

산신령   : *(은도끼를 보여주면서)* This is yours?

정직한 나무꾼   : No, it's not mine.

산신령   : *(쇠도끼를 보여주면서)* Is this yours?

정직한 나무꾼   : Yes, it's mine.

산신령   : You're honest. I will give you three axes.

해설   : There was a bad woodcutter. He heard the story.

욕심쟁이 나무꾼 : *(일부러 도끼를 빠뜨리면서)* Oh no! My axe!

산신령   : *(금도끼를 보여주면서)* This is yours?

욕심쟁이 나무꾼 : *(능청스럽게 거짓말을 하면서)* Yes, it's mine.

산신령   : Are you sure?

욕심쟁이 나무꾼 : Yes, it's mine.

산신령   : You lied. I will take your axe. Bye.

욕심쟁이 나무꾼 : *(울면서)* Oh no! My axe!

02 이야기에서 바꾸고 싶은 것이 무엇인지 생각해 봅시다.

☑ 물건을 찾아주는 사람

☑ 서로 반대되는 두 사람

☑ 자신의 것이라고 주장하는 대상(물건)

☑ 문제를 해결한 방식

☑ 이야기의 결말

03 친구들과 함께 이야기를 바꾸어 써 봅시다. (4명 모둠용)

04 새롭게 바꾼 이야기를 가지고 역할극으로 표현해 봅시다.

모둠	등장인물	서로 자기 것이라고 주장하는 대상(물건)

전화로
제안하고 답하기

전화를 걸어 제안하고 약속을 정하는 활동은 흥미로운 협상의 과정으로 상대방과 나의 사정을 고려해 만날 시간을 정하므로 학생들이 재미있어 합니다. 그래서 첫 차시에 '전화로 제안하고 답하기' 대화의 스크립트를 바로 제시합니다. 핵심 표현은 대화문을 통째로 가지고 가르치므로 빠르게 익힐 수 있으며, 이후 대화문을 이용해 다양한 상황에서 미션을 수행할 수 있습니다.

'전화로 제안하고 답하기' 대화문 가르치기 (학습지 22-1)

1. 친구와 만나서 하는 일 생각해 보기

학생들이 전화로 친구에게 제안하고 약속을 정했던 경험을 떠올려 보게 합니다. 예를 들어 같이 시내에 가거나 운동장에 모여 축구를 하거나 집으로 놀러가는 것 등이 있을 수 있습니다.

2. 대화문 통째로 제시하기

전화로 무언가를 제안하고 시간과 장소를 정하는 대화는 짧지만 여러 차례 말을 주고받습니다. 그러므로 대화문 자체를 통째로 먼저 제시하고, 이 단원에서 무엇을 배워야 하는지 전체 흐름을 이해한 상태에서 세부적으로 제안하는 표현이나 전화상 표현을 가르치는 것이 좋습니다. 다른 단원은 짧은 문장에서 긴 문장으로 확장하면서 제시한다면, 이 단원은 처음부터 대화를 주고받는 전 과정을 모두 제시하는 것입니다.

3. 세부 표현 가르치기

전화할 때 'I am ○○.'라고 하지 않고 'This is ○○.'라 말한다는 것을 설명합니다. 'Let's go.'라는 표현을 모르는 학생은 거의 없지만 정확하게 사용하거나 어떻게 활용하는지는 제대로 알지 못합니다. 'Let's dance.'나 'Let's play.'와 같이 자유자재로 쓸 수 있도록 원리를 알려줄 필요가 있습니다. 'Let's'를 이용해서 제안하는 표현은 2가지로 구분해서 가르칩니다.

① Let's go ~ing 패턴 ➡ 몇 개 안 되는 것으로 통문장으로 자주 듣고 익숙해지기
② Let's 동사 패턴 ➡ 여러 문장을 영작해 보며 원리 터득하기

'Let's go shopping.'이나 'Let's go swimming.' 등은 'Let's go' 뒤에 '~ing'를 써서 '뭐 하러 가자.'라고 표현하는 몇 개 되지 않는 문장을 통째로 자주 들으면서 외우게 합니다. Let's 동사 패턴은 지금까지 배운 단어를 가지고 여러 문장을 영작해 보면 금방 이해할 수 있습니다.

전화로 제안하고 답하는 미션 활동

1. 친구와 약속 잡기 미션 (학습지 22-2)

친구에게 전화로 제안하고 약속을 잡는 미션으로 실제로 학생들에게 전화 통화를 시킵니다. A학생이 교실에 있다면, 통화 상대인 B는 복도로 나가 전화 통화를 하는 형태로, A는 스피커를 켜놓고 반 전체가 대화 내용을 들을 수 있도록 합니다. 이 활동의 포인트는 A, B 모두 자신의 스케줄을 미리 정해 놓는 것으로 친구를 만날 수 있는 시간과 없는 시간으로 구분해 표를 만들어 놓고 서로 약속 시간 협상을 하는 것입니다.

익숙하기 단계는 여러 가지 다양한 제안을 하는 것보다 정해진 몇 개의 패턴만을 가지고 충분히 익숙해질 때까지 하는 것이 목표입니다. 1~6가지 정도의 제안으로 한정하고 주사위나 돌림판을 이용해 임의로 제안 내용을 정합니다. 학생 2명을 랜덤으로 뽑아서 하다가 전체 앞에서 시범을 보여주면서 모둠 활동으로 넘어가도 됩니다.

2. 원어민과 약속 잡기 미션 (학습지 22-3)

실제로 원어민과 전화 통화를 한다면 어떨까요? 외국인 얼굴을 보고 대화하는 것만큼이나 목소리만으로 의사소통을 해야 하는 상황은 색다른 경험입니다. 원어민은 교담실이나 유선전화기가 있는 교실에서 대기합니다. 학생들은 직접 원어민에게 전화를 걸고 제안하는 미션을 수행합니다. 원어민이 모든 학생의 다양한 제안을 모두 들어줄 수는 없기 때문에 제안 내용은 선생님이 구체적으로 정합니다. 수업시간에 작성한 대본이나 과제 활동지, 혹은 수행평가 학습지와 같은 것을 원어민에게 제출하는 형태를 권합니다. 반 전체가 일괄적으로 수행평가를 하고서 원어민과 약속을 잡은 후 이를 실제로 제출해 보는 것입니다.

3. 친구와 영화 보기 미션 (학습지 22-4, 5)

학생들은 자신의 스케줄표를 짜서 자신만의 영화관과 상영 스케줄표를 만들어 선생님에게 제출합니다.

학생들은 반 학생 수만큼 있는 상영 스케줄표 중에 3개를 고를 수 있습니다. 영화관 3개와 나의 스케줄표, 친구의 스케줄표 3개의 변수를 놓고 약속을 잡는 것입니다. 미션을 수행할 짝을 뽑고, 상영 스케줄표도 한 명에게만 주는데, 세부적인 규칙은 변경 가능합니다.

4. 미션 임파서블, 지구를 구하라! 미션 (학습지 22-6)

'미션 임파서블' OST 메인 테마곡을 들려주며 분위기를 조성하고, 학생들이 첩보요원, 악당이 되어 지구를 구하는 미션을 수행하는 활동입니다. 먼저 악당들이 전화 통화로 지구를 멸망시킬 수 있는 중요한 물건을 거래하기 위한 접선약속을 정하는 내용을 말합니다. 실제 스마트폰을 통해 전화하도록 하고, 통화 내용은 녹음해 둡니다. 이어 통화 녹음을 첩보요원이 입수해 넘겨받고 블루투스 스피커를 이용해 큰 소리로 함께 듣습니다. 스마트폰이 폭파되므로 딱 한 번만 들을 수 있다는 규칙을 정하면 학생들을 더 집중합니다. 그리고 다 들었으면 만날 장소를 찾아내야 합니다. 장소를 찾아내면 해피엔딩이고, 못 찾아내면 비참한 결말이 기다리고 있습니다.

나만의 수업 재구성

과정	차시	주요 활동
이해하기	1차시	전화로 제안하고 답하는 표현 가르치기
익숙하기	2차시	1. <친구와 약속 잡기> 미션 2. <원어민에게 제안하기> 미션
써먹기	3차시	<친구와 영화 보러 가기> 미션
	4차시	
	5차시	<미션 임파서블, 지구를 구하라!> 미션
	6차시	

전화로 제안하고 답하기 핵심 표현

01 친구들과 만나서 하는 일을 생각나는 대로 적어 봅시다.

(예 : 친구와 만나서 놀이터에서 놀기)

02 친구에게 전화로 제안하는 표현을 영어로 말해 봅시다.

상황	재성이는 심심해서 준호에게 전화를 걸어 같이 축구를 하자고 제안한다.

순서	대본
1. 시작 인사	재성 : *(친구에게 전화를 건다.)* 준호 : 여보세요? 재성 : 안녕하세요? 저 재성인데요. 준호랑 통화 좀 할 수 있을까요? 준호 : 안녕, 재성아. 나 준호야.
2. 제안하기	재성 : 준호야, 나 정말 심심하다. *(우리)* 축구 하자! 준호 : 좋지!
3. 약속 정하기	준호 : 언제? 재성 : 4시 어때? 준호 : 좋은데. 어디서? 재성 : 학교 운동장에서. 준호 : 좋아. 4시에 학교 운동장에서 보자.
4. 끝인사	재성 : 그때 보자. 안녕. 준호 : 안녕. *(전화를 끊는다.)*

03 무엇을 같이 하자고 제안하는 표현을 영어로 배워 봅시다.

[표현 1]

Let's go　　+　　swimming.

（가자!）　　　　（수영하러.）

[연습 1]

우리말	영어
캠핑하러 가자. (캠핑 가자.)	Let's go + camping.
스케이트 타러 가자. (스케이트 타자.)	Let's go + skating.
인라인 스케이트 타러 가자. (인라인 스케이트 타자.)	Let's go + inline skating.
쇼핑하러 가자. (쇼핑하자.)	Let's go + shopping.

[연습 2]

우리말	영어
(우리) 자전거 타자.	Let's + ride a bike.
(우리) 축구 하자.	Let's + play soccer.
(우리) 놀이터 가자.	Let's + go to the playground.
(우리) 영화 보러 가자.	Let's + go to the movies.
(우리) 라면 먹자.	Let's + eat ramen.

04 위 내용을 바탕으로 친구에게 전화로 제안하는 표현을 배워 봅시다.

순서	대본
1. 시작 인사	재성 : *(친구에게 전화를 건다.)* 준호 : Hello? 재성 : Hello. This is 재성. Can I speak to 준호? 준호 : Hi, 재성. It's 준호.
2. 제안하기	재성 : 준호! I'm so bored. Let's play soccer. 준호 : Sounds great!
3. 약속 정하기	준호 : When? 재성 : How about 4 o'clock? 준호 : Good! Where? 재성 : The school playground. 준호 : All right. Let's meet at 4 at the playground.
4. 끝인사	재성 : See you then. Bye. 준호 : Bye. *(전화를 끊는다.)*

친구와
약속 잡기 미션

01 친구들을 만날 수 있는 가능한 시간에 ○표시를 하고, 만나기 어려운 시간은 ✕표시를 하여 자신의 스케줄표를 만들어 봅시다.

> _____' schedule

요일	Monday	Tuesday	Wednesday	Thursday	Friday	Saturday	Sunday
09시~12시							
14시~16시							
16시~18시							

02 위에 적은 나의 스케줄표를 참고하여 친구와 약속을 잡는 미션을 수행해 봅시다.

미션 번호	주어진 미션		나의 미션 기록	
	제안	만날 장소	만날 시간	미션 성공
1	축구 하자.	○○학교 운동장에서		
2	PC방에서 게임하자.	스타 PC방에서		
3	놀이터에서 놀자.	놀이터에서		
4	컵라면 먹자.	GS24에서		
5	수영장 가자.	현대 스포츠 센터에서		
6	영화 보러 가자.	롯데 시네마에서		
총 성공 횟수				회

원어민과
약속 잡기 미션

01 원어민 선생님께 전화를 걸어 제안하는 상황을 살펴봅시다.

[예시]

미션 상황	준우는 원어민 매튜 선생님에게 전화를 걸어 과제를 검사받고 제출하려고 한다.

순서	대본
1. 시작 인사	학생 : *(원어민 선생님에게 전화를 건다.)* 원어민 : Hello? 학생 : Hello. <u>This is 준우</u>. <u>Can I speak to Matthew?</u> 원어민 : Hi, 준우. It's Matthew.
2. 제안하기	학생 : Matthew! I finished my homework. 원어민 : Sounds great! 학생 : Can you check my homework? 원어민 : Sure.
3. 약속 정하기	원어민 : When? 학생 : How about 09:40 on Tuesday? 원어민 : Sorry, I can't. I have a class. 학생 : How about 10:40 on Tuesday? 원어민 : Sorry, I can't. I'm busy. 학생 : How about 11:40 on Tuesday? 원어민 : OK. 학생 : All right. <u>Let's meet at 11:40 at the subject teachers' room.</u>
4. 끝인사	원어민 : See you then. Bye. 학생 : Bye. *(전화를 끊는다.)*

02 원어민 선생님께 전화를 걸어 제안하는 미션을 수행해 봅시다.

미션 상황	

순서	대본
1. 시작 인사	학생 : *(원어민 선생님에게 전화를 건다.)* 원어민 : _____? 학생 : _____. _____. _____? 원어민 : _____.
2. 제안하기	학생 : _____! _____. 원어민 : _____! 학생 : _____? 원어민 : _____.
3. 약속 정하기	원어민 : _____? 학생 : _____? 원어민 : _____, _____. 학생 : _____? 원어민 : _____, _____. _____. 학생 : _____? 원어민 : _____. 학생 : _____. _____.
4. 끝인사	원어민 : _____. _____. 학생 : _____. *(전화를 끊는다.)*

322

친구와
영화 보기 미션

01 '친구와 영화 보기' 미션 규칙을 살펴봅시다.

① 각자 자신의 스케줄표를 완성함. (8칸 중 4칸은 ○, 나머지 4칸은 X를 해야 함.)

② 한번 작성한 스케줄표는 수정할 수 없음.

③ 각자 영화관 상영 스케줄표를 완성함.

④ 친구와 영화 볼 시간과 장소를 정하면 미션 성공이고, 약속을 정하지 못하면 미션 실패임.

⑤ 영화관 상영 스케줄표는 전화를 거는 사람이 총 3개를 가지고 있음.

⑥ 전화 받는 사람, 거는 사람 모두 제안하는 표현(Let's~)을 반드시 1회 이상 사용해야 함.

02 친구들을 만날 수 있는 가능한 시간에 ○표시를 하고, 만나기 어려운 시간은 X표시를 하여 나의 스케줄표를 만들어 봅시다.

1. 나의 스케줄을 완성해 봅시다.

요일	9시~11시	11시~1시	1시~3시	3시~5시
Saturday				
Sunday				

2. 미션을 수행하면서 친구의 스케줄을 기록해 봅시다.

요일	9시~11시	11시~1시	1시~3시	3시~5시
Saturday				
Sunday				

3. 위에 적은 나의 스케줄표를 참고하여 친구와 약속을 잡는 미션을 수행해 봅시다.

만날 친구		볼 영화	
만날 시간		만날 영화관	

323

4. 아래의 대화를 참고하여 미션을 수행해 봅시다.

순서	대본
1. 시작 인사	제임스 : *(친구에게 전화를 건다.)* 해리　: Hello? 제임스 : Hello. This is 제임스. Can I speak to 해리? 해리　: Hi, 제임스. It's 해리.
2. 제안하기	제임스 : 해리! I'm so bored. Let's go to the movies. 해리　: Sounds good!
3. 약속 정하기	해리　: What movie? 제임스 : *(상영 스케줄표를 보고)* Harry Potter! 해리　: OK. When? 제임스 : How about Saturday 2 p.m.? 해리　: Sorry, I can't. 제임스 : How about Sunday 2 p.m.? 해리　: Okay. Let's meet at 2 at 서울 CGV.
4. 끝인사	제임스 : See you then. Bye. 해리　: Bye. *(전화를 끊는다.)*

5. 미션 수행

No	이름	약속	볼 영화	만나는 시간	만나는 장소
예시	제임스, 해리	○	해리포터	일요일, 2시	서울 CGV

영화관
상영 시간표

Make your Movie Theater

요일	예시	1관	2관	3관	4관
Movie	알라딘				
Running time	140 min				
Time	10:00				
	12:00				
	14:00				
	16:00				
	18:00				

미션 임파서블, 지구를 구하라! 미션

01 <미션 임파서블, 지구를 구하라!> 시놉시스

악당 몬스터X는 지구를 멸망시킬 수 있는 핵미사일 발사 비밀 코드를 알아낸다. 몬스터X는 이를 보스인 타노스에게 전달하기 위해 전화로 만날 시간과 장소를 약속을 정한다. 그러나 다행이 첩보요원 M과 K는 이 전화 통화가 녹음된 휴대폰을 입수한다. 그러나 이 휴대폰은 한 번 재생을 하면 자동으로 폭파되도록 설계되어 있다. 기회는 단 한 번뿐. 과연 그들은 지구를 구할 수 있을까?

02 <미션 임파서블, 지구를 구하라!> 규칙

① 각 모둠에서 2명은 요원, 2명은 악당 역할을 함.

② 다른 모둠의 악당(요원)과 우리 모둠의 요원(악당)이 서로 대결을 함.

③ 악당일 때는 물건을 차지하면 점수를 얻고, 요원일 때는 지구를 구하면 점수를 얻음.

④ 점수가 높은 모둠이 이김.

⑤ 이름, 약속 장소, 시간, 거래할 물건 등은 모두 바꿀 수 있음.

03 미션을 수행하기 위해 다음 내용을 정해 봅시다.

1. 우리 모둠의 역할을 정해 봅시다.

역할	첩보요원1	첩보요원2	부하 악당	보스 악당
극 중 이름				
실제 배우				

2. 우리 모둠의 약속 시간, 장소를 정해 봅시다.

만날 장소	만날 시간	거래할 물건

3. 아래의 대화를 참고하여 미션 내용을 살펴봅시다.

순서	대본
Scene1. 은밀하게 약속 잡기	부하 악당 : *(보스에게 전화를 건다.)* 보스 악당 : Hello? 부하 악당 : Hello. This is 몬스터X. Can I speak to 타노스? 보스 악당 : Hi, 몬스터X. It's 타노스. 부하 악당 : Boss! I got a secret code. 보스 악당 : Good job! Let's meet at 4 at New York station. 부하 악당 : All right. See you then.
Scene2. 정보를 찾아라!	*(녹음파일이 든 휴대폰을 보여주면서)* 첩보요원 M : I got a file, but we can play the file only one time. 첩보요원 K : Let's play the file. *(음성파일을 다 듣고 난 후 휴대폰이 쾅 폭발음을 내면서 터져버린다.)* └, <2-1. 정보를 제대로 들은 경우> 첩보요원 중 한 명 : *(다 듣고 나서)* Let's go to New York station. 나머지 첩보요원　 : All right. Let's go. └, <2-2. 정보를 제대로 듣지 못한 경우> 첩보요원 중 한 명 : *(다 듣고 나서)* I don't know. 나머지 첩보요원　 : I don't know.
Scene3. 지구를 구하다.	└, <3-1. 정보를 제대로 들은 경우> 보스 악당　 : Do you have the secret code? 부하 악당　 : *(USB를 보여주면서)* Yes, I do. Here is the usb. 첩보요원들 : *(총을 들고 나서)* Don't move. Raise your hands. 악당들　　 : Oh no! └, <3-2. 정보를 제대로 듣지 못한 경우> 보스 악당 : Do you have the secret code? 부하 악당 : *(USB를 보여주면서)* Yes, I do. Here is the usb. 보스 악당 : *(큰 소리로 사악하게 웃으면서)* Now, the world is mine!

4. 아래의 대화를 참고하여 미션을 수행해 봅시다.

순서	대본
Scene1. 은밀하게 약속 잡기	부하 악당 : *(보스에게 전화를 건다.)* 보스 악당 : Hello? 부하 악당 : Hello. This is _____. Can I speak to _____? 보스 악당 : Hi, _____. It's _____. 부하 악당 : Boss! I got _____. 보스 악당 : Good job! Let's meet at _____ at _____. 부하 악당 : All right. See you then.
Scene2. 정보를 찾아라!	*(녹음파일이 든 휴대폰을 보여주면서)* 첩보요원1 : I got a file, but we can play the file only one time. 첩보요원2 : Let's play the file. *(음성파일을 다 듣고 난 후 휴대폰이 쾅 폭발음을 내면서 터져버린다.)* ㄴ **<2-1. 정보를 제대로 들은 경우>** 첩보요원 중 한 명 : *(다 듣고 나서)* Let's go to _____. 나머지 첩보요원　: All right. Let's go. ㄴ **<2-2. 정보를 제대로 듣지 못한 경우>** 첩보요원 중 한 명 : *(다 듣고 나서)* I don't know. 나머지 첩보요원　: I don't know.
Scene3. 지구를 구하다.	ㄴ **<3-1. 정보를 제대로 들은 경우>** 보스 악당　: Do you have _____? 부하 악당　: *(_____를 보여주면서)* Yes, I do. Here is _____. 첩보요원들 : *(총을 들고 나서)* Don't move. Raise your hands. 악당들　　 : Oh no! ㄴ **<3-2. 정보를 제대로 듣지 못한 경우>** 보스 악당 : Do you have _____? 부하 악당 : *(_____를 보여주면서)* Yes, I do. Here is _____. 보스 악당 : *(큰 소리로 사악하게 웃으면서)* Now, the world is mine!

학년, 동아리
묻고 답하기

학년, 동아리 묻고 답하는 표현 가르치기 (학습지 23-1)

1. '직역'으로 영어식 사고 키우기

영어로 학년은 서수로 나타내는데, 1학년은 첫 번째 등급, 2학년은 두 번째 등급, 3학년은 3번째 등급 등으로 표현합니다. 학년은 학교에서 하나의 등급(지위)과 같은 것으로 학생들이 많이 쓰는 '업그레이드(up + grade)'라는 말을 떠올려 학교에서 등급을 올리는 것을 학년이라 볼 수 있다고 설명합니다. 한국어로 '나는 6학년이다.'라고 하지만 영어는 '나는 6학년 안에 속해 있는 상태이다.'라고 말하는 것을 칠판에 직사각형을 하나 그리고 그 안에 사람을 그려 넣으면 쉽게 이해합니다. 이미 in에 대해 배웠으므로 'I'm in the third grade.'를 이해하는 것은 어렵지 않습니다.

학년을 가르치면서 미국과 한국의 문화 차이도 설명합니다. 미국은 한 선생님이 같은 학급을 오랫동안 담당하는 경우가 많으므로 학생들은 그 학급은 누구 선생님 반이라는 것을 압니다. 그래서 한국처럼 '너 몇 학년 몇 반이니?'라고 묻기보다 '너는 어떤 선생님 반이니?', '너는 몇 번 교실이니?' 등으로 묻는 경우가 많다고 설명합니다.

Whose class are you in? 너 어떤 선생님 반이니?

➡ I'm in Mr. Smith's class. 나는 스미스 선생님 반이야.

What's your room number? 너 몇 번 교실이니?

➡ I'm in room 5. 나는 5번 교실 반이야.

2. 서수를 이용한 눈치 게임

서수를 활용해 TV 예능 프로그램에서 유행했던 '눈치 게임'을 합니다. 반 전체를 6개 모둠으로 나누고 각 모둠에서 한 명씩 나와 한 줄로 선 후 앉고, 선생님 시작 신호에 따라 순서를 말하며 일어서면 됩니다. 'First' 하고 일어나고, 다음 사람은 'Second' 하고 일어섭니다. 만약 두 학생이 동시에 일어나면서 순서를 말한다면 두 학생 모두 아웃입니다. 마지막에 'Sixth'를 외치는 학생도 아웃이 됩니다.

클럽 묻고 답하기 익히기

1. '몸으로 말해요'로 단어 익히기

한 모둠이 모두 앞으로 나와 앞사람 등을 보고 한 줄로 섭니다. 맨 앞사람에게만 정답을 보여주고 절대 소리는 내지 않으면서 몸으로 클럽을 설명해야 합니다. 예를 들어 모둠 1번이 정답을 보고 2번에게 몸짓으로 설명하면, 2번은 3번에게 자신이 나름대로 이해한 것을 설명합니다. 모둠원이 총 4명이라면 4번 학생이 "I'm in the guitar club."처럼 정답을 맞히는 게임으로 선생님은 미리 6모둠에게 낼 문제를 준비하고 있다가 하나씩 보여주면 됩니다.

모둠	클럽			
1모둠	배드민턴 클럽	수학 클럽	댄스 클럽	독서 클럽
2모둠	축구 클럽	과학 클럽	쿠킹 클럽	달리기 클럽
3모둠	야구 클럽	영어 클럽	스피치 클럽	만화 클럽
4모둠	배구 클럽	미술 클럽	리코더 클럽	영어 노래 클럽
5모둠	티볼 클럽	음악 클럽	수영 클럽	로봇 클럽
6모둠	요가 클럽	기타 클럽	영화 클럽	보드게임 클럽

2. 우리 반 동아리 배치표 만들기

현재 학급에서 동아리 배정이 되어 있다면 반 친구들이 속해 있는 클럽(동아리)을 조사하는 활동을 해 볼 수 있습니다. 시작하기 전에 우리 학년에 있는 클럽의 이름을 영어로 알아보고 진행합니다.

3. 나의 클럽 소개하기 (학습지 23-2)

클럽을 동아리만으로 한정하지 않고 방송부, 태권도부, 농구부, 학교 특색 교육으로 국악고적대 등이나 방과후 학교의 활동도 생각할 수 있습니다. 이처럼 범위를 넓게 보고 자신의 클럽을 소개하는 활동을 하고, 만약 어떤 클럽에도 속하지 않은 학생들은 자신이 생각하는 클럽에 대해 상상해서 소개하면 됩니다.

도서관 사서 선생님 미션 (학습지 23-3)

학교 도서관에 가서 책을 빌리면 학년, 이름을 물어보는데, 여기서 도서 대출 장부를 올바르게 작성할 수 있는지를 테스트하는 활동입니다. 사서 선생님이 되어 학생들에게 책을 빌려주면 그 학생의 학년, 이름, 대출 도서명 등과 같은 정보를 제대로 기록해야 합니다. 실제 도서관처럼 책상을 배치하고, 학급문고를 이용해 책도 가져와 보게 하면 더욱 실감납니다.

보건실 보건 선생님 미션 (학습지 23-4)

학생이 보건 선생님 역할을 하는 활동으로 보건실을 찾는 학생에게 연고를 바르거나 밴드 붙이기, 에어파스를 뿌리는 등의 알맞은 처치를 하고, 학년과 이름을 묻고 보건 기록을 남기는 미션입니다. 보건실에서 연고, 에어파스, 밴드를 빌려와서 실제 처치하는 연기를 하면 정말 재미있습니다.

학교 봉사 도우미 미션 (학습지 23-5)

학교의 층별 학년 배치를 미리 조사하여 어떻게 안내하면 좋을지 살펴보고, 직접 안내해 보는 활동으로서 실제 장소로 가서 학생들과 시뮬레이션을 하기를 권장합니다. 이 활동은 수행평가의 하나로 학생 1명당 3~4명을 제대로 안내하면 성공이고, 경쟁 게임 형식이라면 모둠원 전체 점수가 가장 많은 모둠이 이기는 형태로 진행합니다. 1모둠 4명이 돌아가면서 도우미를 하고, 2모둠 4명이 길을 묻는 학생 역할을 합니다. 학교 봉사 도우미 어깨띠를 소품으로 마련해서 두르고 하면 더욱 실감납니다.

별별 랭킹 조사하기 (학습지 23-6)

순서를 나타내는 서수를 다양하게 활용해 볼 수 있는 활동입니다. 일상생활에서 쉽게 접할 수 있는 실시간 검색 순위나 음악 차트 순위, 스포츠 리그 순위, 영화 흥행 순위, 영토가 넓은 나라 순위, 인구가 많은 나라 순위, 많이 다운로드한 게임 앱 순위 등 학생들의 관심사에 따라 조사 내용을 기록하게 하면 됩니다. 활동을 마친 후에는 조사한 자료를 바탕으로 아래와 같이 퀴즈 내기를 할 수도 있습니다.

What song's in first place?
What team's in first place?

나만의 수업 재구성

과정	차시	주요 활동
이해하기	1차시	1. 학년, 동아리 묻고 답하는 표현 가르치기 2. 눈치 게임
익숙하기	2차시	1. '몸으로 말해요'로 단어 익히기 2. 우리 반 동아리 배치표 만들기 3. 내가 속한 클럽 소개하기
써먹기	3차시	도서관 사서 선생님 미션
	4차시	보건실 보건 선생님 미션
	5차시	학교 봉사 도우미 미션
	6차시	별별 랭킹 조사하기

학년, 동아리 묻고 답하기 핵심 표현

01 학년을 묻고 답하는 표현을 배워 봅시다.

[학년 물어보기]

> What grade   +   are you in?
>
> (무슨 학년)   (너는 안에 있니?)
>
> <직역> 너는 무슨 학년 안에 (속해) 있니?
> <의역> 너는 몇 학년이니?

[학년 답하기]

> I'm   +   in the first grade.
>
> (나는 있는 상태야.)   (첫 번째 학년 안에)
>
> <직역> 나는 첫 번 째 학년 안에 (속해) 있어.
> <의역> 나는 1학년이야.

[순서를 나타내는 숫자]

개수를 나타내는 숫자		순서를 나타내는 숫자	
나는 책이 두 권 있다.		나는 두 번째 책을 읽었다.	
기수(기본 숫자)		**서수(순서 숫자)**	
고양이 한 마리	one cat	첫 번째 책	the first book
고양이 두 마리	two cats	두 번째 책	the second book
고양이 세 마리	three cats	세 번째 책	the third book
고양이 네 마리	four cats	네 번째 책	the fourth book
고양이 다섯 마리	five cats	다섯 번째 책	the fifth book
고양이 여섯 마리	six cats	여섯 번째 책	the sixth book

우리말	영어	
1. 나는 1학년이야.	나는 1학년 안에 있어.	I'm in the first grade.
2. 나는 2학년이야.	나는 2학년 안에 있어.	I'm in the second grade.
3. 나는 3학년이야.	나는 3학년 안에 있어.	I'm in the third grade.
4. 나는 4학년이야.	나는 4학년 안에 있어.	I'm in the fourth grade.
5. 나는 5학년이야.	나는 5학년 안에 있어.	I'm in the fifth grade.
6. 나는 6학년이야.	나는 6학년 안에 있어.	I'm in the sixth grade.

02 동아리를 묻고 답하는 표현을 배워 봅시다.

[동아리 물어보기]

> **What club** + **are you in?**
>
> (무슨 동아리) (너는 안에 있니?)
>
> <직역> 너는 무슨 동아리 안에 (속해) 있니?
> <의역> 너는 무슨 동아리니?

[동아리 답하기]

> **I'm** + **in the soccer club.**
>
> (나는 있는 상태야.) (축구 동아리 안에)
>
> <직역> 나는 축구 동아리 안에 (속해) 있어.
> <의역> 나는 축구 동아리야.

[연습 2]

우리말	영어	
1. 나는 음악 동아리야.	나는 음악 동아리 안에 있어.	I'm in the music club.
2. 나는 영화 동아리야.	나는 영화 동아리 안에 있어.	I'm in the movie club.
3. 나는 축구 동아리야.	나는 축구 동아리 안에 있어.	I'm in the soccer club.
4. 나는 미술 동아리야.	나는 미술 동아리 안에 있어.	I'm in the art club.
5. 나는 요리 동아리야.	나는 요리 동아리 안에 있어.	I'm in the cooking club.
6. 나는 로봇 동아리야.	나는 로봇 동아리 안에 있어.	I'm in the robot club.

나의 클럽 소개하기

01 내가 속한 클럽에 대해서 발표할 내용을 정리해 봅시다.

[예시]

1. 자기소개	Hello! I'm 동연.
2. 내가 속한 클럽	I'm in the Lego Robot club.
3. 클럽 시작 시간	Lego Robot club starts at 3.
4. 클럽 위치	The club room is on the fourth floor.
5. 클럽에 가는 횟수	I go to the club twice a week.
6. 클럽에서 하는 일	I make robots in the club. It's so fun.
7. 클럽에 들어오라고 추천하기	Please join our club.
8. 끝인사	Thank you for listening.

[클럽 소개 원고 쓰기]

1. 자기소개	
2. 내가 속한 클럽	
3. 클럽 시작 시간	
4. 클럽 위치	
5. 클럽에 가는 횟수	
6. 클럽에서 하는 일	
7. 클럽에 들어오라고 추천하기	
8. 끝인사	

02 위 내용으로 바탕으로 스피치를 해 봅시다.

03 친구들의 발표 내용을 잘 들은 후 내용을 적어 봅시다.

No	이름	소개한 클럽 이름	클럽 시작 시간	클럽 운영 장소
예시	동연	레고 로봇 클럽	3시	4층

도서관
사서 선생님 미션

01 사서 선생님이 되어 책 빌려주는 미션을 수행해 봅시다.

[예시]

Library Book Checkout Sheet

No	Name	Grade	Book title
1	Jin Woo	5th	삼국지
2	Sun Ah	6th	한국사 편지
3	Jun Ho	4th	가로세로 낱말퍼즐

사서 선생님 : May I help you?

학생　　　 : Yes, please. Can I borrow this book?

사서 선생님 : Sure. *(책 바코드를 찍으면서)* What grade are you in?

학생　　　 : I'm in the sixth grade.

사서 선생님 : *(타이핑을 하면서)* What's your name?

학생　　　 : My name is 효진.

사서 선생님 : How do you spell your name?

학생　　　 : H-y-o-j-i-n

사서 선생님 : OK. Here it is.

[대출 미션]

Library Book Checkout Sheet

No	Name	Grade	Book title

보건실 보건 선생님 미션

01 보건 선생님이 되어 학생을 치료해 주는 미션을 수행해 봅시다.

[예시]

School Nurse Visit

No	Name	Grade	Treatment
1	Ji Woo	5th	팔에 상처가 나서 연고 바름.
2	Sun Ah	6th	발을 삐끗해 에어파스 뿌려줌.
3	Jun Ho	4th	손가락이 칼에 베어 밴드 붙여줌.

학생 : (보건실 문을 열고 들어가면서) I'm hurt.

보건 선생님 : What's wrong?

학생 : I played soccer with my friends and hurt my arm.

보건 선생님 : (연고를 발라주며) Oh, dear!

보건 선생님 : (조치를 마치고 명부에 적으면서) What grade are you in?

학생 : I'm in the fifth grade.

보건 선생님 : (글씨를 적으면서) What's your name?

학생 : My name is 지우.

보건 선생님 : How do you spell your name?

학생 : J-i-w-o-o.

보건 선생님 : Good!

학생 : Thank you.

[치료 미션]

School Nurse Visit

No	Name	Grade	Treatment

학교 봉사 도우미 미션

01 학교 봉사 도우미를 하기 위한 사전 준비를 해 봅시다.

1. 미션 상황

여러분은 새 학기를 맞아 학생들의 교실을 안내해 주는 학교 봉사 도우미로 뽑혔습니다. 올해 교실이 바뀌어서 학생들이 혼란스러워하고 있습니다. 학교 봉사 도우미의 할 일은 우리 학교 학생들이 헤매지 않고 교실로 들어갈 수 있도록 안내하는 일입니다. 우리 학교 각 층별 학년 교실을 파악하여 정확하게 안내해 봅시다.

2. 우리 학교 층별로 어떤 학년이 있는지 정리해 봅시다.

3. 아래 대화문을 참고하여 교실의 위치와 가는 길을 안내하는 미션을 수행해 봅시다.

도우미 : May I help you?

학생 : *(교실을 못 찾아서 걱정하는 목소리로)* I can't find my classroom.

도우미 : What grade are you in?

학생 : I'm in the third grade.

도우미 : Third grade?

학생 : Oh, no, no, no, no. I'm in the fourth grade.

도우미 : *(손으로 건물 입구 방향을 가리키면서)* Go this way. It's on the third floor.

학생 : Thank you.

도우미 : You're welcome.

별별 랭킹 조사하기

01 여러 순위를 나타내는 자료를 살펴봅시다.

The Large Countries

No	Country size	설명
1	Russia 1,709만㎢	Russia is in first place.
2	Canada 997만㎢	Canada is in second place.
3	America 983만㎢	America is in third place.
4	China 959만㎢	China is in fourth place.
5	Brazil 852만㎢	Brazil is in fifth place.

ELP League Ranking

No	Ranking	설명
1	리버풀 32승 3무 3패	Liverpool is in first place.
2	맨시티 26승 3무 9패	Manchester City is in second place.
3	맨유 18승 12무 8패	Manchester United is in third place.
4	첼시 20승 6무 12패	Chelsea is in fourth place.
5	레스터 18승 8무 12패	Leicester City is in fifth place.

※ 자료 : 프리미어 리그 2019-2020 정규시즌 최종 성적

02 내가 알고 싶은 순위를 조사하고 결과를 보고서로 정리해 봅시다.

내가 조사한 항목	
조사 기준 일	
자료 출처	

[조사한 자료]

No	항목	설명
1		
2		
3		
4		
5		

[조사 결과]

No	항목	설명
1		
2		
3		
4		
5		

허락을 구하고
답하기

선생님과 학생들이 함께 생활하는 학교에서 학생 입장에서 선생님에게 허락을 구해야 하는 상황은 너무도 많습니다. 중요한 점은 허락을 구하는 다양한 실제 상황을 계속해서 연습해야 한다는 것입니다. 이 단원을 배운 이후에 선생님에게 허락을 구할 때는 영어로 말해보도록 하면 어떨까요.

허락을 구하고 답하는 표현 가르치기 (학습지 24-1)

1. 허락을 구하는 표현 가르치기

허락을 구할 때 '~도 돼요?'라는 규칙은 자연스럽게 알게 되는데, 학생들은 'can'을 이미 알고 있기 때문에 이해하기 어렵지 않습니다.

선생님 : '자도 돼요?'를 영어로 해 볼까요?

선생님 : Can I … ? *(학생들 대답을 기다린다.)*

학생들 : Sleep.

선생님 : Good! 그럼 '놀아도 돼요?'를 영어로 해 볼까요?

선생님 : Can I … ? *(학생들 대답을 기다린다.)*

학생들 : Play.

---

2. 허락을 답하는 표현 가르치기

허락을 답하는 표현으로 'Sure.'와 'Of course.' 모두 말할 수 있지만 'Sure.'는 일상적으로 편하게 하는 '그래 해!', '하고 싶으면 해!' 등 소극적 의미이고, 'Of course.'는 진심으로 적극적인 허락을 해 주는 의미입니다. 이 둘의 차이를 설명해야 학생들이 쉽게 이해할 수 있습니다.

허락할 때	허락하지 않을 때
① Yes, you can. ② Sure. ③ Of course.	① No, you can't. ② Sorry, you can't.

허락을 구하고 답하기 상황별 연습 (학습지 24-2)

1차시 핵심 표현을 이해했다면 이어 상황별 표현을 가르치면 되는데, 중요한 점은 구체적인 상황을 제시하는 것입니다. 영화나 드라마 등을 이용하면 좋으며, 학생이 영작한 표현이 실제 쓰이는지 확인하기 위해 아래 사이트에서 그 표현을 검색합니다.

- 영화나 드라마에서 특정 표현을 검색하면 그 표현이 들어간 영상을 보여주는 사이트
  Yarn, https://getyarn.io/yarn-popular

- 유튜브에서 특정 표현을 검색하면 그 표현이 들어간 영상을 검색해 주는 사이트
  Youglish, https://youglish.com

아래 상황을 앉아서 말로만 하는 것보다는 간단한 몸짓과 함께 연습하도록 유도하고, 이후 짝과 함께 직접 연기하는 미션을 통과해야 합니다.

허락을 구하는 상황

- 어딘가에 가고 싶어서 허락을 받는 상황
- 물건이 필요해서 빌리려고 하는 상황
- 먹을 것을 달라고 하는 상황
- 앉을 자리를 찾고 있는 상황
- 사진을 찍으려고 부탁하는 상황
- 궁금해서 무언가를 만져 보고 싶은 상황

'아픈 곳 묻고 답하기' 주제에서 아픈 상황이 벌어졌을 때, 아래와 같이 선생님께 허락을 받는 여러 가지 상황을 연습하는 것을 추천합니다. (학습지 11-3 참조)

- 머리가 아픈데, 엎드려 있어도 될까요?
- 배가 아픈데, 화장실에 다녀와도 될까요?
- 열이 있는데, 집에 가도 될까요?
- 팔을 다쳤는데, 보건실에 가도 될까요?
- 다리를 다쳤는데, 운동장에 안 가고 교실에 남아 있어도 될까요?

골든 카드 게임 (학습지 24-3)

보드 게임을 할 때처럼 허락을 구하는 미션을 '골든 카드'라는 이름으로 만들어 한 장씩 뽑고, 미션지(골든 카드)대로 수행하면 점수를 얻는 게임입니다. 반 전체로 몇 번 해 보고, 모둠별로 연습 시간을 주고 모둠 대항을 합니다.

판타지 무비 만들기 (학습지 24-4)

일상에서 허락을 구하는 말은 흔하지만 흥미를 갖기가 어렵기 때문에 시간적·공간적 배경에 변화를 주면서 학생들의 창의력과 상상력을 자극하는 방법으로 영화(애니메이션)를 찍도록 하는 것입니다. 학생들이 정해진 패턴에 따라 판타지 이야기를 쓰고, 이를 그림으로 그려 오려내고, 대본 연습을 하고, 스마트폰으로 촬영하는 일련의 과정인데 쉬운 일이 아니지만 보람찬 활동입니다.

캐릭터 키우기 게임 만들기 (학습지 24-5)

허락을 구하는 표현은 단순하여 학생들도 쉽게 익힐 수 있으므로 모둠별로 하나의 게임 제작사가 되어 캐릭터를 키우는 게임을 만들어 보는 것입니다. 스마트폰에서 하던 게임의 형태를 오프라인으로 가지고 와 구현한 것으로 허락을 구하는 상황을 하나의 역할극으로 만드는 것보다 훨씬 더 종합적이고 창의적인 사고를 요구하는 활동입니다.

나만의 수업 재구성

과정	차시	주요 활동	
이해하기	1~2차시	허락을 구하고 답하는 표현 가르치기 허락을 구하고 답하는 상황별 연습하기	
익숙하기	3차시	골든 카드 게임	
써먹기	4차시	<캐릭터 키우기 게임 만들기> 1. 예시 게임 살펴보기 2. 게임 기획하기	<판타지 무비 만들기> 1. 예시 작품 살펴보기 2. 작품 기획하기
	5차시	1. 게임 시나리오 짜기 2. 게임 소품 만들기 3. 게임 시뮬레이션	1. 영상 자료 제작하기 2. 영상 촬영하기
	6차시	다른 모둠과 게임 대결하기	영상 시청하기

허락을 구하고 답하기
핵심 표현

01 평소 선생님, 친구들, 부모님 등에게 허락을 구하는 말을 한국어로 써 봅시다.

....

....   ➡   한국어로
....   허락을 구할 때
....   사용하는 언어 규칙

02 <허락을 요청하는 말> 하는 방법을 배워 봅시다.

Can I + go to the PC bang?	<허락하면>
(할 수 있어요? 내가) (피시방 가는 것을)	Of course. 당연하지.
	Sure. *(가볍게)* 그래.
<직역> 제가 피시방에 갈 수 있어요?	<허락을 안 하면>
<의역> 저 피시방 가도 돼요?	No, you can't.

03 허락을 요청하는 표현을 영어로 말해 봅시다.

1	(제가) 화장실에 가도 될까요?	go to the restroom.
2	(제가) 쿠키를 먹어도 될까요?	have cookies.
3	(제가) 지우개를 빌릴 수 있을까요?	borrow eraser.
4	(제가) 사진을 찍어도 될까요?	take a picture.
5	(제가) 여기에 앉아도 될까요?	sit here.
6	(제가) 이것을 만져 봐도 될까요?	touch this.

346

허락을 구하는 상황 연습

01 다양한 상황에서 허락을 요청하는 표현을 익혀 봅시다.

1	*(교실에서 수업을 듣고 있다가 어딘가에 가고 싶은 상황)* 학생 : *(손을 들면서)* <u>Can I go to</u> the restroom? 선생님 : Sure.
2	*(친구와 놀고 있다가 폰이 필요한 상황)* 친구A : *(손을 내밀며)* <u>Can I borrow</u> your phone? 친구B : No, you can't.
3	*(배가 고파서 뭔가 먹고 싶은 상황)* 친구A : <u>Can I have some</u> cookies? 친구B : Of course. 친구A : Thank you.
4	*(급식실에서 앉을 자리가 없어 찾고 있는 상황)* 친구A : <u>Can I sit</u> here? 친구B : Sure. 친구A : Thank you.
5	*(길에서 연예인을 만나 사진을 찍고 싶은 상황)* 나 : <u>Can I take</u> a picture (with you)? 유명인 : Sure. 나 : Thank you.
6	*(쥐라기 공원에 가서 공룡을 보고 너무 신기한 상황)* 나 : <u>Can I touch</u> this? 어른 : No, you can't.

02 짝과 허락을 요청하는 역할극을 써 보고 연습해 봅시다.

1	어딘가에 가고 싶어 허락을 받는 상황	*(교실에서 수업을 듣고 있다가 어딘가에 가고 싶은 상황)* 학생 : *(손을 들면서)* <u>Can I go to</u> _____? 선생님 : _____.
2	물건이 필요해서 빌리려고 하는 상황	(_____ 이 필요한 상황)* 친구A : *(손을 내밀며)* <u>Can I borrow</u> _____? 친구B : _____.
3	먹을 것을 달라고 하는 상황	*(배가 고파서 뭔가 먹고 싶은 상황)* 친구A : <u>Can I have some</u> _____? 친구B : Of course. 친구A : Thank you.
4	앉을 자리를 찾고 있는 상황	(_____ 에서 앉을 자리가 없어 찾고 있는 상황)* 친구A : <u>Can I sit</u> here? 친구B : Sure. 친구A : Thank you.
5	사진을 찍으려고 부탁하는 상황	*(길에서 _____ 을 만나 사진을 찍고 싶은 상황)* 나 : *(카메라를 들고)* <u>Can I take</u> a picture (with you)? 유명인 : Sure. 나 : Thank you.
6	궁금해서 무언가를 만져 보고 싶은 상황	(_____ 에 가서 _____ 을 보고 너무 신기한 상황)* 나 : *(대상을 가리키며)* <u>Can I touch</u> _____? 어른 : No, you can't.

허락 구하기
미션 골든 카드 게임

당신은 지금 똥이 마렵습니다. 선생님에게 화장지를 빌려 보세요. (30 points)	당신은 지금 몹시 목이 마릅니다. 친구에게 물을 달라고 요청하세요. (20 points)	당신은 배가 고픕니다. 친구에게 과자를 달라고 요청하세요. (20 points)
당신은 연필이 없습니다. 친구에게 연필을 빌려 보세요. (10 points)	당신은 미술시간에 풀이 없습니다. 친구에게 풀을 빌려 보세요. (10 points)	꽝
당신은 지금 몹시 춥습니다. 선생님에게 옷을 빌려 보세요. (30 points)	당신은 지금 배가 아픕니다. 선생님에게 보건실에 가도 되는지 허락을 받으세요. (30 points)	당신은 지금 배가 아픕니다. 선생님에게 화장실에 가도 되는지 허락을 받으세요. (30 points)
당신은 지금 똥이 마렵습니다. 선생님에게 화장지를 빌려 보세요. (30 points)	당신은 지금 머리가 아픕니다. 선생님에게 보건실에 가도 되는지 허락을 받으세요. (30 points)	당신은 매우 피곤합니다. 선생님에게 집에 가도 되는지 허락을 받으세요. (30 points)
당신은 지금 가위가 필요합니다. 선생님에게 가위를 빌려 보세요. (10 points)	당신은 매우 심심합니다. 선생님에게 폰게임을 해도 되는지 허락을 받으세요. (30 points)	꽝
당신은 연필이 없습니다. 친구에게 연필을 빌려 보세요. (10 points)	당신은 지금 똥이 마렵습니다. 선생님에게 화장지를 빌려 보세요. (10 points)	당신은 지우개가 필요합니다. 친구에게 지우개를 빌려 보세요. (10 points)
당신은 지금 몹시 춥습니다. 선생님에게 옷을 빌려 보세요. (30 points)	당신은 우산이 없습니다. 선생님에게 우산을 빌려 보세요. (30 points)	꽝
당신은 목이 마릅니다. 친구의 우유를 먹을 수 있는지 허락을 받으세요. (10 points)	당신은 배가 매우 고픕니다. 선생님에게 과자를 먹어도 되는지 허락을 받으세요. (10 points)	당신은 매우 심심합니다. 축구를 해도 되는지 선생님에게 허락을 받으세요. (30 points)
당신은 네임펜이 없습니다. 친구에게 네임펜을 빌려 보세요. (30 points)	당신은 축구를 하고 싶습니다. 선생님에게 축구공을 빌려 보세요. (20 points)	당신은 다리를 다쳤습니다. 선생님에게 보건실에 가도 되는지 허락을 받으세요. (30 points)
당신은 매우 심심합니다. 축구를 해도 되는지 선생님에게 허락을 받으세요. (30 points)	당신은 친구 공책을 보아야 합니다. 친구에게 공책을 빌려 보세요. (20 points)	꽝

Golden Card	Golden Card	Golden Card
Golden Card	Golden Card	Golden Card
Golden Card	Golden Card	Golden Card
Golden Card	Golden Card	Golden Card
Golden Card	Golden Card	Golden Card
Golden Card	Golden Card	Golden Card
Golden Card	Golden Card	Golden Card
Golden Card	Golden Card	Golden Card
Golden Card	Golden Card	Golden Card
Golden Card	Golden Card	Golden Card

판타지 무비 만들기

01 <판타지 무비>를 만들기 위해 어떤 준비를 해야 하는지 함께 살펴봅시다.

1. 스토리 컨셉

항목	내용
1. 한 줄 스토리	에디가 아픈 공주를 위해 마법의 약을 찾아오는 이야기
2. 등장인물	왕, 공주, 에디, 어부, 마녀, 몬스터
3. 가는 이유	공주를 구할 약을 찾기 위해서
4. 가야 하는 곳	어둠의 숲
5. 가지고 갈 것	사과 3개
6. 부탁하는 상황 1	어부의 보트를 타는 상황
7. 부탁하는 상황 2	마녀가 사과를 먹는 상황
8. 부탁하는 상황 3	레인보우 워터 가져오는 상황
9. 결말	에디와 공주가 결혼
10. 제목 정하기	에디와 무지개 물

2. 장면 구상하기

No	주요 장면
#1	공주가 아픈 것을 보자 에디가 약을 찾아 여행을 떠남.
#2	에디가 어부를 만나서 보트를 타려고 허락을 구함(사과로 어부를 꼬드김).
#3	마녀를 만나서 사과를 주고 마법 스톤을 받음.
#4	괴물이 마법 스톤을 만져서 사람이 되고, 레인보우 워터를 받게 됨.
#5	에디는 공주의 병을 고치고 공주와 결혼하게 됨.

3. 규칙

① 허락을 구하는 표현을 3번 이상 사용해야 함.

② 모둠 구성원 모두 한 가지 이상 등장인물을 맡아야 함.

③ 장면은 최소 4개 이상이어야 함.

02 <에디와 무지개 물>을 보고 모둠 작품을 어떻게 만들면 좋을지 생각해 봅시다.

제목	Eddie and the rainbow water
#1. 여정의 시작	*(공주가 아파서 끙끙 소리를 내며 침대에 누워 있다.)* 왕 : Oh, no! The princess is sick. We need the rainbow water. 에디 : Where is the rainbow water? 왕 : It's in the dark forest. Monster has the rainbow water. 에디 : King! Can I go to the dark forest? 왕 : Sure, Eddie! Take three apples.
#2. 첫 번째 허락	어부 : Who are you? 에디 : I'm Eddie. Can I ride your boat? 어부 : Sorry, you can't. 에디 : *(에디 꾀를 내어서)* I'm very hungry. I'll eat an apple. 어부 : *(에디가 맛있게 먹는 모습을 보고)* Can I have your apple? 에디 : Sure, but can I ride your boat? 어부 : Yes, you can. *(에디는 무사히 강을 건넌다.)*
#3. 두 번째 허락	*(길을 가고 있는데 마녀가 나타난다.)* 마녀 : Can I have your apple? I'm very hungry. 에디 : Sure. 마녀 : I'll give you this magic stone. 에디 : Thank you.
#4. 세 번째 허락	*(마침내 목적지에 도착해서 몬스터를 만난다.)* 에디 : Monster! Can I have your rainbow water? 몬스터 : *(으르렁대면서)* No! 에디 : Oh, no! 몬스터 : *(에디의 매직스톤을 보고)* Oh! Magic stone! Can I tough this? 에디 : Sure. *(몬스터가 매직스톤을 만지자 펑 소리가 나면서 사람으로 바뀐다.)* 몬스터 : *(감격에 찬 목소리로)* Thank you. I'll give you the rainbow water. 에디 : Thank you.
#5. 해피엔딩	에디 : King! I got the rainbow water. 공주 : *(무지개 물을 마시는 소리를 내고)* Great! I'm fine. I'm fine. 왕 : You're great, Eddie. 공주 : I will marry you, Eddie.

03 친구들과 함께 작품을 만들어 봅시다.

제목	
#1.	
#2.	
#3.	
#4.	
#5.	

캐릭터 키우기
게임 만들기

01 <캐릭터 키우기 게임>을 만들기 위해 어떤 준비를 해야 하는지 함께 살펴봅시다.

1. 게임 주제 정하기

1. 게임 제목	제니, 수영장에 가다.	
2. 캐릭터 설정	아바타 이름	제니
	아바타 나이	12살
	아바타 성별	여자
3. 미션	제니를 수영장에 보내기	

2. 게임 흐름 짜기

차례	미션	허락 받을 대상	거절할 때 미션	만들 소품
미션 1	엄마에게 허락받기	엄마	엄마에게 다시 물어보기	수영장 티켓
미션 2	친구에게 수영복 빌리기	지우(친구)	친구에게 다시 물어보기	수영복
미션 3	수영장 들어가기	직원	직원에게 다시 물어보기 친구에게 모자 빌려오기	수영모자

3. 역할 정하기

게임 속 캐릭터	엄마	친구	수영장 직원	컴퓨터
담당	성수	준호	민구	태영

4. 게임 공통 규칙

① 모든 모둠 구성원이 1가지의 역할을 맡아야 함.

② 허락은 3번 이상 거절할 수 없음. (3번째는 반드시 허락해 주어야 함.)

③ 허락을 받는 미션은 3가지 이상 꼭 넣을 것.

④ 모둠에서 설정한 아바타에 어울리는 가면을 1개 만들 것.

⑤ 필요한 소품은 그리거나 직접 준비할 수도 있음.

02 게임 시나리오를 보면서 어떻게 게임을 구성하면 좋을지 살펴봅시다.

게임 흐름		대화
게임 초기화면		컴퓨터 : Now, you're Genie! Game starts! *(사람 3명이 각자 로봇처럼 왔다 갔다 하고 있다.)*
미션#1	미션 시작	컴퓨터 : I'm hot. I want to go swimming. I want to go swimming. 컴퓨터 : 엄마를 찾아 수영장에 가도 되는지 허락을 받으세요.
	미션 수행	*('엄마'라는 명찰을 가지고 있는 캐릭터에게 간다.)* 제니 : Mom! 엄마 : *(부르는 소리를 듣고 걸음을 멈춰 제니를 보며)* Yes, my daughter! 제니 : *(엄마에게 물어보며)* Can I go to the swimming pool? 엄마 : Sure.
	미션 클리어	컴퓨터 : *(띠리링)* Mission one clear!
미션#2	미션 시작	컴퓨터 : I don't have a swimming suit. 컴퓨터 : 친구에게 수영복을 빌리세요.
	미션 수행	*('Jiu'라는 명찰을 가지고 있는 캐릭터에게 간다.)* 제니 : Hi, Jiu. 친구 : *(부르는 소리를 듣고 걸음을 멈춰 제니를 보며)* Oh! Hello. 제니 : *(친구에게 물어보며)* Can I borrow your swimming suit? 친구 : Sorry, you can't.
	└ 미션 실패	컴퓨터 : 미션 실패, 다시 시도해 보세요.
	미션 수행	*('Jiwoo'라는 명찰을 가지고 있는 캐릭터에게 간다.)* 제니 : Hi, Jiwoo. 친구 : *(부르는 소리를 듣고 걸음을 멈춰 제니를 보며)* Oh! Hello. 제니 : *(친구에게 물어보며)* Can I borrow your swimming suit? 친구 : Sure.
	미션 클리어	컴퓨터 : *(띠리링)* Mission two clear!
미션#3	미션 시작	컴퓨터 : Now, I'm ready! 컴퓨터 : 직원에게 허락을 받고 수영장에 들어가세요.
	미션 수행	*('Staff'라는 명찰을 가지고 있는 캐릭터에게 간다.)* 제니 : Hello. 직원 : *(부르는 소리를 듣고 걸음을 멈춰 제니를 보며)* Oh! Hello. 제니 : *(직원에게 물어보며)* Can I come in? 직원 : No. You don't have a swimming cap.

	ㄴ. 미션 실패	컴퓨터 : 수영모자를 빌려서 다시 시도해 보세요.
미션#3	미션 수행	(*'Jiu'라는 명찰을 가지고 있는 캐릭터에게 간다.*) 제니 : Hi, Jiu. 친구 : *(부르는 소리를 듣고 걸음을 멈춰 제니를 보며)* Oh! Hello. 제니 : *(친구에게 물어보며)* Can I borrow your swimming cap? 친구 : Sure.
	미션 수행	(*'Staff'라는 명찰을 가지고 있는 캐릭터에게 간다.*) 제니 : Hello. 직원 : *(부르는 소리를 듣고 걸음을 멈춰 제니를 보며)* Oh! Hello. 제니 : *(직원에게 물어보며)* Can I come in? 직원 : Of course.
	미션 클리어	컴퓨터 : *(띠리링)* Good job! Mission clear!

03 위 시나리오를 참고하여 우리 모둠만의 캐릭터 키우기 게임을 만들어 봅시다.

1. 게임 주제 정하기

1. 게임 제목			
2. 아바타 설정	이름		나이
3. 미션			

2. 게임 흐름 짜기

차례	미션	허락 받을 대상	거절할 때 미션	만들 소품
미션 1				
미션 2				
미션 3				

3. 역할 정하기

게임 속 캐릭터			
담당			

4. 게임 시나리오 만들기

게임 흐름		대화
게임 초기화면		
미션#1	미션 시작	
	미션 수행	
	미션 클리어	
미션#2	미션 시작	
	미션 수행	
	└, 미션 실패	
	미션 수행	
	미션 클리어	
미션#3	미션 시작	
	미션 수행	
	└, 미션 실패	
	미션 수행	
	미션 수행	
	미션 클리어	

TEDU

학습교구

학급경영 도우미 쏭쌤 점수판

팀별(모둠) 점수판 구성

※ 빨강, 파랑 2종류, 0점~21점 표시 가능

팀별(모둠) 점수판 다수팀 점수 표시

※ 두 팀 이상 점수 표시 가능 : 팀 수만큼 점수판 준비

쑝쌤과 함께하는 인성 놀이교육

놀이로 푸는 인성 컬러링 노트

배려 의리 자존감 근면 정직
양심 공평 관용 양보 친절
예의 신중 공감 용서 칭찬
질서 소통 자율 평화 행복

초등학교　학년　반　번 이름

01 알차요!!!

놀이로 푸는
인성 컬러링 노트

인성으로 푸는 놀이교육

체크포인트
20개의 필수 인성

02 풍성해요

놀이로 푸는
인성 컬러링 노트

체크포인트
체계적이고 풍성한 활동거리

1. 좌충우돌 레고 학교 영상
2. 꿀잼 장면 컬러링 다시 맛보기
3. 관련 인성요소 바르게 익히기

03 쉬워요

놀이로 푸는
인성 컬러링 노트

영상 + 그림 + 글쓰기 = 한권의 노트

체크포인트
어디에서든 혼자서도 재미있는 인성교육

04 좋아요

놀이로 푸는
인성 컬러링 노트

체크포인트
다양한 교과와 연계된 융합교육

도덕 + 국어 + 미술 + 사회 + 체육 + 창체

사계절 꾸러미 학습 노트

틈틈이

봄 여름 가을 겨울
5가지로 즐기는 자투리 시간의 행복!

초등학교　학년　반　번 이름

1. 계절별 풍부한 학습지

봄 14장　　여름 15장
가을 14장　　겨울 14장

1년간 넉넉하게 활동할 수 있는
총 57개의 도안이 있어요.

2. 다양한 종류의 활동지

✓ 자기소개
✓ 숨은 그림찾기
✓ 틀린 그림 찾기
✓ 젠탱글
✓ 컬러링
✓ 점잇기
✓ 말놀이
✓ 픽셀아트
✓ 꾸미기
✓ 그리기
✓ 미로 찾기
✓ 조각 그림
✓ 계기교육

아이들이 지루하지 않도록
1년 내내 다양한 종류의 도안이 있습니다.

독서교육과 글쓰기를 한 번에!

책이랑, 글이랑

책이랑(독서달력)	글이랑(주제 글 나누기)
+독서 습관을 더하고	×읽고 트는 게임은 곱하고
−독서 후 글쓰기 부담은 빼고	÷생각은 함께 나누기

초등학교　학년　반　번 이름

☆ 책이랑(독서달력)의 특징 및 장점은?

'책이랑'(독서달력)은 독후 활동 중심이 아닌 독서 습관 형성을 위한 독서 교육 활동입니다. 독서 감상문이나 독서록이라는 글쓰기 중심의 독서 활동은 독서의 진정한 즐거움을 느끼는 데 오히려 방해가 될 수 있습니다. 독서 교육은 학생으로 하여금 책에 관심을 갖고 자연스럽게 책과 가까워지게 하는 습관 형성이 중요합니다. 어떤 책이든 적은 시간이라도 매일 책을 읽는 습관이 형성되면 책을 읽는 즐거움을 느끼면서 독서에 대한 긍정적인 생각이 뿌리내릴 것입니다. 자신이 좋아하는 책을 스스로 찾아 읽으며 책이 주는 즐거움에 빠져 보길 바랍니다.

☆ 글이랑(주제 글 나누기)의 특징 및 장점은?

'글이랑'(주제 글 나누기)은 해당 주에 있는 특별한 날(학교 일정, 명절, 국가 기념일 등)과 관련된 주제에 대하여 자신의 생각을 짧은 글로 표현하는 글쓰기 활동입니다. 형식에 맞춰 글을 쓰는 것도 중요하지만, 글쓰기 활동 자체에 즐거움을 가지는 것이 무엇보다 중요합니다. 따라서 선생님 검사를 받기 위한 글쓰기가 아닌 친구들과 소통을 하기 위한 글쓰기가 되어야 합니다. '글이랑'을 통해 재미있는 주제를 스스로 골라 자신의 경험과 생각, 느낌을 글로 표현해 보세요. 그 글을 통해 친구들과 공감하고 소통하며, 글을 쓰고 읽는 재미를 느끼며 글쓰기의 즐거움에 빠져 보길 바랍니다.